# Metodologias Ativas e Personalizadas de Aprendizagem

Angelo Luiz Cortelazzo ▪ Diane Andreia de Souza Fiala
Dilermando Piva Junior ▪ Luciane Panisson
Maria Rafaela Junqueira Bruno Rodrigues

# Metodologias Ativas e Personalizadas de Aprendizagem

Para Refinar Seu
Cardápio Metodológico

NEW BLENDED LEARNING

**ALTA BOOKS**
E D I T O R A
Rio de Janeiro, 2018

**Metodologias Ativas e Personalizadas de Aprendizagem**

Copyright © 2018 da Starlin Alta Editora e Consultoria Eireli. ISBN: 978-85-508-0330-2

Todos os direitos estão reservados e protegidos por Lei. Nenhuma parte deste livro, sem autorização prévia por escrito da editora, poderá ser reproduzida ou transmitida. A violação dos Direitos Autorais é crime estabelecido na Lei nº 9.610/98 e com punição de acordo com o artigo 184 do Código Penal.

A editora não se responsabiliza pelo conteúdo da obra, formulada exclusivamente pelo(s) autor(es).

**Marcas Registradas**: Todos os termos mencionados e reconhecidos como Marca Registrada e/ou Comercial são de responsabilidade de seus proprietários. A editora informa não estar associada a nenhum produto e/ou fornecedor apresentado no livro.

Impresso no Brasil — 2018 — Edição revisada conforme o Acordo Ortográfico da Língua Portuguesa de 2009.

Publique seu livro com a Alta Books. Para mais informações envie um e-mail para autoria@altabooks.com.br

Obra disponível para venda corporativa e/ou personalizada. Para mais informações, fale com projetos@altabooks.com.br

| **Produção Editorial** | **Produtor Editorial** | **Produtor Editorial (Design)** | **Marketing Editorial** | **Vendas Atacado e Varejo** |
|---|---|---|---|---|
| Editora Alta Books | Thiê Alves | Aurélio Corrêa | Silas Amaro<br>marketing@altabooks.com.br | Daniele Fonseca<br>Viviane Paiva<br>comercial@altabooks.com.br |
| **Gerência Editorial**<br>Anderson Vieira | **Assistente Editorial**<br>Ian Verçosa | | **Ouvidoria**<br>ouvidoria@altabooks.com.br | |
| **Equipe Editorial** | Aline Vieira<br>Adriano Barros<br>Bianca Teodoro | Illysabelle Trajano<br>Juliana de Oliveira<br>Kelry Oliveira | Paulo Gomes<br>Thales Silva<br>Viviane Rodrigues | |
| **Revisão Gramatical**<br>Edite Siegert<br>Thamiris Leiroza | **Diagramação**<br>Amanda Meirinho | **Capa**<br>Bianca Teodoro | **Ilustrações**<br>Aurélio Corrêa | |

**Erratas e arquivos de apoio:** No site da editora relatamos, com a devida correção, qualquer erro encontrado em nossos livros, bem como disponibilizamos arquivos de apoio se aplicáveis à obra em questão.

Acesse o site www.altabooks.com.br e procure pelo título do livro desejado para ter acesso às erratas, aos arquivos de apoio e/ou a outros conteúdos aplicáveis à obra.

**Suporte Técnico:** A obra é comercializada na forma em que está, sem direito a suporte técnico ou orientação pessoal/exclusiva ao leitor.

A editora não se responsabiliza pela manutenção, atualização e idioma dos sites referidos pelos autores nesta obra.

---

Dados Internacionais de Catalogação na Publicação (CIP) de acordo com ISBD

M593    Metodologias Ativas e Personalizadas de Aprendizagem: para Refinar Seu Cardápio Metodológico / Angelo Luiz Cortelazzo ... [et al.]. - Rio de Janeiro : Alta Books, 2018.
        224 p. ; il. ; 17cm x 24cm.

        Inclui índice.
        ISBN: 978-85-508-0330-2

        1. Educação. 2. Metodologias Ativas. 3. Aprendizagem. 4. Metodologia. I. Cortelazzo, Angelo Luiz. II. Fiala, Diane Andreia de Souza. III. Junior, Dilermando Piva. IV. Panisson, Luciane. V. Rodrigues, Maria Rafaela Junqueira Bruno. VI. Título.

        CDD 370
2018-859        CDU 370

Elaborado por Vagner Rodolfo da Silva - CRB-8/9410

---

Rua Viúva Cláudio, 291 — Bairro Industrial do Jacaré
CEP: 20970-031 — Rio de Janeiro - RJ
Tels.: (21) 3278-8069 / 3278-8419
www.altabooks.com.br — altabooks@altabooks.com.br
www.facebook.com/altabooks

Agradecemos as nossas famílias, que sempre
nos apoiaram, incondicionalmente.

Esta obra é dedicada aos nossos mestres, que semearam em nossas
mentes o desejo incansável pela busca contínua do conhecimento.
Aos nossos alunos, com a esperança de que herdem com alegria
e perseverança essa responsabilidade e a propaguem.

# APRESENTAÇÃO

**Educar e Aprender**

Compreender o sistema educacional brasileiro não é tarefa fácil, e traduzir essa compreensão para o leitor comum, ou especializado, tampouco é simples de se fazer. O livro dos professores Angelo Cortelazzo, Diane Fiala, Dilermando Piva Jr., Luciane Panisson e Maria Rafaela Rodrigues — *Metodologias Ativas e Personalizadas de Aprendizagem* — faz as duas coisas com competência e metódica organização desse emaranhado de normas, regras, leis, decretos e resoluções e, com mais propriedade ainda, trata, não só dos temas tradicionais ligados ao ensino e à aprendizagem, mas também daqueles que, sensíveis à contemporaneidade, vão se impondo como inevitáveis e, por isso mesmo, necessitados de mais zelo filosófico, pedagógico e acadêmico na sua prática, implantação e desenvolvimento, como é o caso da educação a distância (EAD).

O livro é sobre ensino híbrido (*blended learning*) e sobre metodologias ativas de aprendizagem. Por dez capítulos e, além da visão geral do sistema educacional no país, propõe o uso misturado e personalizado de metodologias de aprendizagem, com a utilização de tecnologias para a gestão e o acompanhamento do processo de avaliações formativas ao longo das atividades curriculares. A primeira parte, que comporta os dois primeiros capítulos, trata das possibilidades que a legislação oferece na flexibilização da oferta de cursos e dá as características da sala de aula e suas potencialidades. A segunda parte, que inclui os três capítulos seguintes, apresenta a educação online, os espaços da aprendizagem e a metodologia da sala de aula invertida. A terceira parte, com mais três capítulos, expõe as propostas de uma metodologia híbrida e personalizada de ensino que os autores reúnem na sigla MAPA, além das implicações daí decorrentes no que diz respeito a marketing e a direitos autorais. Fechando o livro, os últimos dois capítulos trazem modelos de espaços modernos de aprendizagem no mundo e uma proposta de um sistema informatizado de avaliação de aprendizagem.

Livro para não perder a leitura e para ler sem ficar nele perdido! Reforça o papel chave da educação no mundo contemporâneo, para não dizer no mundo moderno, cujos fundamentos filosóficos e científicos estão no Iluminismo dos séculos XVII e XVIII e na afirmação da autonomia, da liberdade e da universalidade do conhecimento.

Como escreve Tzvetan Todorov (2006) no livro *L'esprit des lumières* (*O espírito das luzes*):

> Tendo rejeitado o jugo antigo, os homens fixarão suas novas leis e normas com a ajuda de meios puramente humanos — sem lugar, aqui, nem para

> a magia, nem para a revelação. À certeza da luz descendo do alto, virá se substituir a pluralidade das luzes que se difundem de pessoa a pessoa. A primeira autonomia conquistada é a do conhecimento. [...].

A liberação do conhecimento abre caminho real para o florescimento da ciência. Todos queriam, então, pôr-se sob a proteção de um personagem que não é mais um filósofo, mas um sábio: Newton desempenha para o século das luzes um papel comparável ao de Darwin para os séculos seguintes.

A física faz progressos espetaculares, seguida pelas outras ciências: química, biologia e mesmo sociologia ou psicologia.

Os promotores desse novo pensamento querem levar as luzes a todos, porque estão persuadidos de que elas servirão ao bem de todos: o conhecimento é libertador, eis o postulado.

Eles favorecem, pois, a educação sob todas as suas formas, desde a escola até as academias de sábios, e a difusão do saber pelas publicações especializadas, ou pelas enciclopédias dirigidas ao grande público (Todorov, 2006, p. 12–13).

Esse projeto, longe de terminar, persiste e se não avança em linha reta, como muitos acreditaram e acreditam ser a trajetória do progresso, tem, contudo, a consistência da dinâmica dos contrários que se incluem.

Como diz, mais uma vez, Todorov, na obra já referida, Rousseau crê que cada progresso é, invariavelmente, compensado por uma regressão em outro domínio. Seu *Discours sur l'origine de l'inégalité* (1755) (*Discurso sobre a origem da desigualdade*) excede em fórmulas desse gênero. Os acasos "puderam aperfeiçoar a razão humana deteriorando a espécie, tornando um ser mau em um ser sociável"(Todorov, 2006, p. 21).

A solidariedade desses efeitos contrários, positivos e negativos, tem sua razão de ser na própria condição humana, já que é próprio do homem ser dotado desta liberdade que lhe permite mudar-se, mudar o mundo e, ao mesmo tempo, realizar o bem e o mal.

O livro de Angelo, Diane, Dilermando, Luciane e Maria Rafaela permite-nos compreender a configuração atual desse projeto educacional no Brasil e traz, com exercícios e ilustrações, elementos didáticos e pedagógicos que o tornam uma peça de referência para o estudioso da área e para os que praticam o ensino e a aprendizagem como profissionais amadores do conhecimento.

Como escrevi, há algum tempo, em referência ao livro da professora Alison Wolf, da Universidade de Londres, *Does education matter? Myths about education and economic growth* (*A educação importa? Mitos sobre a educação e o crescimento econômico*) — nele, a autora, a propósito do sistema educacional britânico, chama a atenção para o risco de se tratar a questão apenas do ponto de vista quantitativo e dentro de uma lógica simplista entre educação e crescimento econômico. Sem propósitos culturais, morais e intelectuais, a educação perde seu caráter civilizatório e reduz-se a mero expediente de oportunidade social na competição desenfreada pelas vagas de mercado.

Para diminuir esse aspecto utilitarista da cultura e da educação é preciso aumentar a oferta de trabalho, reduzindo as consequências perversamente sistemáticas das economias globalizadas no que diz respeito à distribuição de renda e à justiça social. Para países como o Brasil, ainda em passo de emergência, o problema se agrava, entre outras coisas, pelo baixo índice de produção tecnológica e de inovação competitiva nos mercados internacionais, por falta de agregação de conhecimento, de valor à maioria de nossos produtos de exportação.

Desse modo, cumpre-nos, mais do que nunca, a todos os atores sociais ligados à educação e à produção científica e tecnológica, governos, instituições de ensino e pesquisa, agências de fomento, a sociedade civil, como um todo, trabalharmos pela universalização do acesso ao conhecimento, com propostas eficazes para solucionar, em número e em qualidade, esta que é a expressão mais grave da alta concentração da riqueza, de um lado, e da disseminação globalizada da pobreza material e do desespero espiritual, de outro: a exclusão social.

A leitura de *Metodologias Ativas e Personalizadas de Aprendizagem* contribuirá, sem dúvida, para o entendimento do tamanho do desafio que temos pela frente, no país, e permitirá entrever, de maneira refletida e crítica, caminhos que, por propostas teóricas e metodológicas apresentadas e discutidas, podem levar, como foi dito no início, não só à compreensão do intrincado problema, mas também a medidas práticas que resultem na sua solução.

*Carlos Vogt*

## REFERÊNCIAS

TODOROV, T. **L'esprit des lumières.** Paris: Editions Robert Laffont, 2006.

WOLF, A. **Does education matter? Myths about education and economic growth.** Londres: Penguin Books, 2002.

**Carlos Vogt**

Doutor em Ciências pela Universidade Estadual de Campinas (Unicamp-SP) e mestre em linguística geral e estilística do francês (Besançon, França). Foi reitor da Unicamp, e recebeu diferentes honrarias e títulos, com destaque para a Comenda da Ordem do Mérito Científico, da Presidência da República do Brasil, o título de Professor Emérito da Unicamp e o de doutor honoris causa da **École** Normale Supérieure de Lyon (França), e o prêmio Jabuti. Poeta, é membro da Academia Campinense de Letras (cadeira 23), foi coordenador cultural da Fundação Conrado Wessel, Presidente da Fundação de Amparo à Pesquisa do Estado de São Paulo (Fapesp), Secretário de Ensino Superior do Estado de São Paulo e Presidente da Fundação Universidade Virtual do Estado de São Paulo (Univesp). Possui inúmeras publicações nacionais e internacionais.

# SOBRE OS AUTORES

**Angelo Luiz Cortelazzo**

Doutor em Biologia Vegetal pela Universidade Estadual de Campinas (Unicamp-SP), com pós-doutorado em Paredes Celulares (Grenoble, França) e livre docência na área de Biologia Celular (Unicamp), onde se aposentou como professor do Instituto de Biologia; foi pró-reitor de Graduação da Unicamp e coordenador do Curso de Ciências Biológicas; coordenador do Ensino Superior do Centro Paula Souza — FATECs do Estado de São Paulo; assessor acadêmico da Universidade Virtual do Estado de São Paulo (Univesp) e membro do Conselho Estadual de Educação desse Estado, onde exerceu a presidência da Câmara de Educação Superior por quatro mandatos. Possui publicações na área biológica e da educação, participações e organização de congressos e palestras. É avaliador Institucional e de cursos do INEP/MEC, do CEE-SP e membro da ABED. Link para o Lattes: http://buscatextual.cnpq.br/buscatextual/visualizacv.do?id=K4787027H7

**Dilermando Piva Junior**

Doutor em Engenharia de Computação pela Universidade Estadual de Campinas (Unicamp, SP) na área de Automação (Inteligência Artificial e Ensino a Distância). Atualmente é professor e pesquisador junto ao Centro Paula Souza nas Faculdades de Tecnologia de Itu e Indaiatuba (Fatec-Itu e Fatec-Id). Foi coordenador de Educação a Distância do Centro Paula Souza para o Ensino Superior (FATECs) e membro do conselho curador da Univesp (Universidade Virtual do Estado de São Paulo). Tem várias publicações nacionais e internacionais na área, com destaque para os livros "Sala de Aula Digital", "EaD na prática" e "Algorítmos e Linguagem de Programação". É avaliador do Ministério da Educação e do Conselho Estadual de Educação de São Paulo e membro do Comitê Científico da Associação Brasileira de Educação a Distância (ABED). Link para o Lattes: http://buscatextual.cnpq.br/buscatextual/visualizacv.do?id=K4731701P6

**Diane Andreia de Souza Fiala**

Doutoranda em Educação e Mestre nessa mesma área, pela Faculdade de Educação da Unicamp, SP e em Política Social pela Universidade de Buenos Aires (UBA, Argentina). Possui graduação em Marketing pela Universidade Paulista (UNIP) e especialização na área de Avaliação, Implementação e Avaliação de Projetos Sociais. Foi assistente de pesquisa do Instituto Gino Germani da Faculdade de Ciências Sociais da UBA. É professora em jornada integral na FATEC-Itu, onde participa do Núcleo de Inovação, e pesquisadora do Observatório Iberoamericano de Estudos Comparados em Educação (OIECE) e membro do LaPPlanE (Laboratório de Políticas Públicas e Planejamento Educacional) no projeto Dilemas Culturais da Pós-Graduação em perspectiva comparada: Brasil, Argentina e Paraguai. Link para o Lattes: http://buscatextual.cnpq.br/buscatextual/visualizacv.do?id=K4511456P9

### Luciane Panisson

Mestre em Comunicação e Semiótica pela Pontifícia Universidade Católica de São Paulo (PUC-SP), especialista em Comunicação e Mercado pela Universidade Paranaense (Unipar), graduada em Design de Moda pela Universidade Estadual de Londrina (UEL) e cursa, atualmente, Arquitetura e Urbanismo pelo Centro Universitário Nossa Senhora do Patrocínio (CEUNSP). Atua como professora titular no Centro Universitário Nossa Senhora do Patrocínio (CEUNSP) e FATEC-Itu. Pesquisadora das áreas de comportamento de consumo e espaços de aprendizagem. Link para o Lattes: http://buscatextual.cnpq.br/buscatextual/visualizacv.do?id=K4711587J5

### Maria Rafaela Junqueira Bruno Rodrigues

Doutora em Direito pela Universidade do Vale do Rio dos Sinos (Unisinos, RS), com pós-doutorado em Direito e Saúde (Messina, Itália). É graduada e mestre em Direito e especialista em Metodologia do Ensino Superior e em Psicanálise Contemporânea. Atua como docente em cursos presenciais e a distância, de graduação e pós-graduação, na Faculdade de Tecnologia de Franca, de Ribeirão Preto, na Faculdade de Direito de Franca e é profissional liberal – OAB. É coordenadora autora na área de Direito Empresarial do Programa Univesp/Centro Paula Souza e agente de Inovação Tecnológica da Agência Inova-Paula Souza. Tem diversas publicações nas áreas de Direito e Educação a distância, em artigos e livros. Link para o Lattes: http://buscatextual.cnpq.br/buscatextual/visualizacv.do?id=K4774414J1

# SUMÁRIO

**1. O SISTEMA EDUCACIONAL BRASILEIRO** — 1
A Lei de Diretrizes e Bases da Educação Nacional (LDB) — 4
Diretrizes Curriculares Nacionais — 9
A Educação a Distância no nosso Sistema Educacional — 12
Avaliações — 14
Perspectivas — 16
**Questões** — 18
**Referências** — 19

**2. A SALA DE AULA** — 21
Das Primeiras Escolas à Revolução Industrial — 23
Da Revolução Industrial aos Dias de Hoje — 25
Potencial Didático-pedagógico das Salas de Aula — 29
Metodologias de Aprendizagem — 32
Perspectivas — 38
**Questões** — 39
**Referências** — 39

**3. EDUCAÇÃO ONLINE** — 41
A Educação a Distância e a Educação Online — 42
O que Tem de Bom na Educação Online? — 45
Obstáculos Encontrados pelos Estudantes em Cursos EaD — 47
O Potencial para os Estudantes — 50
A Educação Online É para Todos? — 51
Fatores de Sucesso em Cursos Online — 53
**Questões** — 55
**Referências** — 56

**4. ESPAÇOS DE APRENDIZAGEM (*LEARNING SPACES*)** — 57
Por que mudar os espaços de aprendizagem? — 58
Gerações X, Y e Z — 59
O que são *Learning Spaces*? — 61

| | |
|---|---:|
| Mas o que efetivamente muda? | 63 |
| A Entrada | 65 |
| Princípios para o Projeto de Espaços de Aprendizagem | 70 |
| Por onde começar? | 72 |
| Questões | 75 |
| Referências | 76 |

## 5. SALA DE AULA INVERTIDA (*FLIPPED CLASSROOM*) — 77

| | |
|---|---:|
| O que é *Flipped Classroom* ou Sala de Aula Invertida? | 79 |
| Um Modelo com 4 etapas... | 81 |
| Por que esse modelo gera melhores resultados? | 85 |
| Perspectivas | 87 |
| Questões | 88 |
| Referências | 89 |

## 6. METODOLOGIAS ATIVAS E PERSONALIZADAS DE APRENDIZAGEM (MAPA) — 91

| | |
|---|---:|
| Metodologias Ativas Não São novidade... | 92 |
| Metodologias Ativas de Aprendizagem | 93 |
| Pedagogia Ativa | 95 |
| Teoria do Design Instrucional ou Desenho da Instrução | 99 |
| Métodos de Ensino | 101 |
| Perspectivas | 113 |
| Questões | 114 |
| Referências | 114 |

## 7. ASPECTOS LEGAIS — 115

| | |
|---|---:|
| Disposições Constitucionais do Direito de Propriedade que Envolve o Direito do Autor | 117 |
| Legislação Infraconstitucional e o Direito Autoral | 119 |
| Perspectivas | 136 |
| Questões | 137 |
| Referências | 138 |
| Modelos de Contratos | 139 |

## 8. MARKETING: ENCANTAR PARA RETER — 145

| | |
|---|---:|
| Plano de Marketing Educacional 3.0/4.0 | 147 |
| Plano de Marketing 3.0/4.0 — Parte Estratégica | 148 |

| | |
|---|---:|
| Marketing de Conteúdo | 155 |
| Aspectos da Segmentação de Mercado | 157 |
| Caminho do Consumidor | 157 |
| Posicionamento de Serviços ou Produtos | 159 |
| Plano de Marketing 3.0/4.0 — Parte Tática | 162 |
| Plano de Marketing 3.0/4.0 — Parte Operacional | 166 |
| Questão | 168 |
| Referências | 168 |

## 9. EXEMPLOS E PROPOSTAS DE ESPAÇOS DE APRENDIZAGEM — **169**

| | |
|---|---:|
| Estrutura dos Espaços de Aprendizagem | 172 |
| Uma outra abordagem para pensar os Espaços de Aprendizagem | 184 |
| Questões | 185 |
| Referências | 185 |

## 10. INOVAÇÃO EM SALA DE AULA APOIADA PELA TECNOLOGIA — **187**

| | |
|---|---:|
| Avaliação e sua relação com a escola e a sociedade | 189 |
| Avaliação formativa e a utilização da tecnologia | 190 |
| Exemplos de recursos tecnológicos utilizados | 191 |
| Ambiente Virtual de Aprendizado Moodle | 194 |
| Perspectivas | 202 |
| Questões | 202 |
| Referências e Leituras | 203 |

## 11. ÍNDICE — **205**

# O SISTEMA EDUCACIONAL BRASILEIRO

"Educar é crescer. E crescer é viver. Educação é, assim, vida no sentido mais autêntico da palavra."

**Anísio Teixeira**

*Para que nossa seleção seja justa, todos farão a mesma prova: Subir naquela arvore!*

O Brasil estruturou seu sistema educacional tardiamente, se comparado a outros países, inclusive latino-americanos. Apenas na segunda metade do século XX, em 1961, o país aprovou sua primeira Lei de Diretrizes e Bases da Educação Nacional (LDB), após décadas de discussão e com um atraso superior a um século em relação aos países desenvolvidos.

A estruturação do sistema educacional brasileiro se dá por meio de Leis que regulam os seus diferentes aspectos e por Decretos, Portarias, Resoluções, Pareceres etc., que regulamentam, explicam e organizam os atos reguladores.

As leis são aprovadas pelo Poder Legislativo (Congresso Nacional, Assembleias Estaduais e Câmaras Municipais) e sancionadas pelo Poder Executivo correlato (Presidência, Governadores ou Prefeitos). Exceção é dada à Constituição Federal, sancionada pela própria Assembleia Nacional Constituinte, às Constituições estaduais (Assembleias estaduais constituintes) e às Leis Orgânicas dos Municípios (aprovadas pelos próprios Vereadores). Neste caso, sua modificação só se dá a partir de um quórum qualificado, de 2/3 do corpo total de parlamentares.

A organização política do Brasil como um Estado Federativo faz com que haja autonomia entre os entes federados, conforme determina o art. 18 da Constituição Federal aprovada em 1988 e, portanto, também aplicável aos sistemas educacionais:

> Art. 18. A organização político-administrativa da República Federativa do Brasil compreende a União, os Estados, o Distrito Federal e os Municípios, todos autônomos, nos termos desta Constituição. (BRASIL, 1988).

Segundo o art. 205 da Constituição, a educação no Brasil é um direito de todos e dever do Estado e da Família, e visa o "pleno desenvolvimento da pessoa, seu preparo para o exercício da cidadania e sua qualificação para o trabalho".

Apesar dessa "corresponsabilidade" o Estado não tem mecanismos claros de certificar uma educação desenvolvida no âmbito familiar e, de certa forma, isso obriga as famílias a matricularem seus filhos em uma escola devidamente credenciada para desenvolver os cursos que compõem a educação formal para, com isso, possibilitar que haja continuidade de estudos visando a plena formação do cidadão e de sua inserção social e no mundo do trabalho.

A Constituição também define os princípios que devem ser seguidos pela educação nacional, a necessidade de serem editados planos decenais para o seu desenvolvimento, além da obrigatoriedade e gratuidade da educação básica, dos 4 (quatro) aos 17 (dezessete) anos de idade ou para aqueles que não tiveram acesso a ela nessa idade. Determina que o ensino é livre à iniciativa privada, desde que haja cumprimento das normas estabelecidas e a autorização e avaliação da qualidade pelo setor público.

Finalmente, a Constituição estabelece que a União, os Estados, o Distrito Federal e os Municípios devem organizar, em regime de colaboração, os seus sistemas de ensino. Determina a fixação de conteúdos mínimos para o ensino fundamental (a base nacional comum curricular) e também fixa porcentuais mínimos da arrecadação de impostos para seu financiamento, além de priorizar a atuação dos municípios no ensino fundamental e educação infantil e a dos Estados e Distrito Federal no ensino fundamental e médio.

O ensino superior, constitucionalmente acessado segundo a capacidade de cada um, tem na universidade uma organização que deve obedecer ao princípio da indissociabilidade entre ensino, pesquisa e extensão.

Presidentes, governadores e prefeitos podem elaborar Decretos que afetem ou regulamentem a educação no âmbito de seus sistemas. Do mesmo modo, ministros ou secretários podem elaborar e aprovar Portarias e outras normas e, no caso específico da educação em nível federal há o Conselho Nacional de Educação (CNE), que elabora Resoluções e Pareceres para o sistema federal e, se forem atos reguladores previstos na legislação, como Diretrizes Curriculares, por exemplo, têm validade em todos os sistemas. Nos Estados e Distrito Federal, temos os Conselhos Estaduais de Educação (CEE), que atuam com a mesma lógica do CNE, exceto para a elaboração de Diretrizes Curriculares (DC) podendo, entretanto, elaborar DC complementares para os seus sistemas. Finalmente, os Municípios podem ter seus próprios Conselhos Municipais de Educação, com as mesmas atribuições ou seguir as normas emanadas pelo CEE de seu Estado.

As Leis, conforme já salientado, regulam os sistemas e têm cumprimento obrigatório em todo o território nacional. Decretos, Portarias, Pareceres etc. que são elaborados têm cumprimento no sistema a que pertence o signatário do mesmo. Por exemplo, Decretos presidenciais têm validade no sistema federal de ensino, o mesmo ocorrendo com Decretos de governadores, que valem nos seus respectivos estados. Exceção a esta lógica, conforme já explicitado acima, são atos que definem estruturas contidas em Lei, como por exemplo, as Diretrizes Curriculares Nacionais que, embora elaboradas pelo CNE e homologadas pelo Ministério da Educação, têm validade nacional. Saliente-se, finalmente, que as regulamentações não podem contrariar preceitos legais, mas não têm relação de hierarquia entre os sistemas, ou seja: um Parecer do CNE que tem validade para o sistema federal tem o mesmo nível hierárquico que um Parecer do CEE-SP para o seu sistema de ensino. A Lei determina, ainda, que haja a colaboração entre os sistemas o que garante, em tese, uma necessária harmonia para toda a educação nacional.

## A LEI DE DIRETRIZES E BASES DA EDUCAÇÃO NACIONAL (LDB)

Conforme já salientado no início do texto, o Brasil estruturou seu sistema nacional de educação tardiamente. Da mesma forma, a criação de suas universidades foi tardia e ocorreu apenas cerca de 300 a 400 anos depois dos demais países americanos (Cortelazzo, 2012).

As primeiras diretrizes e bases da educação nacional do Brasil foram fixadas pela Lei nº 4024, de 20 de dezembro de 1961, após mais de uma década de discussões e quase trinta anos de sua primeira previsão na Constituição de 1934. Menos de dez anos depois, em 1968, foi aprovada a Lei nº 5540, conhecida como Lei da reforma universitária e, em 1971, a Lei nº 5692, que fixou diretrizes e bases para o ensino de 1º e 2º graus o que, de certa forma, modificou substancialmente a nossa primeira LDB. Há quem atribua à Lei 5692/71 o "status" de LDB. Entretanto, essa Lei estabeleceu Diretrizes para o Ensino de 1º e 2º graus, modificando a nossa 1ª LDB sem, entretanto, revogá-la.

Sancionada no final do ano de 1996, a nossa segunda LDB (BRASIL, Lei 9394/96) já foi objeto de dezenas de emendas e hoje, passados mais de 20 anos, pelo menos 1/3 de seus 92 artigos originais já sofreu algum tipo de modificação. A LDB define a abrangência de cada sistema de ensino da federação, conforme segue:

a) **Sistema federal** compreende as instituições de ensino mantidas pela união, os órgãos federais de educação e as instituições de educação superior mantidas pela iniciativa privada.

b) **Sistema estadual e do Distrito Federal** compreendem as instituições de ensino e órgãos de educação mantidos por esses entes federados, as instituições de ensino fundamental e médio mantidas pela iniciativa privada e as instituições de educação superior municipais.

c) **Sistema municipal** compreende as instituições da educação básica e os órgãos de educação mantidos pelo poder público municipal e as instituições de educação infantil mantidas pela iniciativa privada.

A LDB reforça o regime de colaboração entre os sistemas de ensino, atribuindo algumas competências de natureza geral, como diretrizes curriculares nacionais, avaliação, censo escolar e a formação básica comum ao sistema federal. Assim, não há hierarquia ou interdependência entre os sistemas, exceto naquilo que está definido na lei, mas deve haver um regime de colaboração que garanta a harmonia que respeite a autonomia dos entes federados. Também faz determinações de natureza geral, como a duração do ano letivo, cargas horárias para a educação básica, atribuições das instituições e dos docentes.

A segunda LDB também inovou, quando definiu apenas dois níveis de ensino na educação nacional: a educação básica, do nascimento aos 17 anos de idade, que visa formar o cidadão e que pode levar à profissionalização de nível técnico; e a educação superior, a partir dos 18 anos de idade. A lei também garante mecanismos para os que não terminaram a escolaridade básica na idade correta poderem fazê-lo de forma supletiva.

A **educação básica** está subdividida em 3 etapas subsequentes, sendo que apenas parte da primeira delas não é obrigatória:

a) **Educação infantil**, visando o desenvolvimento integral da criança dos 0 (zero) aos 5 (cinco) anos de idade. É desenvolvida em creches ou similares até os 3 (três) anos (etapa não obrigatória) e em pré-escolas, dos 4 (quatro) aos 5 (cinco) anos de idade (etapa obrigatória).

b) **Ensino fundamental**, obrigatório, que visa a formação básica do cidadão e tem duração de 9 (nove) anos, a partir dos 6 (seis) anos de idade, com conclusão aos 14 anos para aqueles que não tiveram nenhuma retenção ao longo desse período.

c) **Ensino médio**, obrigatório e com duração de 3 (três) anos, deve consolidar e aprofundar os conhecimentos adquiridos para prosseguimento de estudos, com preparação básica para o trabalho e a cidadania, e desenvolver a autonomia intelectual e do pensamento crítico, com a compreensão do mundo em que vivemos.

A preparação para o trabalho, em cursos técnicos de nível médio, pode se dar de maneira articulada ou subsequente à formação propedêutica (geral). Se subsequente, é aberta a pessoas que já detêm o certificado de conclusão do ensino médio. Se articulada, pode ocorrer de modo concomitante ou integrado. No primeiro, o estudante cursa em outro período a sua formação técnica pois faz, na realidade, dois cursos concomitantes: o médio e a formação técnica; no segundo, um único projeto pedagógico possibilita a integração das duas formações em uma única estrutura de curso, eventualmente, com maior duração (3,5 a 4 anos).

Esta organização está sumarizada na Figura 1.1, que mostra todas as etapas da educação básica. Destaque-se, ainda, que no ensino fundamental e médio, várias avaliações de Estado são realizadas, devidamente regulamentadas pelo SAEB (Sistema de Avaliação da Educação Básica) em nível nacional, visando verificar o desempenho dos sistemas na alfabetização, no final das séries iniciais e séries finais do ensino fundamental e na terceira série do ensino médio. Além disso, o ENEM (Exame Nacional do Ensino Médio), criado inicialmente para que o aluno tivesse uma avaliação de sua formação ao final do ensino médio e pudesse compará-la aos colegas de sua escola, município, estado ou de todo o país e que, posteriormente, passou a ser utilizado como forma de ingresso no ensino superior, critério para a concessão de bolsas em programas governamentais etc.

A LDB apresenta, ainda, um capítulo específico sobre educação profissional, desde a formação inicial para o trabalho até a pós-graduação. A formação inicial não configura uma modalidade formal de ensino, pois não confere direito a seus concluintes de acessar cursos ou etapas posteriores nem tampouco apresenta pré-requisitos ou formação escolar anterior. São cursos que desenvolvem habilidades práticas para o trabalho, como cursos de encanador, azulejista etc. As demais formações estão inseridas na educação básica ou na educação superior, conforme o caso e detalhamento neste texto.

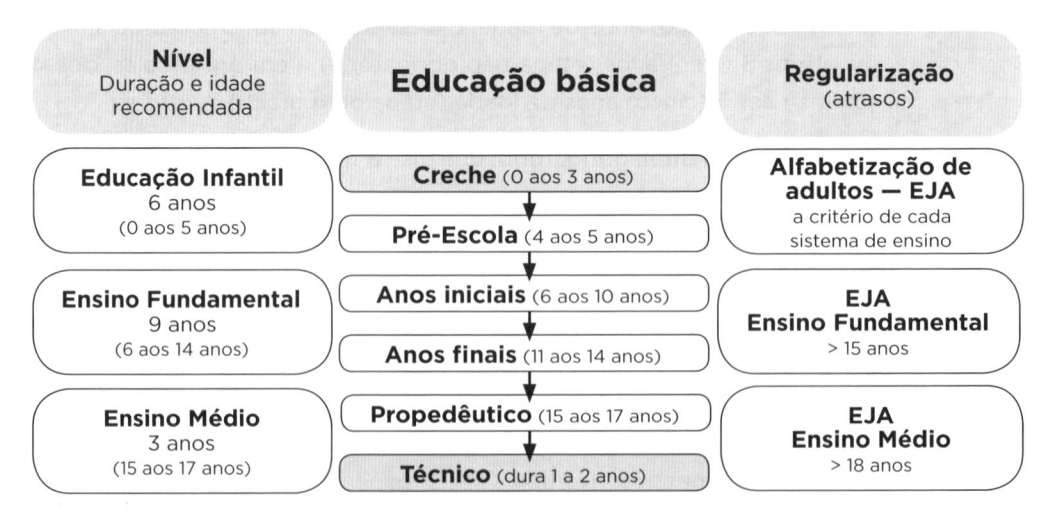

| Nível<br>Duração e idade recomendada | Educação básica | Regularização<br>(atrasos) |
|---|---|---|
| Educação Infantil<br>6 anos<br>(0 aos 5 anos) | Creche (0 aos 3 anos)<br>Pré-Escola (4 aos 5 anos) | Alfabetização de adultos — EJA<br>a critério de cada sistema de ensino |
| Ensino Fundamental<br>9 anos<br>(6 aos 14 anos) | Anos iniciais (6 aos 10 anos)<br>Anos finais (11 aos 14 anos) | EJA<br>Ensino Fundamental<br>> 15 anos |
| Ensino Médio<br>3 anos<br>(15 aos 17 anos) | Propedêutico (15 aos 17 anos)<br>Técnico (dura 1 a 2 anos) | EJA<br>Ensino Médio<br>> 18 anos |

**Figura 1.1:** Organização da Educação Básica segundo a Lei 9394/96 (LDB). As etapas salientadas na coluna central com fundo branco são obrigatórias. É prevista possibilidade de regularização de eventuais atrasos.

Na LDB, a educação superior tem como requisito a conclusão da educação básica e tem por finalidade formar diplomados nas diferentes áreas do conhecimento e essa formação deve possibilitar a apropriação metodológica da produção de conhecimento novo na respectiva área, além de estimular o desenvolvimento do pensamento crítico, reflexivo, a difusão da cultura e da ciência, que constituem o patrimônio da humanidade e, ainda, suscitar o desejo permanente de aprimoramento intelectual e profissional.

A **educação superior** está subdividida em 4 (quatro) possibilidades. Três delas podem ser realizadas de forma independente, concomitante ou subsequente e, uma, apenas de forma subsequente:

a) **Cursos de graduação,** os mais conhecidos e, anteriormente tratados como sinônimo de cursos superiores. Hoje, são subdivididos em três agrupamentos formativos: **licenciaturas**, para a formação de professores para a educação básica; **graduações tecnológicas**, para uma formação mais focada; e **bacharelados**, para uma formação mais genérica em diferentes áreas do conhecimento. Podem ter entre 1600 e 7200 horas de duração mínima.

b) **Cursos sequenciais** por campo de saber, com diferentes níveis de abrangência, podem ser comparados aos "colleges" americanos e podem ter suas atividades curriculares (disciplinas, por exemplo), aproveitadas quando do ingresso em um curso de graduação que apresente alguma(s) atividade(s) equivalente(s). Podem ter até 1600 horas de duração.

c) **Cursos de extensão** podem ter diferentes durações e, caso abranjam atividades que façam parte de algum curso de graduação ou sequencial, também podem ser motivo de aproveitamento de estudos. Normalmente são utilizados para complementação ou para a extensão de conhecimentos abertos à comunidade e têm carga horária reduzida (4 a 50 horas).

d) **Cursos e programas de pós-graduação** abertos para diplomados em algum curso de graduação. A LDB tentou diferenciá-los em **cursos de especialização, aperfeiçoamento, e outros**, e **programas de mestrado e de doutorado,** evitando as denominações de pós-graduação *lato sensu* para aperfeiçoamentos e especializações e pós-graduação *stricto sensu* para mestrados e doutorados. A tentativa não obteve sucesso e hoje, as denominações *lato* e *stricto* continuam sendo as mais utilizadas.

A organização da educação superior está sumarizada na Figura 1.2. Como na educação básica, o Estado previu a avaliação dos cursos e instituições de nível superior, como se verá mais adiante.

A destacar, especialmente, que com o tratamento dado pela LDB à educação superior, deixou de ter sentido o estabelecimento de currículos mínimos para os cursos. A flexibilização prevista na Lei e a necessidade da elaboração de Diretrizes Curriculares Nacionais, além disso, geraram discussões sobre documentos que, até então, eram apenas do domínio de profissionais que atuavam na área da educação: Plano de Desenvolvimento Institucional (PDI), Projetos Pedagógicos Institucionais (PPI) e Projetos Pedagógicos de Cursos (PPC) passaram a integrar o vocabulário dos professores, coordenadores, estudantes e pessoal técnico-administrativo de todas as áreas e Instituições, à medida que a sua elaboração e uso passaram a ser exigidos.

Além disso, a ideia de que a flexibilização poderia levar a uma diminuição de qualidade perdeu força quando começou a ser regulamentado o disposto no art. 46 da Lei, determinando que:

> Art. 46. A autorização e o reconhecimento de cursos, bem como o credenciamento de instituições de educação superior, terão prazos limitados, sendo renovados, periodicamente, após processo regular de avaliação. (Lei 9394/96).

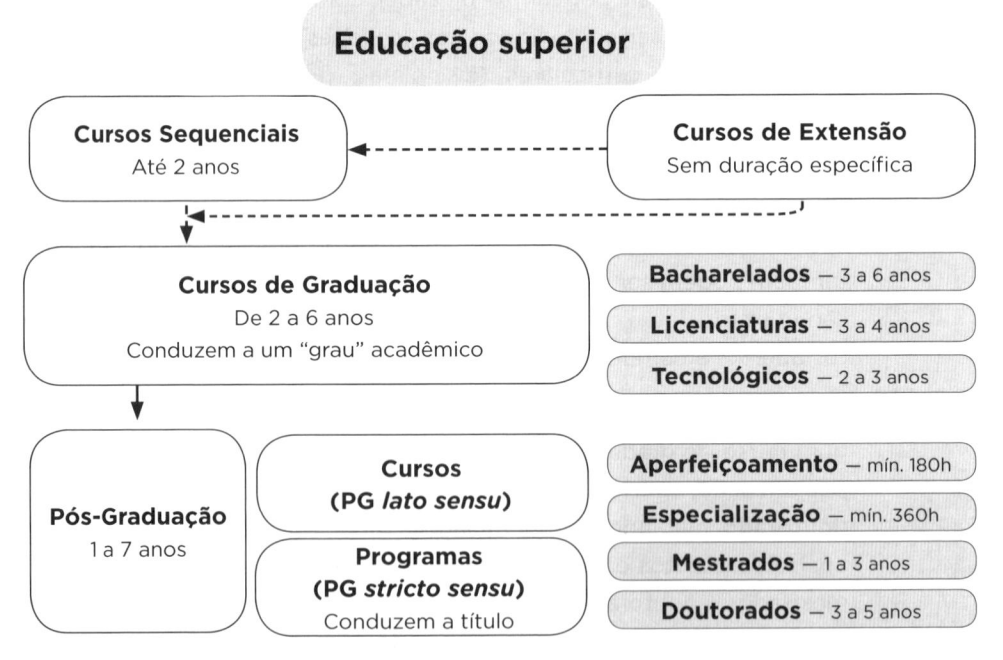

**Figura 1.2:** Organização da Educação Superior segundo a Lei 9394/96. Os tempos de duração podem variar em função de dependências no caso das graduações e, em especial na pós-graduação são indicativos. Aperfeiçoamentos e Especializações em geral duram 1 a 2 anos quando têm a carga horária mínima exigida. Fonte: Lei 9394/96

A determinação constante no art. 46 incorporou o nascente Exame Nacional de Cursos (ENC ou Provão) que havia sido iniciado em 1996, e introduziu a "Análise das Condições de Oferta" que passaram a integrar o sistema de avaliação, com visitas *in loco* para possibilitar que os processos de avaliação pudessem se completar. Em 2004, com a edição da Lei nº 10861, foi estabelecido o Sistema Nacional de Avaliação da Educação Superior — SINAES, com substituição do ENC pelo ENADE e o estabelecimento de 10 dimensões para orientar a avaliação das condições de oferta das IES do país.

Finalmente, ficavam estabelecidas as condições para o exercício da docência dos cursos superiores, reforçando a necessidade de uma formação em programas de Pós--Graduação (PG *stricto sensu*), admitida a formação de especialista (PG *lato sensu*), promovendo uma valorização da formação acadêmica em pós-graduação, reforçando a necessidade de o ensino superior levar em conta a produção de conhecimento novo e não apenas se limitar à formação profissional enciclopédica e teórica.

Além disso, a previsão e posterior discussão, aprovação e sanção de uma lei decenal para a educação, exigiu o desenvolvimento de um banco de dados mais confiável, hoje garantido pelos censos da educação, bem como permitiu a discussão de metas e de um planejamento para desenvolver a educação nacional, expressos nos Planos Nacionais de Educação (PNE), o primeiro, de 2001 e o segundo, aprovado em junho de 2014 (Lei 13005/2014) e vigendo atualmente.

## DIRETRIZES CURRICULARES NACIONAIS

Contrariamente à estrutura anterior, os cursos de graduação na Lei 9394/96 foram tratados de forma moderna e em consonância com as tendências do final do século XX para a formação em nível superior. Assim, sancionada no final de 1996, já em 1997 o Ministério da Educação editava o Parecer CNE nº 776/97 para tratar das Diretrizes Curriculares Nacionais:

> Ao longo dos anos, embora tenha sido assegurada uma semelhança formal entre cursos de diferentes instituições, o currículo mínimo vem se revelando ineficaz para garantir a qualidade desejada, além de desencorajar a inovação e a benéfica diversificação da formação oferecida.
>
> A orientação estabelecida pela Lei de Diretrizes e Bases da Educação Nacional, no que tange ao ensino em geral e ao ensino superior em especial, aponta no sentido de assegurar maior flexibilidade na organização de cursos e carreiras, atendendo à crescente heterogeneidade tanto da formação prévia como das expectativas e dos interesses dos alunos (Parecer CNE nº 776/97).

Em outubro de 1998 a UNESCO promoveu em Paris a 1ª Conferência Mundial sobre Ensino Superior, que gerou uma Declaração com 17 artigos, assinada pelos quase duzentos países participantes, inclusive o Brasil. Destaque-se que nessa Declaração, a missão da universidade foi definida como: **educar** para a cidadania e participação social plena; **formar** pessoas altamente qualificadas, com valorização e entendimento de diferentes culturas; e **realizar pesquisas** em seu sentido amplo, a partir da produção de conhecimento novo, sua publicação e extensão à comunidade, com garantias e oportunidades para uma educação continuada.

> Para detalhes, consulte: http://www.direitoshumanos.usp.br/index.php/Direito-a-Educa%C3%A7%C3%A3o/declaracao-mundial-sobre-educacao-superior-no-seculo-xxi-visao-e-acao.html.
> Acesso em: 25/9/2017.

O documento também salienta que deve haver igualdade de acesso ao ensino superior, o estabelecimento de formas de avaliação da qualidade e o uso de tecnologias de informação e comunicação (UNESCO/CRUB, 1998).

A destacar, ainda, um trabalho do Fórum de Pró-Reitores de Graduação das Universidades brasileiras (ForGRAD), de 1999:

> O Projeto Pedagógico da Graduação deve estar sintonizado com nova visão de mundo, expressa nesse novo paradigma de sociedade e de educação, garantindo a formação global e crítica para os envolvidos no processo, como forma de capacitá-los para o exercício da cidadania, bem como sujeitos de transformação da realidade, com respostas para os grandes problemas contemporâneos. Assim, o Projeto Pedagógico, como instrumento de ação política, deve propiciar condições para que o cidadão, ao desenvolver suas atividades acadêmicas e profissionais, paute-se na competência e na habilidade, na democracia, na cooperação, tendo a perspectiva da educação/formação em contínuo processo como estratégia essencial para o desempenho de suas atividades (ForGRAD, 1999, p. 11).

Para que o Conselho Nacional de Educação analisasse e recebesse as propostas de DCNs foram listados, no Parecer nº 537/2001, alguns princípios para a sua elaboração, que podem ser assim sumarizados:

- Assegurar uma ampla liberdade na especificação das unidades de estudos e nas cargas horárias que levarão ao estabelecimento das atividades curriculares dos cursos, indicando tópicos ou campos de estudo e não conteúdos específicos, com sólida formação geral.

- Fortalecer a articulação da teoria, com a prática, com os estágios, com a extensão e o estímulo de práticas independentes de estudo.

- Evitar um prolongamento desnecessário para a integralização dos cursos, possibilitando o reconhecimento de experiências e conhecimentos obtidos anteriormente, fora do ambiente escolar.

Percebe-se uma ampla liberdade na composição dos cursos, reforçada pela ideia de que a sua diversidade, com a garantia de uma diretriz comum, seria suficiente para dar uma identidade própria e condizente com a vocação da instituição de oferta. Não apenas vocação intrínseca, mas a sua inserção no contexto local, regional, nacional e/ou internacional, conforme estabelecido no seu PDI e conforme o desenvolvimento das suas atividades acadêmicas e a sua interação com a sociedade.

A partir de 2001 e até hoje, vêm sendo homologados pelo Ministério da Educação, os Pareceres e Resoluções do CNE contendo as Diretrizes Curriculares Nacionais para os diferentes cursos de graduação. Nas DCNs, os bacharelados foram tratados individualmente, por curso ou pequenos grupos de cursos (caso das engenharias, por exemplo); as licenciaturas foram agrupadas em um único documento e o mesmo tratamento foi dado para os cursos superiores de tecnologia.

Nas DCNs, o conceito de atividade curricular se sobrepõe ao de disciplina, já que os cursos podem se desenvolver não a partir de um conjunto mínimo de disciplinas que formam uma dada matéria do curso. A flexibilidade permite que uma atividade curricular seja o conjunto de todas as unidades de ensino que formam um curso: disciplinas, visitas técnicas, projetos, trabalhos finais de curso (TCC), estágio, atividades complementares etc. Deste modo, a diversidade das atividades previstas para o curso passa a permitir um desenvolvimento diferenciado, o que anteriormente não era possível.

A LDB também permite que as Instituições possam realizar cursos experimentais, no sentido de serem experiências inovadoras e não terem, ainda, diretrizes curriculares nacionais estabelecidas. Essa liberdade, prevista no art. 81 da Lei é de grande valia para permitir que as Instituições possam se antecipar às necessidades sociais e oferecer formações inovadoras.

As cargas horárias dos cursos, que não fizeram parte das DCNs em um primeiro momento, também tiveram tratamento diferenciado e foram estabelecidas para

**DCNs dos cursos de graduação.**
Disponíveis em: http://portal.mec.gov.br/component/content/article?id=12991

**CNCST.** Disponível em: http://portal.mec.gov.br/index.php?option=com_docman&view=download&alias=44501-cncst-2016-3ed-c-pdf&category_slug=junho-2016-pdf&Itemid=30192.

Acesso em: 25/09/2017.

os bacharelados, por meio de Resoluções específicas a partir de 2007; para as licenciaturas, no próprio Parecer e Resolução que editou as suas DCNs e, nas graduações tecnológicas, a partir de seu agrupamento em eixos tecnológicos, e a edição, com outras informações sobre cada um desses cursos, de um Catálogo Nacional de Cursos Superiores de Tecnologia (CNCST), que vem sendo atualizado periodicamente.

## A EDUCAÇÃO A DISTÂNCIA NO NOSSO SISTEMA EDUCACIONAL

A LDB prevê:

> O Poder Público incentivará o desenvolvimento e a veiculação de programas de ensino a distância, em todos os níveis e modalidades de ensino, e de educação continuada (LDB, art. 80).

Com a edição dos Decretos nº 2494 e 2561 em 1998, o MEC elaborou as primeiras regras específicas para o credenciamento de Instituições e oferta de cursos a distância no país, regulamentando o art. 80 da LDB acima citado. Delegou aos sistemas de ensino a responsabilidade pelo credenciamento para a educação básica e de jovens e adultos, centralizando no Ministério da Educação, os atos relacionados ao ensino superior.

Em 2001, a Portaria MEC nº 2253 possibilitou que os cursos presenciais introduzissem atividades a distância em até 20% do total da carga horária dos cursos desenvolvidos no sistema federal de ensino (e acompanhado pelos demais sistemas), sem que para isso tivessem a necessidade de solicitar o credenciamento específico conforme previam os Decretos 2494/98 e 2561/98.

Em termos práticos, essa determinação levou a uma mistura das duas formas de desenvolvimento de cursos, que o MEC denominou "modalidades", que aliás já existia para os cursos desenvolvidos a distância, já que as avaliações dos mesmos deveriam ter uma componente presencial preponderante sobre as demais formas de avaliação.

Em 2005, o Decreto nº 5622/2005 revogou os anteriores e deu início a uma nova fase para o desenvolvimento de cursos a distância. Modificado em 2007 pelo Decreto nº 6303/2007, vigorou até 2017, quando se iniciou a 3ª etapa da oferta de EaD, a partir de um novo marco regulatório.

Efetivamente, a edição do Decreto nº 9057, de 25 de maio de 2017, trouxe alguns avanços e flexibilizações para a regulamentação de instituições e cursos ofertados a distância no sistema de ensino brasileiro.

O Decreto estabeleceu:

> Para os fins deste Decreto, considera-se educação a distância a modalidade educacional na qual a mediação didático-pedagógica nos processos de ensino e aprendizagem ocorra com a utilização de meios e tecnologias de informação e comunicação, com pessoal qualificado, com políticas de acesso, com acompanhamento e avaliação compatíveis, entre outros, e desenvolva atividades educativas por estudantes e profissionais da educação que estejam em lugares e tempos diversos (Decreto nº 9057, 2017, art. 1º).

Percebe-se que a legislação não interfere na forma como o curso se desenvolve, já que esta é uma atribuição da Instituição e deve constar em seu PDI, PPI e PPC para cada curso ofertado.

Em outras palavras, o Sistema de Ensino Brasileiro não trata o desenvolvimento de cursos na modalidade a distância de forma diferenciada com relação aos cursos presenciais. Obviamente, ambientes virtuais de aprendizagem (AVA), existência de polos de apoio presencial e outras estruturas, são inerentes aos cursos a distância, mas podem, no caso do AVA, por exemplo, serem utilizados também nos cursos presenciais em atividades programadas ou no porcentual de até 20% permitido pela legislação.

Com isso, no sistema educacional brasileiro há, até o momento, apenas duas modalidades definidas: presencial e a distância. Cursos chamados semipresenciais ou, mais recentemente, híbridos ou *blended* são, a rigor, **presenciais** se essas atividades forem iguais ou superiores a 80% da carga horária total do mesmo e são cursos **a distância**, se as atividades presenciais forem inferiores a 80% e, neste caso, a Instituição deve requerer credenciamento específico para atuação no ensino a distância.

Interessante salientar que é cada vez mais comum a referência *blended* ou *hybrid course* ou *blended* ou *hybrid learning* para designar aqueles cursos cujo Projeto Pedagógico mistura (blend = mistura) as duas formas de desenvolvimento, com uma forte utilização de tecnologias de informação e comunicação, mas com previsão de etapas ou porcentuais presenciais para o seu desenvolvimento.

A terminologia emprestada do setor alimentício merece algumas considerações: vinhos podem ser varietais (formados por uma única variedade de uva, como Merlot, por exemplo) ou blends (formados pela mistura de duas ou mais variedades, em diferentes proporções). Há países, em que um vinho varietal não necessita ser 100% da mesma variedade (no Chile, por exemplo, um varietal deve conter pelo menos 75% da uva que lhe dá o nome). Os *blends* também são muito conhecidos na formulação de bebidas quentes como o chá (há várias misturas interessantes de infusões) ou café.

Por analogia, podemos dizer que, apesar de poderem conter até 20% de atividades ligadas ao EaD, os cursos do sistema educacional brasileiro são hoje considerados presenciais quando apresentam seu desenvolvimento com pelo menos 80% das suas atividades realizadas presencialmente, a exemplo do que ocorre com os "varietais chilenos". Os cursos são da modalidade EaD quando apresentam as demais formas de combinação entre presencialidade e atividades tipicamente a distância. Assim, a maioria dos cursos semipresenciais, híbridos ou *blended* é considerada, pelo nosso sistema, cursos a distância e requerem credenciamento institucional específico.

Finalmente, cumpre ressaltar que, também a exemplo dos vinhos, há varietais e cursos, presenciais ou a distância, excelentes, assim como os *blends* podem levar a particularidades de sabor e harmonização para os vinhos que também os torna excelentes e únicos, como os cursos híbridos no caso do sistema educacional.

## AVALIAÇÕES

A partir do art. 46 da LDB, que limitou temporalmente o credenciamento institucional e o reconhecimento de cursos condicionando-os a processos avaliativos, essa prática passou a ter uma importância até então não existente. A obrigatoriedade da formação de comissões próprias de avaliação para dirigir os processos internos, e as avaliações externas feitas por comissões *ad hoc* e por meio do Exame Nacional de Desempenho dos Estudantes (ENADE), por mais que possam ser aprimoradas, enquanto atividades processuais são, hoje, previstas e regulamentadas em Lei.

É importante lembrar que a LDB também aborda a avaliação dos estudantes, como em seu art. 24, por exemplo, que trata da organização da educação básica, cujo inciso V estabelece:

"...

V — a verificação do rendimento escolar observará os seguintes critérios:

a) avaliação contínua e cumulativa do desempenho do aluno, com prevalência dos aspectos qualitativos sobre os quantitativos e dos resultados ao longo do período sobre os de eventuais provas finais;

b) possibilidade de aceleração de estudos para alunos com atraso escolar;

c) possibilidade de avanço nos cursos e nas séries mediante verificação do aprendizado;

d) aproveitamento de estudos concluídos com êxito;

e) obrigatoriedade de estudos de recuperação, de preferência paralelos ao período letivo, para os casos de baixo rendimento escolar, a serem disciplinados pelas instituições de ensino em seus regimentos;

..." (LDB, art. 24).

Também estabelece como atribuições da escola e dos docentes, prover meios e estabelecer critérios para a recuperação dos estudantes com baixo rendimento escolar (art. 12, V e 13, IV).

Finalmente, a inserção do art. 35A feita pela Lei 13415 de fevereiro de 2017, tem um parágrafo 8º que explicita:

"...

§ 8º Os conteúdos, as metodologias e as formas de avaliação processual e formativa serão organizados nas redes de ensino por meio de atividades teóricas e práticas, provas orais e escritas, seminários, projetos e atividades online, de tal forma que ao final do ensino médio o educando demonstre:

I — domínio dos princípios científicos e tecnológicos que presidem a produção moderna;

II — conhecimento das formas contemporâneas de linguagem.

..." (Lei 13415, 2017, art. 35A).

Do mesmo modo, as Diretrizes Curriculares Nacionais abordam a avaliação como etapa processual e inerente ao processo de ensino-aprendizagem, com importante função na retroalimentação dos projetos pedagógicos dos cursos e da Instituição.

Com a divisão da avaliação em múltiplas estratégias realizada por Bloom e colaboradores (1971), o ensino vem utilizando muito mais aquela forma classificada como "somativa", realizada ao final ou em etapa preestabelecida do processo, visando a mensuração dos seus resultados. De forma menos frequente, a "diagnóstica" pode contribuir para o estabelecimento dos conhecimentos, habilidades e competências que os estudantes podem realizar e, mais trabalhosa, mas mais condizente com uma visão processual, a avaliação formativa, ocorre ao longo de toda a aprendizagem, possibilitando a correção e a recuperação de falhas, ou o reforço de métodos utilizados.

Para a avaliação dos estudantes no ensino superior, a despeito dos avanços e estudos sobre diferentes formas e processos para a sua realização, grande parte das atividades curriculares ainda se vale apenas de avaliações somativas, realizadas em datas previamente comunicadas nos planos de ensino e que aferem a retenção de conhecimentos de conceitos e habilidades na resolução de exercícios e problemas normalmente similares àqueles vistos em aula. Nos casos extremos, uma única avaliação escrita "decide" se o estudante tem ou não condições de ser considerado aprovado naqueles conteúdos, dado dominar, em escala arbitrária, metade, sessenta ou setenta por cento do mesmo. Como consequência, também classifica os alunos na mesma escala usada. No outro extremo, avaliações formativas, realizadas a cada encontro e ao longo de toda a atividade curricular, servem para que o próprio docente possa ter um retorno sobre a aprendizagem de seus estudantes. Esse acompanhamento encontra dificuldades decorrentes do tamanho das turmas, do excesso de atividade docente em sala, da falta de interesse, ou até da falta de apoio tecnológico específico, como se discutirá mais adiante com a proposta de metodologias ativas e personalizadas de aprendizagem (MAPA).

Não temos a pretensão de discutir o processo de avaliação no contexto deste capítulo. Entretanto, é importante que tenha sido deixado o registro de sua abordagem legal e da possibilidade que as instituições e os docentes têm no seu estabelecimento, dado se tratar de item obrigatório e importante para a elaboração dos documentos institucionais e de curso (PDI, PPI, PPC) e dos planos de aula que devem, por lei, ser divulgados antecipadamente à oferta da atividade curricular pela escola.

## PERSPECTIVAS

O Sistema Educacional Brasileiro está estruturado pela Lei de Diretrizes e Bases da Educação Nacional (LDB) e, dada a natureza federada do nosso país, tem uma complexidade elevada, expressa na Figura 1.3.

Entretanto, as Instituições de Ensino Superior, com diferentes graus de autonomia, são as responsáveis pela elaboração de seus estatutos e, a partir destes, de seu regimento, seu PDI, PPI e o Projeto Pedagógico de cada curso ofertado.

As normas que contribuem para que o sistema tenha garantida a sua evolução referem-se, especialmente, às avaliações realizadas em nível interno pelas Comissões Próprias de Avaliação e avaliações externas, a cargo do Instituto Nacional de Pesquisas e Normas Educacionais Anísio Teixeira (INEP) e que levam à reflexão não apenas das Instituições de Ensino, mas também dos órgãos governamentais que podem, a partir delas e com dados obtidos pelos Censos da Educação Básica e da Educação Superior, elaborar o Plano Nacional de Educação, decenal, que traça objetivos a serem alcançados a partir desse conjunto de atos e ações desenvolvidas.

Todo esse aparato legal interfere diretamente nas Instituições que devem elaborar seu PDI com base em seus estatutos e regimento, com a participação da comunidade acadêmica e comunidade externa, a fim de poder contribuir para o desenvolvimento de seu entorno, região ou país, conforme a missão institucional. Nesse contexto é importante ressaltar o papel das avaliações, internas e externas, institucionais e de cursos, para retroalimentar de forma embasada esse planejamento.

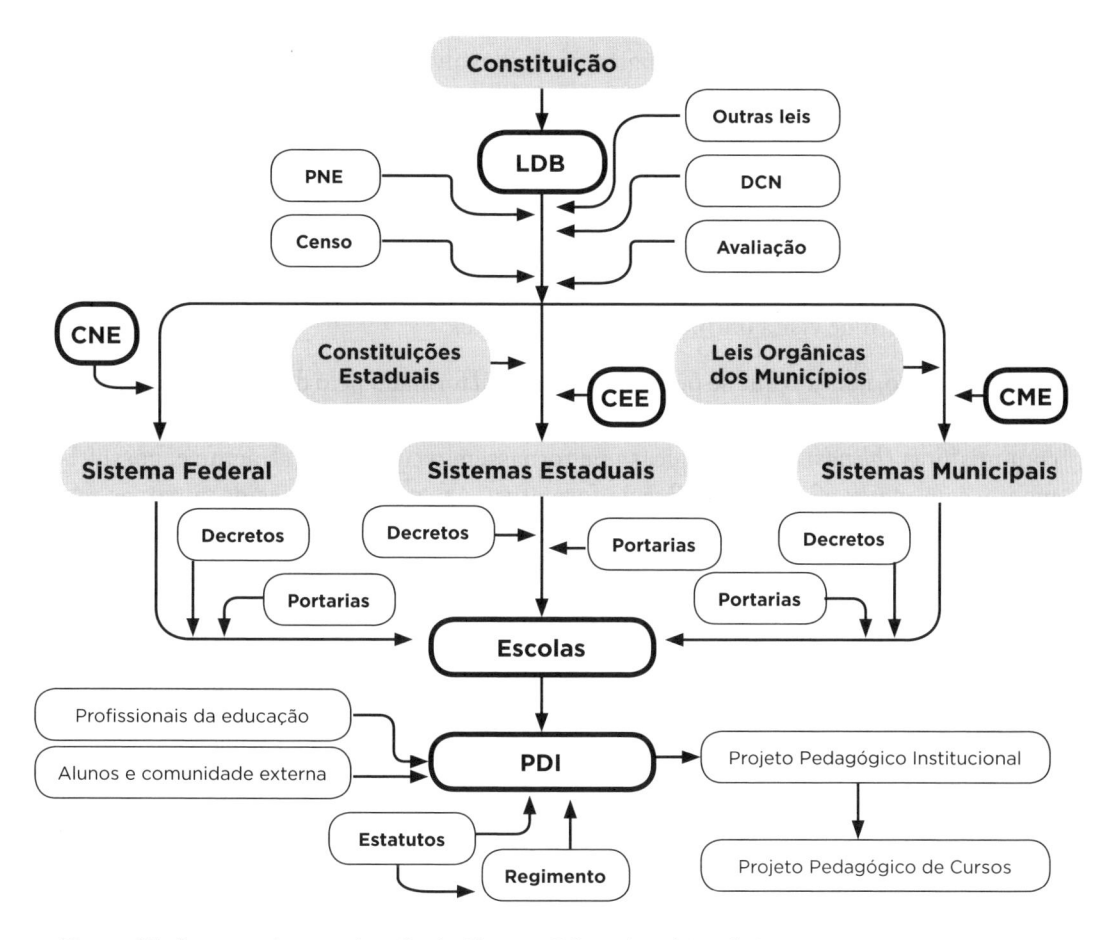

**Figura 1.3:** Resumo da organização do Sistema Educacional Brasileiro. Fonte: Autores

É extremamente importante reafirmar que a legislação possibilita a flexibilidade na organização e desenvolvimento dos cursos ofertados, respeitadas as Diretrizes Curriculares Nacionais e demais atos regulatórios.

Com o crescimento das matrículas em cursos desenvolvidos a distância, o uso de tecnologias de informação e comunicação passou a ter uma importância crescente e, cada vez mais, é preciso garantir que os estudantes tenham a autonomia necessária para que desenvolvam novos conhecimentos, competências, habilidades e a capacidade de responder aos avanços sociais e tecnológicos com iniciativa, inovação e projetos sustentáveis.

Como salientado no texto, é cada vez mais comum o desenvolvimento de cursos com atividades que requerem o uso intensivo de tecnologias de informação e comunicação, em especial na internet, misturando atividades tipicamente presenciais com outras do EaD (Horn & Staker, 2017). Tais cursos, denominados híbridos (*hybrid or blended courses*) podem ter seu conceito ampliado.

Efetivamente, em termos pedagógicos, o desenvolvimento de um curso pode se dar com o uso de atividades expositivas, de metodologias ativas de aprendizagem, de projetos, sala de aula invertida (*flipped classroom*), visitas técnicas etc. Esse desenvolvimento independe da forma como ele se desenvolve, ou seja: temos cursos presenciais e cursos a distância desenvolvidos com metodologia PBL (*problem-based learning*); temos aulas expositivas presenciais ou realizadas como videoaulas; temos atividades de projetos em cursos presenciais ou a distância, assim como temos visitas técnicas a um museu, fisicamente ou a partir de visita online e assim por diante.

Deste modo, mais do que se pensar em um *blend* formado pelo desenvolvimento presencial e a distância, seria interessante que os projetos pedagógicos fossem enriquecidos com misturas (*blends*) metodológicas que tornassem o curso mais atraente e, possivelmente, com maior eficiência e eficácia formativa. As coordenadorias de curso, os núcleos docentes estruturantes, a gestão das escolas, poderiam se debruçar sobre o aprimoramento de suas ofertas mesclando atividades presenciais e a distância, mas, sobretudo, diversificando as metodologias usadas para o seu desenvolvimento. O porcentual de "metodologias ativas", de "aulas expositivas ou vídeos", de "projetos" etc. não apenas diferenciaria os cursos em função da pertinência e aderência que cada metodologia guarda com as áreas do conhecimento, mas os diferenciaria pela oferta de *blends* específicos das Instituições que poderiam assim se ajustar a necessidades (paladares) mais específicas para atrair seus educandos.

Essas composições são plenamente possíveis e viáveis no sistema de educação brasileiro, dada a sua flexibilidade e regulamentação.

## QUESTÕES

1) Procure elencar algumas evidências contidas nas DCNs dos Cursos Superiores de Tecnologia que demonstram suas particularidades quando comparados com os bacharelados, apesar de serem, ambos, cursos de graduação existentes no Sistema Educacional Brasileiro.

2) No seu entendimento, seria vantajoso que as áreas do conhecimento aceitassem o mesmo tipo de curso híbrido com relação ao porcentual de atividades presenciais ou a distância?

3) No seu entendimento, seria vantajoso que as áreas do conhecimento aceitassem o mesmo tipo de mistura metodológica (cursos híbridos na concepção aqui tratada), ou haveria alguma preferência em função dos estudos realizados em cada uma delas (artes, humanas, biológicas, exatas, tecnológicas).

4) Se lhe fosse dada a possibilidade de construir um *blend* metodológico na sua área de atuação, qual seria sua proposta? E se a proposta fosse desenvolver duas ou três disciplinas ou atividades curriculares nos mesmos moldes, como seria a sua escolha e desenvolvimento?

5) Se você fosse convidado a participar da elaboração da matriz curricular dos cursos de Licenciatura em Ciências Biológicas, Engenharia Civil e Serviço Social de uma Instituição com atividades em Cruzeiro do Sul (AC), Cajazeiras (PB) e São Paulo (SP), você teria condições de propor atividades curriculares diferentes? Em que porcentual? Procure elencar pelo menos uma disciplina comum e uma diferente (caso ache possível) para os mesmos cursos nas diferentes localidades.

## REFERÊNCIAS

BLOOM, B. S. et al. **Manual de avaliação formativa e somativa do aprendizado escolar**. São Paulo: Pioneira, 1971.

BRASIL. **Constituição da República Federativa do Brasil**, de 5 de outubro de 1988. Disponível em: www.planalto.gov.br/ccivil_03/constituicao/ constituicaocompilado.htm. Acesso em: 27/09/2017.

BRASIL. **Decreto nº 9.057**, de 25 de maio de 2017. Disponível em: www.planalto.gov.br/ccivil_03/_ato2015-2018/2017/decreto/D9057.htm. Acesso em: 27/09/2017.

BRASIL. **Lei nº 10.861**, de 14 de abril de 2004. Disponível em: http://www.planalto.gov.br/ccivil_03/_ato2004-2006/2004/lei/l10.861.htm. Acesso em: 29/09/2017.

BRASIL. **Lei nº 13.005**, de 25 de junho de 2014. Disponível em: http://www.planalto.gov.br/ccivil_03/_ato2011-2014/2014/lei/l13005.htm. Acesso em: 01/10/2017.

BRASIL. **Lei nº 9.394**, de 20 de dezembro de 1996. Disponível em: www.planalto.gov.br/ccivil_03/leis/L9394.htm. Acesso em: 27/09/2017.

CNE, CONSELHO NACIONAL DE EDUCAÇÃO. **Parecer CNE nº 776/97**, de 3 de dezembro de 1997. Disponível em: http://portal.mec.gov.br/setec/arquivos/pdf_legislacao/superior/legisla_superior_parecer77697.pdf. Acesso em: 29/09/2017.

CORTELAZZO, A.L. **As graduações tecnológicas no contexto da expansão do ensino superior brasileiro**. Revista Eletrônica de Tecnologia e Cultura — RETC, 4(2): p. 3–11, 2012.

HORN, M.B.; STAKER, H. **Blended: usando a inovação disruptiva para aprimorar a educação**. Reimpressão. Porto Alegre: Penso, 2017.

UNESCO/CRUB. **Tendências da Educação Superior para o Século XXI: Anais da Conferência Mundial sobre o Ensino Superior**. Paris: UNESCO/CRUB, 1998, 720p.

# A SALA
# DE AULA

"É necessário desenvolver um método de ensino em que os professores lecionem menos, para que os alunos possam aprender mais."

**Jan Amos Comenius**
(1592–1670)

*Pode parecer estranho, mas já tenho mais seguidores que a professora de matemática*

Atribui-se aos gregos a estruturação das primeiras escolas, mas muito antes disso os chefes de família ou de tribos primitivas já reuniam "os seus" para repassar experiências, ritos e crenças. Essa forma de ensino, denominada genericamente de "educação difusa", privilegiava a fala, e os conhecimentos eram transmitidos em reuniões informais ou formais, para que os indivíduos se ajustassem aos costumes sociais vigentes e pudessem, no futuro e pela sua conduta, repassar as próprias experiências.

Na antiguidade, as primeiras civilizações começaram a sofisticar esse processo, a partir de uma estrutura social mais complexa, com o surgimento dos reinados e impérios e a divisão educacional entre dois grupos distintos: do pessoal ligado ao poder, por laços de família ou funções sociais (nobres e altos funcionários), e do restante da população. Algumas das pessoas do primeiro grupo, com acesso e compreensão das primeiras linguagens escritas, normalmente com o uso de ideogramas representativos de objetos e ideias, passaram a ter o domínio e a responsabilidade pela "educação", baseada em "livros sagrados" que ditavam as regras de conduta, segundo a moral e religiosidade daquele povo.

Exemplos desses "educadores" podem ser encontrados entre os escribas, no Egito, os magos ou escribas da Mesopotâmia, os mandarins, na China, brâmanes na Índia e os profetas, entre os Hebreus.

A educação física e a cultura do corpo, com aulas de natação, uso do arco, corrida, caça e pesca, tinham grande importância nesse modelo, e eran destinadas aos nobres e guerreiros.

O desenvolvimento da escrita fonética pelos Fenícios cerca de 1500 anos a.C. levou à formação do alfabeto, posteriormente incorporado pelos gregos.

Com surgimento aproximado no século XX a.C., a Grécia também se caracterizou por uma concepção mítica de mundo, com interferência e influência divina nas ações humanas. A partir do século VIII a.C. e até o século VI a.C., ocorreu uma gradativa passagem do mundo mítico, para um mundo mais racional e reflexivo, com a introdução da escrita, da moeda, a formação das cidades-estado e o surgimento dos primeiros filósofos (Tales e Pitágoras).

> Os mais jovens devem ter a humildade de aprender com os mais experientes e os mais experientes não devem desprezar os saberes dos mais jovens. O aprendizado se dá através do processo de interação e a experiência faz parte desse processo.
> *Atribuído ao Profeta Eliseu, 850–800 a.C.*

## DAS PRIMEIRAS ESCOLAS À REVOLUÇÃO INDUSTRIAL

A adoção do alfabeto pelos gregos mudou o foco do ensino, que passou a requerer habilidades de escrita, além daquelas da retórica e é considerado por alguns como o marco do surgimento das escolas. Nas escolas gregas, a educação física, música, aritmética, gramática e leitura faziam parte da programação. Dependendo dos esportes praticados, o treinamento era feito em um ou em vários lugares e, como a beleza do corpo nu era considerada um reflexo da beleza interna, os atletas se despiam para a prática do esporte, que ganhou uma enorme dimensão nas cidades-estado gregas e era desenvolvida nos ginásios (fechados) e palestras ou arenas (descobertos), e onde também se davam os ensinamentos de matemática, filosofia etc.

A sala de aula dessas escolas, na verdade, não existia fisicamente, mas pode-se dizer que a reunião dos grupos em torno dos mestres poderia representar essa estrutura. As famílias mais abastadas contratavam "pedagogos" para os ensinamentos de seus filhos e os pagavam (normalmente muito mal) por isso. Com o tempo, o Estado grego passou a se responsabilizar pela educação, que começou a ganhar mais abrangência, com a admissão de meninas e até de escravos. As reuniões com os "mestres" eram feitas de forma mista, com pessoas de diferentes idades e conhecimentos.

No século II d.C., entre os Hebreus:

> Cada cidade deveria ter pelo menos uma escola. Se a cidade tivesse um rio que a dividia, duas. A sala de aula, que devia primar pela higiene, era exteriormente simples e, no seu interior, tinha todas as comodidades e mestres em número suficiente. Diz o Talmude: "Se o número de alunos não passa de 25, haverá só um professor; de 25 a 40, haverá dois." (PILETTI & PILETTI, 2013, p. 26).

Entre os árabes, estudava-se o Corão nas mesquitas e a escola elementar também abrangia a política, direito, organização social e ciências, o que era posteriormente aprofundado nas escolas superiores. Foi em 859 d.C. que surgiu a Universidade de Karueein, anexa a uma mesquita em Fez, no Marrocos, e que é considerada a primeira universidade do mundo moderno, com departamentos e abordagem em todas as áreas do conhecimento da época. A partir da criação da Universidade de Bolonha, em 1088, no século XI e XII, as estruturas universitárias se multiplicaram na Europa e o avanço da ciência deu margem para o surgimento da burguesia e criou condições para que o Renascimento se iniciasse, a partir do século XIII.

É também dessa época o surgimento das primeiras salas de aula, com bancos para que os alunos pudessem ouvir e fazer anotações dos ensinamentos dos mestres, normalmente religiosos. Foi, entretanto, apenas no século XVII que o método de ensino ganhou maior destaque, a partir da publicação da "Didática Magna", por Comenius, propondo um ensino de massa, com uma boa utilização do tempo, com eficácia na transmissão, com método e ordem. Por isso, ele é hoje considerado o fundador da pedagogia moderna e pode também ser considerado o precursor da organização das salas de aula em que o professor é a figura central que expõe a matéria aos alunos, que o escutam e obedecem.

A massificação e obrigatoriedade da educação das crianças (educação fundamental, básica, ou primária) tiveram sua expansão facilitada pela impressão de livros e pelo financiamento da burguesia emergente a partir da Revolução Industrial. Encontrou também respaldo a partir de movimentos que foram distanciando o ensino da igreja, como naturalismo e iluminismo.

> Deve-se "levar os pais a considerar o quanto é importante para um artesão saber ler e escrever, porque, por pequena que seja sua inteligência, se sabe ler e escrever, ele é capaz de tudo" (De La Salle, 1720).

## DA REVOLUÇÃO INDUSTRIAL AOS DIAS DE HOJE

Da produção individual e artesanal para a cooperação e concentração dos artesãos em um só local, passou-se à manufatura no século XVIII, com divisão de trabalho, de rotinas e, posteriormente, introdução de máquinas e equipamentos que levaram à necessidade de uma escola que desse conta dessa especificidade e profissionalização.

Os sistemas de ensino se ampliaram, se nacionalizaram e o Estado passou a ter um maior controle no funcionamento, organização e normatização da educação. A educação superior passou a ser parte integrante e necessária ao desenvolvimento de um país, a partir da produção de novos conhecimentos e de tecnologia. Chegaram a segunda e terceira revoluções industriais, agora voltadas ao desenvolvimento tecnológico e à difusão e universalização da informação.

Apesar dessas alterações, após a estruturação das salas de aula, com professor e alunos em lugares definidos, poucas mudanças foram introduzidas até os dias de hoje, se consideradas a organização física das salas de aula e sua utilização.

As salas de aula no século XIX, em termos físicos, eram espaços em que o professor tinha lugar de destaque, em um púlpito ou tablado, e os estudantes se distribuíam em bancos com mesas ou balcões normalmente fixos ao solo, que possibilitavam anotações e, em muitos casos, a guarda de livros e materiais de uso cotidiano. A disposição dos estudantes, voltados para o professor, tinha como justificativa a observação do mesmo em suas preleções, na visualização de um quadro negro ou pedra para a escrita dos assuntos tratados ou de uma mesa onde eram desenvolvidas atividades de demonstração dos ensinamentos, experimentos ou "aulas práticas", como estudos de química e anatomia, por exemplo. Normalmente com formato retangular, em alguns casos, para facilitar essa observação, as salas tinham forma de semicírculo onde o professor ocupava o centro e os estudantes se dispunham em diferentes níveis de forma concêntrica. Tais modelos de sala, retangulares e planas ou na forma de anfiteatros, funcionam há mais de duzentos anos e continuam sendo utilizadas nos dias de hoje (Manacorda, 2010).

Se as salas continuam retangulares e planas ou na forma de anfiteatros, ao menos alguns cuidados e modificações foram introduzidos:

Muitas escolas apresentam janelas com isolamento acústico, o que diminui a probabilidade de incômodos decorrentes de ruídos externos. Isso, anteriormente, era conseguido com a alocação das salas de aula nos espaços mais internos da escola, sem contato com o meio exterior. Nas salas retangulares, a iluminação natural se dá normalmente a partir do lado esquerdo dos alunos, já que a maioria deles é destra e, com isso, se evita a sombra no local onde se escreve. Isso, entretanto, afeta entre 10 a 15% dos alunos, que por não serem destros necessitam de iluminação pelo lado oposto. Essa iluminação só pode ser obtida artificialmente e a iluminância deve ser calculada de forma específica para não sombrear o local de escrita ou leitura o que, em muitos casos, dado o custo elevado, não é realizado. Essa disposição, muitas vezes mal calculada, gera reflexo indesejado no quadro, obrigando a utilização de cortinas ou a colocação de iluminação sobre o quadro, que eliminam o problema do reflexo, mas no caso das cortinas, também da iluminação natural. Além disso, também dificultam projeções ou atividades que requeiram pouca ou nenhuma iluminação.

A Figura 2.1, abaixo, mostra duas salas: a primeira (Figura 2.1A), retangular plana, com mesas e cadeiras e iluminação natural à direita dos estudantes. A segunda, na forma de anfiteatro, com iluminação artificial e carteiras universitárias (Figura 2.1B).

**Figura 2.1:** A) Sala de Aula plana da Universidade Lusíada de Lisboa, com iluminação lateral; B) Sala de aula na forma de anfiteatro

O quadro negro, em muitas escolas, foi substituído por quadros brancos que utilizam canetas especiais para a escrita evitando o uso do giz e, assim, a poeira de carbonato de cálcio que foi a origem de muitos problemas nas vias respiratórias dos professores (Figura 2.2A). Como a remoção da escrita nesses quadros é feita com solvente, em muitas salas, a demora para essa retirada leva a uma vida útil bastante reduzida desse equipamento e, por isso, em muitos casos ele vem sendo substituído por vidro fixado à parede de fundo branco, mais resistente e de fácil limpeza. Em algumas salas ou escolas, o quadro (negro ou branco) não é plano, mas tem uma concavidade que facilita a leitura e evita o reflexo nas laterais; em outras, pode ter a altura regulada para facilitar a escrita e, em muitos casos, pode formar dois espaços para a colocação de um maior conteúdo por parte do professor (Figura 2.2B).

Os bancos se transformaram em carteiras, primeiramente destinadas a duplas ou trios de alunos e, posteriormente, de caráter individual, com mesa e cadeira, ou cadeira acoplada a espaço para a escrita ou leitura (carteiras universitárias).

**Figura 2.2:** A) Sala de escola com quadro branco; B) Conjunto de lousas móveis em sala de aula

As carteiras individuais, em muitas salas de aula, são estofadas e seu tamanho e conforto são ergometricamente estabelecidos. Nas cadeiras e mesas os problemas são menores para anotações e até mesmo a realização de esquemas e desenhos (Figura 2.3A). Nas carteiras universitárias, apenas algumas têm espaço suficiente para isso (Figura 2.3B). Além de tudo, são específicas para destros ou sinistros e, com isso, as salas têm que conter entre 10 e 15% dessas carteiras que é a proporção média de canhotos, o que dificilmente ocorre em todas as salas.

Os bancos e carteiras, anteriormente fixados na maior parte das escolas, agora tendem a se manter soltos, possibilitando que a posição das carteiras possa ser alterada e, com isso, além das aulas em que os alunos ficam voltados para o quadro branco ou negro, são possíveis aulas com elas dispostas em círculo ou qualquer outra posição. Essa nova condição, em alguns casos é criticada por alguns professores e estudantes que, para os primeiros, em uma aula expositiva ou avaliação ficam desordenadamente dispostos e, para os segundos, nem sempre possibilitam acesso para entrada ou saída da sala em toda a sua extensão.

**Figura 2.3:** A) Sala de aula com cadeira e mesa; B) Sala com carteiras universitárias

O tablado ou local para o professor, próximo à lousa, hoje não é tão presente, pois foi considerado um instrumento do poder do professor em relação aos alunos, ainda que nas salas planas possa deixar o professor mais "visível" para a classe. Além disso, o degrau formado entre esse espaço e os demais espaços da sala normalmente era motivo de acidentes, dada a atenção do professor estar concentrada em seus alunos e na lousa da sala. Outro componente físico da sala que tem se modificado é a posição da porta de entrada. Quando única, era colocada na frente da sala. Tal posição levava a um controle maior do professor com relação à entrada e saída dos estudantes, além de deixá-los em posição de grande evidência também junto aos colegas de sala. Hoje, a posição da porta tem sido cada vez mais no fundo da sala, possibilitando a entrada e saída do estudante sem que haja uma grande perturbação das atividades e, por isso, é considerada uma posição mais adequada, principalmente quando ocorrem projeções ou atividades que requeiram uma luminosidade menor, geralmente quebrada quando a porta da sala é aberta.

Normalmente, as salas de aula modernas têm equipamentos que possibilitam a projeção de imagens, seja a partir de um Data Show (anteriormente, projeção de slides ou retroprojetor) e em muitas salas a posição dessa projeção é central e, com isso, como a lousa também se posiciona geralmente no centro da sala, o uso da projeção impede ou restringe a utilização da lousa (Figura 2.4A). Há salas de aula que deslocam a projeção para um dos lados (normalmente ocupando 1/3 do espaço mais distante da janela, quando existente) e a lousa ocupa o outro espaço, que corresponde a cerca de 2/3 do total do comprimento da sala. Há outras estratégias, como por exemplo, a projeção no próprio quadro branco e, neste caso, ele pode ocupar a totalidade do comprimento da parede. Pode-se, ainda, realizar a projeção em tela específica, que pode ser montada e desmontada conforme a necessidade de uso.

**Figura 2.4:** A) Sala de aula com tela de projeção colocada no centro da sala, sobre a lousa; B) Sala de aula com lousa digital

Algumas instituições têm em suas salas de aula lousas digitais (Figura 2.4B), que garantem o uso de outros recursos ao longo das aulas do professor, como se verá adiante.

Finalmente, pode-se considerar que hoje, boa parte das salas de aula das instituições de ensino superior estão climatizadas, gerando um maior conforto térmico para professores e estudantes. Entretanto, em muitos casos, a posição do ar-condicionado deixa-o diretamente direcionado para os estudantes e não tem efeito direto sobre os professores, o que gera, em muitas situações o conflito de estudantes parados e submetidos a uma temperatura desconfortavelmente baixa e professores suados e sem perceber o efeito do abaixamento da temperatura por mau posicionamento do aparelho.

Mais recentemente, uma série de leis e decretos, que culminaram com a aprovação da Lei nº 13.146, de julho de 2015, trouxe modificações para garantir a acessibilidade em sala de aula. A Lei, que instituiu o Estatuto da Pessoa com Deficiência, garante o direito à igualdade de oportunidades com as demais pessoas, inclusive no que diz respeito ao acesso físico e pedagógico às escolas, o que tem levado a uma série de adequações do espaço escolar ao acesso de pessoas com algum tipo de deficiência. Rampas de acesso, portas que permitam a passagem de cadeiras de rodas, espaço reservado para cadeirantes dentro das salas, carteiras para obesos e para pessoas muito altas são exemplos dessas modificações em curso.

Percebe-se que há uma série de condições em que as salas de aula podem existir e ser equipadas, facilitando mais, ou menos, o processo de ensino-aprendizagem. Entretanto, a rigor, sua estrutura na forma como explicitada até o momento, só difere das salas do século XIX no que diz respeito à qualidade, conforto e modernidade de seus equipamentos, mas não difere da lógica então existente: o professor está em evidência, é o centro das atenções e detém o poder e o controle da sala, seja em termos disciplinares ou dos conteúdos ministrados. Em outras palavras: o professor tem o dever de "transmitir" os seus conhecimentos, e os alunos a obrigação de "absorver" esse conteúdo. Essa situação, ainda hoje considerada adequada por muitos professores, divide o processo em duas etapas: o ensino, de responsabilidade do professor; e a aprendizagem, de responsabilidade do estudante.

## POTENCIAL DIDÁTICO-PEDAGÓGICO DAS SALAS DE AULA

Apesar da semelhança secular da estrutura física das salas de aula, vários avanços pedagógicos foram ocorrendo ao longo do tempo, especialmente a partir das últimas décadas do século XX.

Assim, a ideia de que há dois papéis distintos para professores e estudantes é hoje contestada e o processo de ensino-aprendizagem vem sendo considerado como um caminho de mão dupla, com mudança do foco do ensino, para a aprendizagem.

Quando a legislação deu maior liberdade para o desenvolvimento dos cursos, mas instituiu processos avaliativos dos resultados obtidos, não foi outra a lógica senão esta acima explicitada. Um ensino flexível, com conteúdos flexíveis pode ser aceito se, e somente se, o processo de aprendizagem ocorrer. Também é esta a lógica da progressão continuada tão mal entendida no início da escolarização: a punição do aluno por não ter aprendido não tem lógica, já que o processo de ensinar deve levar à aprendizagem. Se isso não ocorrer devem ser programadas outras atividades que garantam a recuperação do estudante, para que ele consiga ter também garantida a aprendizagem que dele se espera, o que está expresso na LDB como uma regra da educação básica (art. 24), uma incumbência do estabelecimento de ensino (art. 12) e dos docentes (art. 13).

Nesse sentido, frases anteriormente muito comuns do tipo: "Estou com minha consciência tranquila porque ensinei a matéria" ou "Dei todos os conteúdos previstos na minha disciplina e se os alunos não os aprenderam, é porque não têm base ou não se esforçaram para isso" ou ainda "Se eu ensinei, não aprenderam porque não quiseram!", vêm perdendo valor e a cobrança vem sendo muito maior para a eficácia do processo: "Se meus alunos estão com dificuldade em acompanhar minha disciplina, devo entender o motivo dessa dificuldade e propor ações que possam superá-la."

Em tese, essa postura parece ser simples, mas na prática ela se mostra mais complexa uma vez que, genericamente, pode-se dizer que o ensino nas Instituições de Ensino Superior (IES) não é tratado com a devida importância: nas IES públicas, ele ocupa um segundo plano, perdendo espaço e status para as atividades de pesquisa; nas IES privadas, como as contratações em geral são feitas por hora/aula, uma sobrecarga de atividades didáticas para um melhor salário tende a deixar o professor sem o tempo necessário para se preocupar com a aprendizagem que, também nesse caso, passa a ocupar o segundo plano.

Outro fator que deve ser levado em conta é o de que o ensino pela memorização foi perdendo sua eficácia e, cada vez mais, é necessário que sejam encontradas alternativas para que o aluno se aproprie dos conteúdos daquela matéria, área ou disciplina. Em 1969, Edgar Dale publicou um "cone da aprendizagem" que pode ser assim resumido: em duas semanas, tendemos a nos lembrar de: 10% do que lemos; 20% do que ouvimos; 30% do que vimos; 50% do que vimos e ouvimos; 70% do que falamos; e 90% do que falamos e fizemos. Desta forma, um ensino exclusivamente expositivo, pode ser avaliado positivamente quando se "estuda para a prova" e revê os conteúdos abordados, a partir de nova leitura do tema. É evidente que um aluno que estude, vai exercitar o que ouviu, lendo ou vendo e, se estudar com os colegas, também falando, o que pode auxiliar em seu desempenho. Entretanto, quando as avaliações se distanciam e o volume de conhecimentos aumenta, o problema se agrava e, se a estrutura do curso ou período realizado não for suficientemente trabalhado, o desempenho será prejudicado.

Parte da perda da eficácia do ensino expositivo falado deve-se ao avanço das tecnologias de informação e comunicação: quando os professores universitários atuais, supondo terem uma média de 40 anos de idade nasceram, em 1977, era presidente do Brasil o General Ernesto Geisel; ao ingressar no ensino fundamental, em 1984, a presidência era exercida pelo também General João Batista de Oliveira Figueiredo e, ainda menores de idade puderam presenciar as primeiras eleições diretas para governadores (1982), prefeitos (1985) e presidente, em 1989 após o período da ditadura militar. Apenas quando entraram na universidade, em meados dos anos 1990, o fax e o correio passavam a declinar e ceder espaço aos e-mails e à pesquisa a partir da World Wide Web (www). Já os ingressantes atuais no ensino superior, nasceram em 1999–2000 e, portanto, durante o governo de Fernando Henrique Cardoso. Em 2002 foi enviado o primeiro SMS e em 2004, criado o Facebook e, pouco depois, o Twitter… Deste modo, a sua alfabetização se dá concomitante ao uso dessas tecnologias, em torno de 2007–2008. A visualização de imagens e a comunicação por frases curtas passam a ser muito mais a sua realidade do que a escuta, a leitura de livros, jornais e revistas. Essa mudança se reflete, obviamente, na escola e, dentro dela, na sala de aula que, entretanto, na maior parte dos lugares, continua a utilizar a fala como fonte principal de informações, seguida da leitura (em livros) e escrita (em cadernos), como ferramentas dessa aprendizagem.

Há várias formas de minimizar, mas não resolver, o problema: o cursinho pré-vestibular ajuda, assim como ajudam simulados e treinamentos para exames que cobram conteúdos. Mas estar preparado para o exercício da cidadania (e aí incluído o mundo do trabalho) é mais do que isso. Requer a apropriação do conteúdo e a sua utilização para a resolução dos problemas do dia a dia.

Não é necessário aprofundar esta análise para sugerir que houve um crescente distanciamento entre o aluno e o professor levando à necessidade de repensar o processo de ensino-aprendizagem. E alguns educadores na segunda metade do século XX mostraram que não basta o mestre falar para que o estudante aprenda. Há a necessidade de que cada indivíduo construa o próprio saber, transformando o professor em um elo entre o conhecimento e o aluno, valorizando assim outras formas de ensinar.

Deste modo, novos métodos de ensino foram se desenvolvendo nos últimos anos, alguns deles em que o aluno passa a ser agente ativo da sua aprendizagem, de tal maneira que a sala de aula, espaço privilegiado onde se reúnem os estudantes de uma dada turma, passa a desempenhar um novo papel e ter uma nova importância pedagógica.

Não se trata de demonizar a aula expositiva pura e simplesmente e propor a sua total exclusão das salas de aula. Pelo contrário: aulas expositivas podem ser de extrema valia e poupar um tempo imenso de pesquisa por parte dos estudantes.

Alie-se a este fato o crescimento exponencial que vem tendo o conhecimento humano, impedindo que se faça a aprendizagem de todos os conteúdos de uma dada área mesmo nos cursos de pós-graduação. Para se ter uma ideia, segundo Kevin Desmond (1986), todo o conhecimento humano produzido até o ano zero (cerca de 6 a 10 mil anos), foi dobrado até a Revolução Industrial (aproximadamente 1650 anos). Foi novamente dobrado em 250 anos, depois em 50 e, no século XXI, esse valor é anual! Assim, professores devem, cada vez mais, contribuir para que a base do conhecimento em sua área de atuação seja apropriada, para que o estudante, autonomamente, escolha aquilo que vai fazer parte de seus conhecimentos, habilidades e competências.

## METODOLOGIAS DE APRENDIZAGEM

Já que não se pode mais ter a pretensão de esgotar os ensinamentos em nenhum nível de ensino; que a legislação dá ampla liberdade para que se flexibilizem os métodos e formas de desenvolvimento dos cursos; que as tecnologias de informação podem estar a serviço da aprendizagem e serem importantes ferramentas nesse processo; que os professores podem incorporar novas metodologias que tornem o aprendizado mais eficaz; e que a sala de aula é um espaço privilegiado para o encontro entre alunos e professores, não importando se ao mesmo tempo e no mesmo espaço, mas com efetiva interação e discussões, é de se esperar que se aumentem as possibilidades pedagógicas das salas de aula, com misturas metodológicas (ou *blends* tratados no capítulo anterior) que levem a um aprendizado e uma autonomia efetivos.

Deste modo, é de extrema importância que as salas de aula permitam diferentes interações entre seus componentes físicos e seus usuários, ainda que mantenham a mesma estrutura acima descrita, com destaque para:

a) Salas com carteiras não fixadas, preferencialmente formadas por cadeira e mesa (pentagonal pode ser um formato excelente) que permitam um posicionamento tradicional, em círculo único, em pequenos círculos, em semicírculo etc.

b) Salas com computadores para consultas à web ao longo do desenvolvimento dos encontros.

c) Salas com várias possibilidades de projeção.

Com essa flexibilidade física, as salas podem abrigar várias atividades elencadas a seguir, ainda que possa existir uma estrutura física mais adequada como os modernos "espaços de aprendizagem". Tais atividades, em sua maioria, preveem a reunião e/ou discussões em grupo e, em algumas instituições vêm sendo criados espaços mais adequados a uma ou mais dessas atividades como se verá nos capítulos que se seguem. Mais importante do que o espaço em si, ao menos em um primeiro momento, é o engajamento da comunidade acadêmica para a implantação dessas atividades. Assim, uma sala de aula flexível, que possa ser "montada" e "desmontada" em função dos encontros (aulas) que recebe, poderá diminuir custos e aumentar possibilidades de uso experimental para uma ou todas as turmas, em um ou em todos os dias.

Abaixo são apresentadas algumas metodologias com uma rápida descrição, visando analisar os recursos de sala de aula que requerem para que se tenha uma ideia do que pode ser realizado, ainda que sem as condições plenamente adequadas de infraestrutura:

## 1. Aulas expositivas

Conforme já salientado, as aulas expositivas podem se configurar em excelente forma de abordagem para alguns assuntos, introdutórios ou não, que possam dar a base necessária para um posterior aprofundamento. As aulas expositivas, consideradas uma forma passiva de aprendizagem por parte dos estudantes, podem tomar conotação muito diferente se os educandos forem instigados a participar, seja para dirimir dúvidas, seja para emitir opiniões ou responder a provocações. Essa forma mais dinamizada, sem dúvida leva a uma maior eficácia na aprendizagem do tema proposto e pode ser o diferencial para que os alunos passem a gostar do conteúdo (conhecimento diminui preconceito) e, com isso, desenvolvam-se nas demais atividades. As aulas expositivas devem respeitar um limite de tempo relativamente curto, em torno de 30 a 40 minutos no máximo e serem seguidas da necessária apropriação dos conteúdos e temas abordados, a partir de outras metodologias. Eventualmente, demonstrações práticas podem auxiliar na compreensão, o mesmo ocorrendo com simulações e outras ferramentas que podem ser utilizadas em laboratório específico ou de informática, por exemplo.

Videoaulas são, em geral, exemplos de aulas expositivas que visam a introdução de um dado assunto e/ou a colocação de aspectos do mesmo que incentivem a pesquisa e o aprofundamento do tema.

A sala de aula (real ou virtual) pode ser utilizada em seu formato tradicional, em círculo ou outra disposição que possibilite a visualização do material apresentado pelo expositor.

## 2. Estudos de caso

Após a escolha de um caso que retrate um procedimento ou uma situação e a indicação de material bibliográfico correspondente por parte do professor, espera-se que o estudante, individualmente ou em um pequeno grupo, analise a situação e proponha uma forma de resolução. Pode também servir para explicar um diagnóstico, por exemplo na área da saúde ou da gestão. Após um primeiro contato anterior à aula (em casa), o caso é discutido em sala, apresentado pelo professor e debatido em pequenos grupos e, posteriormente, entre todos. Finalmente, a avaliação da tarefa é realizada, levando em conta a participação e pertinência das intervenções dos estudantes, seguida de revisão dos pontos discutidos e de um fechamento, por parte do professor ou de algum estudante. Como se trata de metodologia que envolve uma abordagem multidisciplinar, ela pode ser mais eficaz em atividades curriculares que tenham essa natureza ou que estejam posicionadas mais tardiamente no desenvolvimento do curso.

A sala de aula (real ou virtual) é utilizada para as discussões em grupo e para a avaliação da atividade.

## 3. Filmes

Os filmes podem ser utilizados em parte ou no todo, em películas de curta ou longa duração. Sua utilização tira o aluno da sala de aula e o transporta para o mundo, real ou virtual, na mesma ou em outra época. Para ter eficácia, o uso de filmes deve ser seguido pela aplicação de questionário que direcione as questões para os aspectos que o professor acredita terem sido abordados e como foram assimilados, processados e interpretados. Habilidades conceituais, procedimentais e atitudinais podem ser trabalhadas de forma direta ou figurada. Podem ser utilizados filmes em todas as áreas e a discussão pode ser encaminhada para aspectos científicos abordados, ou aspectos éticos, comportamentais, da construção do conhecimento etc. Outra vantagem do filme é a de trabalhar a imagem e, com isso, aliar visão e audição como componentes de aprendizagem.

Uma variável que vem sendo utilizada como estratégia de aprendizagem é o desenvolvimento de uma história, real ou imaginária, pelo próprio professor. Saber contar uma história pode representar uma excelente forma de motivar os estudantes à compreensão de um determinado tema e não necessitar que ela seja roteirizada e faça parte de um filme. Pode servir também como troca de experiências vivenciadas pelos alunos, eles próprios incentivados a contar a história. A técnica, que modernamente vem sendo chamada de *storytelling*, a exemplo dos contos de fadas, pode ativar memória de longo prazo entre os estudantes e desenvolver a compreensão de temas por analogia e interpretação.

A sala de aula (real ou virtual) é utilizada para a apresentação e exibição do filme, sua discussão e resposta aos questionários correspondentes. No caso da *storytelling*, o contador da história pode se valer do espaço do professor, com o uso de recursos midiáticos ou se posicionar juntamente com os demais colegas da turma.

## 4. Aprendizagem baseada em projetos

Uma forma bastante eficiente e interdisciplinar é a aprendizagem baseada em projetos. Ela pode se dar de forma individual, mas é mais eficaz quando realizada em grupos, preferencialmente pequenos. Uma das formas de aplicação leva em conta, por exemplo, os docentes que participam de um dado período do curso (semestre, bimestre, ano), que escolhem um tema que guarde relação com cada uma das disciplinas daquele período e que requeira, para seu desenvolvimento, os conhecimentos que foram ou serão abordados. Dentro do tema proposto, os estudantes de cada grupo escolhem um projeto que desenvolverão, o que pode prever uma intervenção, o desenvolvimento de um protótipo, de um game, de uma estratégia de ensino, de um empreendimento. A apresentação do projeto, por seu caráter interdisciplinar, é feita e considerada em todas as disciplinas envolvidas naquele período, em porcentuais que podem variar até a totalidade da nota atribuída ao estudante naquela atividade curricular.

A sala de aula (real ou virtual) é utilizada para os encontros dos grupos, bem como para as orientações por parte dos professores, para as apresentações intermediárias, caso existam, e finais dos projetos.

## 5. Aprendizagem baseada em problemas

Desenvolvida inicialmente no Canadá para cursos de medicina, a aprendizagem baseada em problemas ou Problem-Based Learning (PBL) consiste na proposição de um problema a ser resolvido ao longo de um período ou atividade curricular de um dado curso. Após a apresentação da situação-problema normalmente há, por parte do grupo, a identificação do mesmo e uma tentativa inicial de resolvê-lo a partir dos conhecimentos disponíveis. A partir de questões de estudo, aulas expositivas, leitura, estudos dirigidos, conhecimentos vão sendo incorporados e o problema é constantemente reapresentado até que haja sua total resolução. A vantagem dessa metodologia ativa de aprendizagem reside na forte integração que ela gera entre a escola e a sociedade, incentivando a pesquisa e a construção de conhecimento interdisciplinar. Além disso, estimula outras habilidades entre os estudantes como a criatividade, capacidade de trabalho em grupo e em projetos.

A sala de aula ideal deve ser pequena para abrigar um único grupo ou um número reduzido deles, já que a metodologia exige a atenção especial de um tutor, mediador ou professor que possa contribuir para os avanços e orientar a retomada do assunto quando necessário. Os grupos também devem realizar a escolha de um líder (mesmo quando há atuação de um tutor) para manter o foco do grupo e permitir a participação de todos, além de um relator que possa realizar os registros para a resolução do problema proposto.

## 6. Teatralização

O uso da dramatização ou teatralização de conteúdos costuma ser eficiente em uma abordagem por analogia ou figurada que retrate, a partir da participação dos estudantes, uma situação, fenômeno ou conteúdo. A dramatização de processos mais complexos e abstratos, via de regra, contribui para a sua perfeita compreensão. Tem a vantagem de possibilitar que os estudantes "materializem" processos abstratos e façam a necessária analogia entre essa materialização e a quem ela se refere. Avaliações realizadas em turmas que aprendem conteúdos complexos com dramatização ou por métodos tradicionais levam a diferenças significativas de desempenho.

A sala de aula ideal para estas atividades deve ter poucas carteiras e pode ser plana, ou um anfiteatro se houver a necessidade, por exemplo, do estabelecimento de eventos em série e que envolvam quantificação, como processos de oxidorredução durante a fotossíntese (Cortelazzo & Gallão, 2004).

## 7. Jogos (games)

Uma das formas de desenvolvimento de conteúdos com jogos e já bastante antiga se baseia na competição entre dois ou mais grupos da sala. A partir de perguntas ou tarefas comuns, ganha pontos o grupo que for mais rápido na elaboração da resposta e esse espírito competitivo promove o reforço de conteúdos já abordados ou o aprendizado de novos conteúdos. As "gincanas" que já foram muito populares e ainda hoje são utilizadas, promovem tarefas que exigem a pesquisa de conteúdos ou de situações que levam ao aprendizado. Outra forma de desenvolvimento já existente há décadas é o uso dos "jogos de tabuleiro". Os participantes competem para realizar certo percurso, por exemplo, e ao longo do mesmo se deparam com perguntas que, conforme o tipo de resposta, originam bônus ou ônus ao respondente e, com isso a disputa prossegue até que haja um vencedor. Há, ainda, jogos de perguntas e respostas, que podem ser realizados individualmente no computador ou em grupos e que visam atingir um objetivo final de acerto de um dado número de questões, cuja dificuldade vai crescendo à medida que o jogo avança. Essa forma de game é desenvolvida há décadas na TV, em vários países do mundo, e há prêmios em dinheiro para tornar a disputa mais emocionante. A temática pode ser mais genérica ou específica, dependendo do banco de questões que deve ser formulado para randomicamente (ou por sorteio) serem realizadas as questões em ordem crescente de dificuldade.

Outra forma que vem tendo sua utilização aumentada, além do quiz, é o "jogo de papéis" ou *roleplaying game* (RPG), onde cada grupo que joga tem objetivos comuns e os participantes devem se ajudar e trabalhar em grupo para atingirem tais objetivos. Cada assunto é desenvolvido anteriormente na forma, por exemplo, de uma aventura, e os papéis são distribuídos aos jogadores, facilitando desta forma uma aprendizagem vivencial, com posterior análise crítica para a tomada de decisões que dão continuidade ao "jogo".

A sala de aula para o desenvolvimento de jogos deve possibilitar a reunião dos estudantes em grupos e conter facilidades para a obtenção de questões de um banco de dados, no caso de jogos de perguntas, por exemplo, e conectividade para a pesquisa de conteúdos ou busca de informações, inclusive para o caso do RPG.

## 8. Sala de aula invertida (*flipped classroom*)

Em linhas gerais, na sala de aula invertida ou *Flipped Classroom* a lógica da aula expositiva seguida de exercícios de fixação, ou de outras atividades, como discussões, debates etc. (a "famosa" lição de casa) é invertida. Espera-se que o estudante consiga, em casa, realizar a leitura do assunto que compõe a aula que, no sistema usual, seria ministrada. As suas dúvidas e questionamentos surgem e, agora na sala de aula, serão colocados e resolvidos. Normalmente, em sala, os estudantes se reúnem em grupo para uma discussão preliminar e, ao final, o docente realiza um fechamento do assunto ou este é feito a partir de uma reunião geral, com todos os grupos. Novo assunto é anunciado, novas atividades são realizadas em casa e o processo se repete.

A sala de aula ideal para essa metodologia é aquela que possibilita atividades em grupo e que conta com recursos para consultas na internet e projeção, específica para os grupos ou para toda a sala.

## 9. Seminários

A explanação de um tema desenvolvido ao longo de um período, de forma individual ou coletiva, pode ser feita na forma de um seminário, onde o(s) participante(s) do trabalho realiza(m) a sua exposição abrindo-se, em seguida, espaço para a discussão com os demais membros da turma e o professor.

Modernamente, são utilizadas alternativas interessantes, como o *fish bowl,* por exemplo, onde são colocadas no centro da sala um certo número de cadeiras, cinco, por exemplo, e quatro alunos ocupam as demais e o restante da sala se distribui ao redor dessas cadeiras que seriam consideradas um "aquário". O tema é proposto e os quatro estudantes do aquário começam a sua discussão. Cada aluno da sala que queira se manifestar, segue e ocupa a cadeira vaga e faz sua participação. Imediatamente, um dos quatro estudantes iniciais se levanta, vagando nova cadeira que ficará disponível para outro participante e assim sucessivamente até o tema estar suficientemente debatido. O professor, tutor ou moderador estabelece um tempo para verificar se a discussão ocorreu e, caso isso não tenha acontecido, faz nova previsão. No caso de um trabalho em grupo, os participantes iniciais são os membros do grupo e a discussão se dá até que todos eles tenham sido substituídos após a sua apresentação inicial, feita por todos os componentes do grupo. Há outras variáveis dessa forma de atividade, algumas mais complexas e outras menos do que o resumo apresentado.

A sala de aula (real ou virtual) pode ter uma configuração convencional, plana ou como anfiteatro e a exposição pode ser feita em local de destaque, com o uso de recursos audiovisuais que ilustrem o trabalho e permitam sua melhor compreensão.

## 10. Debates

Os debates podem ser extremamente úteis quando tratados assuntos polêmicos ou que envolvam o julgamento ou decisão do tipo sim ou não, culpado ou inocente etc. Quanto maior o conhecimento acerca do assunto, mais rico se torna o debate. A mediação do docente tem papel importante nessa atividade, onde o espírito competitivo pode ser acirrado de forma saudável e motivadora.

A sala de aula adequada (real ou virtual) deve possibilitar a boa alocação de pelo menos dois grupos, que atuarão de forma antagônica ou que defenderão posições diferenciadas para enriquecimento do tema.

## PERSPECTIVAS

Uma vez que se pretende incentivar a diversidade metodológica para o desenvolvimento de disciplinas, espera-se que a sala de aula não represente um empecilho a essas atividades, já que seria frustrante não poder aplicar algum método pela limitação física ou das instalações existentes.

Há vários modelos específicos de salas de aula, que as tornam mais eficientes para uso em uma ou mais das metodologias apresentadas ou de outras inúmeras não citadas até aqui, mas que podem e devem compor o "cardápio metodológico" que a Instituição deve deixar à disposição de seus docentes.

Nas referências deste capítulo são listados alguns trabalhos que utilizam ou explicam as metodologias citadas, com novas explicações e detalhes sobre as mesmas, a saber: Mello e Cortelazzo (2006), Mattar (2010), Bonini-Rocha et al. (2014), Bender (2015), Coelho (2015), Meirinhos & Osório (2016), Araujo Leal et al. (2017), Bergman e Sams (2017) e Pinheiro e Arantes (2017), dentre muitos outros.

No Capítulo 9 serão apresentados novos "espaços de aprendizagem" que se adéquam às metodologias utilizadas nesse processo.

## QUESTÕES

1) Encontre um exemplo concreto que possa ser utilizado vantajosamente para o desenvolvimento de aulas baseadas em cada uma das 10 metodologias apresentadas.

2) Qual deve ser a característica básica de uma sala de aula para que possa ser utilizada em diferentes metodologias?

## REFERÊNCIAS

ARAUJO LEAL, E.; MIRANDA, G.J. & CASA NOVA, S.P.C. (org.). **Revolucionando a sala de aula: como envolver o estudante aplicando as técnicas de metodologias ativas de aprendizagem**. 1ª Ed. São Paulo: Atlas, 2017.

BENDER, W.N. **Aprendizagem baseada em projetos: educação diferenciada para o século XXI**. Tradução: F.S. Rodrigues. Porto Alegre: Penso, reimpresso 2015.

BONINI-ROCHA, A.C.; OLIVEIRA, L.F.; ROSAT, R.M. & RIBEIRO, M.F.M. (2014). **Satisfação, percepção de aprendizagem e desempenho em videoaula e aula expositiva**. Ciências e cognição, 19(1): 47–57. Disponível em: http://www.cienciasecognicao.org/revista/index.php/cec/article/view/871. Acesso em: 25/10/2017.

COELHO, R.M.F. **O uso do cinema como ferramenta educativa no ensino de matemática: uma experiência com alunos do ensino médio de Ouro Preto (MG)**. 2015. 241 f. Dissertação (Mestrado em Educação Matemática) — Instituto de Ciências Exatas e Biológicas, Universidade Federal de Ouro Preto, Ouro Preto, 2015.

CORTELAZZO, A.L. & GALLÃO, M.I. (2004). **Drama to teach cellular organelle physiology: chloroplasts and photosynthesis**. Resumos do XII Congresso Brasileiro de Biologia Celular. Campinas, p. 130.

DALE, E. **Audio-Visual Methods in Teaching**, 3rd ed., Holt, Rinehart & Winston, New York, 1969, p. 108.

DESMOND, K. **A timetable of inventions and discoveries**. M.Evans & Co, Inc. New York, 1986.

MANACORDA, M.A. **História da Educação: da antiguidade aos nossos dias**. 13ª Ed. São Paulo: Cortez, 2010.

MEIRINHOS, M. & OSÓRIO, A. (2016). **O estudo de caso como estratégia de investigação em educação**. Eduser — Revista de Educação, [S.l.]: 2(2). Disponível em: https://www.eduser.ipb.pt/index.php/eduser/article/view/24. Acesso em: 30 out. 2017.

MELLO, M.L.S. & CORTELAZZO, A.L. 2006. **Uma proposta de dramatização como complemento didático para o estudo sobre cromatina e cromossomos**. Anais da 25ª RBA. Saberes e práticas antropológicas: desafios para o século XXI. V.01.02, p. 83–86.

PILETTI, C. & PILETTI, N. **História da Educação: de Confucio a Paulo Freire**. 1ªed. São Paulo. Contexto: 2013.

PINHEIRO, V.P.G. & ARANTES, V.A. **Desenvolvimento de projetos de vida de jovens no ensino médio: de uma proposta embasada na aprendizagem baseada em problemas e por projetos (ABPP)**. Revista NUPEM, [S.l.], 9(18): p. 4–14, 2017. Disponível em: http://200.201.19.40/ojs3/index.php/nupem/article/view/499. Acesso em: 30 out. 2017.

# EDUCAÇÃO ONLINE

"Criadores aprendem o que desejam aprender. Não sabemos quanta liberdade de criação é morta nas salas de aula."

**Alexander S. Neill**

Considerar a Educação a Distância (EaD) a "nova panaceia educacional" nos leva a uma visão equivocada de seu real potencial. Pensá-la como complementar, agregando valor ao processo de ensino-aprendizagem a faz mais forte, coerente e com uma enorme potencialidade de transformar a sociedade.

## A EDUCAÇÃO A DISTÂNCIA E A EDUCAÇÃO ONLINE

Literalmente, o conceito de Ensino ou Educação a Distância remeteria a qualquer modalidade de transmissão e construção do conhecimento sem a presença simultânea dos agentes envolvidos. Nessa perspectiva, a difusão da escrita foi uma das principais tecnologias aplicáveis à Educação a Distância (EaD). Com a institucionalização dos sistemas formais de educação, que exigem dos alunos a presença obrigatória com tempo predefinido em estabelecimentos credenciados para a obtenção de certificados de comprovação da aprendizagem, e que têm na escrita uma de suas principais tecnologias de comunicação do conhecimento, o conceito foi derivado para uma forma mais complexa.

Assim, a EaD refere-se apenas às modalidades de educação cuja aprendizagem não está atrelada à presença física dos alunos nas chamadas escolas, atendendo a necessidade de uma parcela da população que, por diversos motivos, não tem a possibilidade ou não quer frequentar esses estabelecimentos.

Foram criados então, sistemas de EaD, utilizando-se veículos de comunicação diversos, a exemplo dos correios, do rádio e da televisão.

Um dos grandes problemas, no princípio da utilização desses programas, relacionava-se à constante queixa da falta de interatividade no processo de aprendizagem, devido às dificuldades dos alunos em trocarem experiências e dúvidas com professores e colegas.

Segundo Alves e Nova (2003):

> [...] a maior parcela desses cursos (EaD) concebe a educação a distância com perspectivas muito limitadas e tradicionais, seja do ponto de vista da teoria do conhecimento, seja da pedagogia, seja em relação às possibilidades tecnológicas dos suportes digitais (Alves & Nova, 2003, p. 45).

Com a difusão das tecnologias de comunicação em rede, também conhecidas como TIC (Tecnologias de Informação e Comunicação), este cenário começou a mudar, visto que as possibilidades de acesso às informações e ao conhecimento sistematizado aumentam as possibilidades de interação entre os diversos sujeitos do processo educacional e ampliam significativamente as formas de oferecimento da EaD.

Com o desenvolvimento e maior utilização da internet, os processos de EaD começam a ser convertidos e desenvolvidos para este novo canal de comunicação, passando a ser conhecido como Educação Online, apesar de ainda mantermos a designação EaD para a modalidade.

> Acesse o link a seguir, e veja quinze exemplos de Educação Online gratuita: http://www.onlinecollege.org/2012/01/22/15-inspiring-examples-of-free-online-education (conteúdo em inglês)

O processo de ensino-aprendizagem online apresenta muito menos contato face a face do que o ensino tradicional e, portanto, exige uma mudança conceitual na ênfase da "centralidade no professor" para uma "centralidade no aluno" (Laurillard, 1993; Chalmers & Fuller, 1995).

Diferentemente da educação tradicional, segundo Posser e Trigwell (1998), o principal propósito da educação online é atuar mais no gerenciamento do processo de aprendizagem que na transmissão de informação de forma transparente e organizada e as atuais tecnologias fazem isso com muita propriedade e organização.

Nessa linha de raciocínio, observamos que o processo de descentralização das informações dos bancos escolares (principalmente por meio das TIC) colocou em crise o modelo tradicional de educação, modelo este estruturado no Ocidente a partir do século XIX, cujo objetivo era prover aos alunos o saber acumulado pela humanidade. Este saber era, na verdade, a sistematização de informações tidas pela ciência da época como fundamentais, acabadas e verdadeiras em um período histórico em que o acesso a essas informações era de fato muito restrito. Um modelo que implicava, por sua vez, em um tempo e espaços de aprendizagem muito rígidos.

Hoje, no momento em que o problema deixa de ser a escassez e torna-se o excesso de possibilidades de acesso às informações que, mais relevante ainda, se transformam a uma velocidade jamais imaginada anteriormente, fica mais do que evidente o descompasso dessa concepção de educação.

A influência deste modelo tradicional de educação, embora tenha sido amplamente combatida ao longo do século XX, continuou sendo exercida de forma significativa no cenário educativo e seus resquícios podem ainda ser sentidos nos dias atuais, apesar de todos os discursos teoricamente renovadores pelos quais vêm passando nossos sistemas educacionais.

Além disso, nos alertam Alves e Nova em relação aos tempos constantes de aprendizagem:

> [...] pensar o espaço, nos remete a refletir sobre o próprio tempo da aprendizagem. O tempo da escola é único, rígido, quase absoluto. Temos que aprender os mesmos assuntos, durante os dois meses da unidade, e comprovarmos na avaliação. Se não, perdemos o ano, eu e João, embora eu não saiba escrever e João não saiba somar. Essa é a regra, da alfabetização à universidade (Alves & Nova, 2003, p. 42).

Portanto, a busca por alternativas no processo de ensino-aprendizagem se faz necessária. A educação online é, portanto, vislumbrada como uma possível alternativa a esse cenário que se apresenta da educação "tradicional". Entretanto, tratar a educação online como panaceia está longe de ser verdade. Como toda tecnologia, principalmente utilizada para fins educacionais, ela deve ser encarada como um complemento, muito importante, é verdade, mas focado em uma determinada quantidade de situações. Em virtude disso, não podemos descartar as demais tecnologias utilizadas até o momento. No nosso entendimento, ela não substitui, mas complementa determinadas carências de outras tantas tecnologias.

Por exemplo, a educação online, diante do atual estado de desenvolvimento tecnológico, não consegue superar algumas atividades manuais realizadas em laboratórios específicos (presenciais). Podemos citar nesse contexto o laboratório de materiais em um curso de Engenharia Civil, o laboratório de tecnologia em alimentos, em um curso de Engenharia de Alimentos, o laboratório de anatomia em cursos da área da saúde, ou ainda o laboratório de implantodontia em um curso de Odontologia e tantos outros que, ainda que possam contar com simulações e outras formas mais tecnológicas de apresentação, tendem a ser necessários fisicamente para a prática profissional.

É certo também que a educação online não é para todos (abordaremos isso com mais detalhes um pouco mais à frente). Além dos aspectos comportamentais e das atividades "mão na massa", a educação presencial favorece a interação face a face entre os estudantes, encorajando sua participação e aumentando a aprendizagem de forma personalizada (obviamente que isso se aplica às instituições de ensino que priorizam certa qualidade mínima em seus cursos). Há, ainda, um sentimento de pertencimento (à turma, à escola), decorrente do contato entre os estudantes na própria escola e, a partir desta, também fora dela.

Essa complementaridade que o uso de TICs traz para os estudos presenciais vem sendo cada vez mais aceita e explorada e o chamado ensino híbrido (*hybrid or blended learning*) vem ganhando destaque nas novas proposições para o desenvolvimento do processo de ensino-aprendizagem nos diferentes cursos e instituições.

## O QUE TEM DE BOM NA EDUCAÇÃO ONLINE?

Um curso online é desenvolvido, muitas vezes, não só por um professor, mas por uma equipe multidisciplinar. Um grupo de professores-autores, ilustradores, webdesigners, designers instrucionais, programadores. Além disso, os materiais didáticos, as interações, a sequência didática, os objetos de aprendizagem... tudo é realizado de forma planejada e antecipada. Bem antes de as aulas iniciarem e levando em consideração o público-alvo, ou seja, os estudantes!

Geralmente é feito um levantamento do perfil dos estudantes e suas necessidades. Esse levantamento pode ocorrer também em um curso oferecido na modalidade presencial, mas essa não é a prática comum. Por exemplo, em um curso realizado na modalidade presencial, uma disciplina geralmente é desenvolvida, na sua totalidade, por um único professor. A ele cabe todo o planejamento, desenvolvimento ou escolha de materiais didáticos e, efetivamente, a inspiração para que, durante a aula, tudo isso faça sentido aos estudantes.

Já na educação online, quando da execução efetiva de cada aula ou tópico da disciplina, além de todo material didático, vídeos e objetos de aprendizagem, o estudante ainda terá contato com um ou mais professores (conhecidos como tutores ou mediadores de ensino) que irão direcionar seu estudo, motivando-o, respondendo dúvidas, indicando a melhor alternativa etc. e que têm, em sua retaguarda, toda uma equipe pedagógica e gestora que pode ser formada por um ou mais responsáveis pela disciplina, por suporte conteudista online, por suporte técnico ou outros, que podem também ser acionados direta ou indiretamente para eventuais dúvidas que não sejam sanadas pelo professor (mediador/tutor).

Há ainda que se falar que esse atendimento não é feito de maneira improvisada como muitas vezes pode ocorrer em uma aula expositiva presencial. Tudo deve ser muito bem planejado, com antecedência, garantindo a qualidade do processo.

> O documento "Referenciais de qualidade para a educação superior a distância" disponibilizado pelo MEC elenca os principais aspectos que devem ser observados para o desenvolvimento de projetos de educação a distância. O acesso a esse documento está disponível em: http://portal.mec.gov.br/seed/arquivos/pdf/legislacao/refead1.pdf

As características apresentadas indicam um pequeno cenário ou parte de todo o processo de ensino-aprendizagem a ser desenvolvido em ambas as modalidades de ensino. Há de se alertar que estamos considerando uma situação onde a instituição que oferece cursos na modalidade a distância, respeite os padrões mínimos de qualidade. Por outro lado, o cenário também leva em consideração a mesma precaução à instituição que oferece os cursos presenciais, incorrendo também a ideia de requisitos mínimos de qualidade.

Além disso, como o curso online é desenvolvido utilizando a internet e toda sua infraestrutura, a interação não só com os docentes é possível, mas também com outros colegas estudantes, promovendo uma maior cooperação e colaboração no processo de ensino-aprendizagem.

Assim, as aulas presenciais em sua grande maioria são centradas no método expositivo, que pode permitir uma interação entre o aluno e professor quando há abertura para dúvidas e perguntas, enquanto as aulas no ambiente virtual de aprendizagem são centradas na interação entre os vários participantes: estudantes, mediadores/tutores e professores.

A Figura 3.1 ilustra as diferentes dinâmicas, comuns no ensino presencial (**A**) e no ensino a distância (**B**).

**Figura 3.1:** Interações entre professores (P), estudantes (E) e mediadores/tutores (M) em uma aula desenvolvida presencialmente (A) ou a distância (B). Fonte: Autores

Como ressalta o professor Frederic Litto (2010):

> Pensando bem, não deve ser uma surpresa quando as pesquisas mostram que quem estuda a distância pode obter melhores resultados na aprendizagem que aqueles que estudaram presencialmente: EaD não depende unicamente da inspiração de um professor — é a consequência do trabalho integrado de uma equipe de profissionais (Litto, 2010, p. 33).

> Mais informações, últimos resultados, relatórios de desempenho podem ser consultados diretamente no site do INEP/MEC pelo link: http://portal.inep.gov.br/enade

Um exemplo disso pode ser constatado ao se analisar os resultados dos últimos ENADEs (Exame Nacional de Desempenho de Estudantes) onde se observa que em muitos cursos, a nota média dos estudantes que o integralizam na modalidade a distância supera a nota média dos estudantes, do mesmo curso, realizado na modalidade presencial.

Enfim, muitas são as razões que potencializam um curso na modalidade a distância, quando comparado ao mesmo aplicado na modalidade presencial, mas em todos os casos, o sucesso depende direta e exclusivamente da qualidade do desenvolvimento do projeto de curso. Em virtude disso, existem alguns pontos do projeto de EaD que devem ser observados para garantir o efetivo engajamento dos estudantes ao curso desenvolvido dessa forma. Caso esses aspectos não sejam observados, podem se transformar em barreiras, que na grande maioria das vezes, tornam-se gatilhos do processo de evasão, normalmente elevada em cursos EaD.

## OBSTÁCULOS ENCONTRADOS PELOS ESTUDANTES EM CURSOS EAD

Nas últimas duas décadas, muitos estudos indicaram os principais obstáculos encontrados pelos estudantes matriculados no EaD que os levaram a desistir. Muitas vezes foi observada uma somatória de fatores e isso aconteceu, pois um fator levou a outro e assim sucessivamente, até culminar com a desistência.

Na quase totalidade dos casos, pelo menos um dos seguintes obstáculos foram relatados pelos estudantes que desistiram de cursos na modalidade EaD: falta de balanceamento, dúvida de sua capacidade, excesso de distrações, falta de motivação, falta de conhecimentos técnicos, falta de apoio e sentimento de isolamento. Vamos detalhá-los um pouco.

## Balanceamento

Cada vez mais estudantes tradicionais estão optando pelo ensino a distância para evitar as aulas presenciais. Entretanto, se esquecem que deve haver um balanceamento entre o trabalho, a família e a escola. Foco e planejamento podem ser considerados a chave desse quesito.

## Dúvida de sua capacidade

Será que consigo? Será que isso (o ensino a distância) realmente funciona? A primeira dúvida diz respeito à capacidade da pessoa em conseguir acompanhar o ritmo e quantidade de estudos necessários quando se estuda a distância. O segundo, diz respeito a um problema cultural decorrente, principalmente, de problemas do EaD no passado: cursos sem qualidade e sem suporte ainda refletem negativamente na imagem da educação a distância, principalmente no Brasil. Nesse aspecto, os últimos resultados sobre sua qualidade vêm promovendo um novo entendimento da sociedade com relação a esses cursos.

> A Universidade de Pittsburg, quando do oferecimento de um determinado curso online, identificou 55 estudantes considerados "em risco" (de evasão), e convidou-os a participar de forma experimental do curso.

> Depois de completar três semestres, 88% desse grupo experimental continuava matriculado, enquanto apenas 26% dos demais estavam matriculados.
>
> Igualmente expressivas eram as médias das notas dos dois grupos. A média do grupo que fez o curso experimental era 37% superior àquela do outro grupo de estudantes.

## Distrações

As distrações estão em todos os lugares. Principalmente com o acesso mais amplo às tecnologias de comunicação, com o uso da internet e TV a cabo, aumentou em muito a possibilidade de o estudante desviar sua atenção para coisas "mais prazerosas" e deixar de entregar o exercício na data limite ou participar do fórum no período estabelecido. O ensino a distância exige um planejamento e uma organização muito maiores por parte do estudante. Para algumas pessoas é aconselhável e muito importante fazer uso de ferramentas específicas que ajudam a planejar as tarefas diárias. Isso pode evitar a distração e possibilitar o foco nas tarefas efetivamente importantes.

## Motivação

Os estudantes, principalmente os mais jovens, frequentemente quando iniciam um curso na modalidade EaD, sentem que têm um tempo livre, pois não têm que se deslocar fisicamente até a escola. Isso é um erro comum e deve ser evitado. Esse tempo "livre" deve ser destinado à execução das tarefas requeridas pelo curso, como leituras, realização de trabalhos ou exercícios (estudo de uma forma geral). Os estudantes devem alocar uma parte de seu tempo para a realização dessas tarefas de uma forma organizada e planejada, prevendo inclusive contratempos e não deixando para o último momento a entrega dos trabalhos requeridos no curso.

### Falta de conhecimentos técnicos

Como a maioria dos recursos apresentados na EaD referem-se a novas tecnologias, como web, redes sociais, dispositivos móveis etc., conhecer e dominar essas tecnologias é de fundamental importância para conseguir navegar em meio aos conteúdos apresentados. Normalmente, quando o estudante tem algum tipo de dificuldade com os recursos tecnológicos, se desvia para esse aspecto e deixa para um segundo plano o foco nos materiais didáticos e no desenvolvimento de suas atividades.

### Falta de apoio

Os estudantes que estão matriculados em cursos online, muitas vezes não têm os apoios e serviços comuns existentes em um campus tradicional. Dessa forma os cursos devem oferecer acesso a tutores (ou mediadores) online, suporte técnico e um bom planejamento acadêmico. Muitos estudos mostram que, sem esse mínimo de serviços funcionando, os estudantes podem ficar frustrados e não se engajarem no curso, levando-os à desistência.

### Isolamento

O sentimento de sentir-se só no ambiente virtual de aprendizagem pode acontecer com alguns estudantes. Mesmo diante de uma troca intensa de mensagens e fóruns, o estudante pode se sentir desamparado ou alienado, principalmente quando não entende um determinado tópico que se transforma em pré-requisito para outros futuros e com maior nível de complexidade. Essa alienação fomenta o desânimo que implica na desistência do curso. Nesse aspecto, pro-

> Na Universidade de Massachusetts, assim como em muitas outras que priorizam a qualidade do processo de ensino-aprendizagem, a equipe gestora da instituição envolve o corpo docente desde o início do planejamento de um novo curso na modalidade EaD. Esse envolvimento mostra a seriedade do processo e fomenta a participação e a construção colaborativa do mesmo.

> Alguns pontos a serem observados e que denotam suporte por parte da Administração:
> - Condução de processos de avaliação de professores e estudantes.
> - Oferta e incentivo à participação em cursos online para a formação de professores para cursos EaD.
> - Incentivo para que professores e mediadores façam cursos de reciclagem/aprimoramento.
> - Desenvolvimento de instrumentos para avaliação da qualidade dos cursos online.
> - Manutenção de equipe multidisciplinar para auxiliar os professores do ensino online.

cessos de acolhimento e explicação de como o curso funciona e o detalhamento de questões técnicas antes de seu início são fundamentais para a redução desse sentimento de isolamento. Além disso, a intervenção dos tutores ou mediadores online torna-se fundamental na identificação do "silêncio virtual" e numa atuação proativa na solução de problemas que o estudante esteja enfrentando. Esse cuidado pode ajudar na criação do que vem sendo chamado de "sensação de pertencimento", mais facilmente adquirida nos cursos presenciais.

Eliminar ou minimizar esses obstáculos pode maximizar ou potencializar a participação dos estudantes no ambiente virtual de aprendizagem (AVA) e, com isso, no curso desenvolvido a distância.

## O POTENCIAL PARA OS ESTUDANTES

As novas tecnologias, tais como o hipertexto, hipermídia, redes sociais entre outras utilizadas na educação online, propiciam ao estudante maior envolvimento no processo de aprendizagem, mesmo estando fisicamente distante.

Essas tecnologias interativas também acabam por propiciar aos estudantes a possibilidade de exercitar um maior controle sobre o seu processo de aprendizagem, do que aquele verificado nos ambientes de ensino tradicionais. Integração de som, movimento, imagem e texto criam um novo e rico ambiente de aprendizagem, com um potencial claro para aumentar o envolvimento do estudante no processo.

Stephen Ehrmann (1995) diz que:

> Em todas as instituições de ensino que visito, os professores relatam de forma entusiasmada que os estudantes estão se expressando mais e melhor ao usar o e-mail. Estudantes que às vezes pouco se expressam em uma sala de aula tornam-se contribuintes ativos por e-mail, talvez porque eles se sentem protegidos dos olhares fixos dos colegas (Ehrmann, 1995, p. 22).

No final da década de 80, uma pesquisa feita sobre Modos de Instrução por Chute, Baltasar e Poston (1988) apontou que estudantes aprendem melhor em um modelo a distância do que no presencial. A explicação dada para este fato foi a de que os estudantes têm que assumir mais responsabilidades e tarefas por atuarem separados fisicamente.

Até mesmo no sentido das diferenças entre ambas, existem questionamentos importantes:

> Os especialistas neste campo reconhecem que a distinção entre ensino "presencial" e ensino "a distância" será cada vez menos pertinente, já que o uso das redes de telecomunicação e dos suportes multimídia interativos vêm sendo progressivamente integrados às formas mais clássicas de ensino (Lévy, 1999, p. 170).

> 💡 Segundo pesquisa divulgada na edição de junho/julho de 2011, no *The Journal* (p. 9), que analisou 40 programas de ensino desenvolvidos na forma de *blended learning,* são detectadas 6 formas que prevalecem em seu desenvolvimento e que mesclam diferentes quantidades e tipos de atividades presenciais ou a distância. Para detalhes, acesse o link: http://thejournal.com/articles/2011/05/04/report-6-blended-learning-models-emerge.aspx (conteúdo em inglês).

É nessa questão que se centra um dos maiores potencializadores do processo de ensino-aprendizagem da EaD: a possibilidade de oferecimento de cursos híbridos (*blended courses*) — que têm uma parte presencial e uma parte a distância.

Quando se necessita realizar atividades em laboratório (como experimentos ou a utilização de equipamentos ou máquinas específicas) o melhor é fazê-lo presencialmente. Para desenvolvimento de uma determinada teoria, simulação ou exercícios de fixação, o melhor é fazê-lo online.

Assim, a melhor parte de ambos os modelos é utilizada para potencialização do processo de ensino-aprendizagem.

Uma outra possibilidade abordada no Capítulo 2, é a de misturar não apenas a modalidade dos cursos em diferentes *blends*, mas também os seus recursos pedagógicos, o que também deve ser levado em conta no preparo dos projetos de curso, como será abordado nos próximos capítulos.

## A EDUCAÇÃO ONLINE É PARA TODOS?

Em cursos 100% a distância ou que possuam a maior parte de sua carga horária a distância o estudante deve ter algumas características pessoais que viabilizem sua realização.

Portanto, as pessoas que devem considerar a possibilidade de realizar cursos na modalidade a distância são aquelas que:

- São automotivadas para comprometer-se com os requisitos estabelecidos pela instituição de ensino.
- São autodeterminadas para manter um cronograma de estudos com a finalidade de completá-los com sucesso.
- Têm que viajar muito a negócios ou lazer.

- Não podem comprometer-se a uma programação regular.
- Têm responsabilidades com a família e o trabalho que impossibilitam ou tornam difícil sua frequência em cursos regulares.
- Gostam de trabalhar tanto individualmente, como em grupo.
- Querem fazer cursos que não estão disponíveis localmente.
- Estão buscando atualizar seus conhecimentos em uma área específica.
- Só identificam cursos sem qualidade no local onde podem frequentar.
- Estão procurando por uma intensa interatividade, experiências de aprendizado centrado no estudante.
- Estão dispostas a colaborar com outros alunos para estabelecer uma comunidade de aprendizagem positiva.
- Estão interessadas em programas de aprendizagem ao longo da vida (*life long learning*)

É importante ressaltar que os cursos a distância não significam o caminho mais fácil para se conseguir o diploma (sem trabalho ou estudo). Muito pelo contrário, cursos desenvolvidos dessa forma podem ser mais rigorosos e exigir muito mais empenho pessoal que os cursos presenciais.

Em um dos estudos mais abrangentes sobre a comparação entre estudantes da Educação Presencial e da Educação a Distância (já na década de 1990), conduzido pela Starr Roxanne Hiltz e colaboradores, no Instituto de Tecnologia de Nova Jersey, com o sistema EIES ali desenvolvido, Hiltz (1994) constatou que:

> Os resultados foram superiores na sala de aula virtual para alunos motivados e bem preparados, que possuíam acesso adequado ao equipamento necessário e que aproveitam as oportunidades proporcionadas pela maior interação com o professor e com os outros estudantes, e pela participação ativa no curso [...] Se a sala de aula virtual foi ou não "melhor" também dependeu, e muito, de até que ponto o professor foi capaz de construir e manter um grupo de aprendizagem cooperativo e colaborativo. São necessárias novas aptidões para ensinar dessa maneira nova (Hiltz, 1994 p. 196).

Isso corrobora a ideia de que a qualidade do processo é conseguida pelo planejamento e organização de todos os agentes envolvidos no ensino-aprendizagem. Com esse foco, conseguimos identificar algumas iniciativas comuns em cursos a distância que têm grande sucesso.

## FATORES DE SUCESSO EM CURSOS ONLINE

Além de muito estudo, dedicação, bons materiais didáticos, existem outros fatores que contribuem para a qualidade e efetividade dos cursos na modalidade a distância.

Segundo Greg Kearsley (2012), para ter sucesso em cursos EaD, os estudantes além de fatores pessoais, tais como possuir boas habilidades de comunicação e estudo, estarem motivados e serem capazes de aprender a aprender, fatores externos também influem diretamente na qualidade do processo. Segundo o autor:

> A aprendizagem online ocorre em um ambiente social que enfatiza a interação interpessoal e é sensível a considerações culturais.
>
> A teoria do engajamento oferece um enquadramento para a aprendizagem online com base na colaboração, conteúdo autêntico e atividades baseadas em problemas.
>
> A netiqueta oferece um conjunto de convenções para o comportamento em um ambiente online que todos devem seguir.
>
> Estudantes e trabalhadores precisam de certas habilidades básicas em informática para serem aprendizes online bem-sucedidos.
>
> Certas populações de aprendizes, como crianças, idosos e indivíduos portadores de deficiência, têm necessidades especiais em termos de informática (Kearsley, 2012, p. 78).

Existe um ramo de pesquisa na área da EaD conhecida como *Learning Analytics* ou Analítica da Aprendizagem. Já se tornou consenso nessa área, principalmente em virtude dos resultados de diversas pesquisas realizadas nos últimos anos, que o sucesso dos estudantes em cursos online está diretamente relacionado a sua participação e engajamento no Ambiente Virtual de Aprendizagem (AVA) (Lykourentzou et al., 2009; Agudo--Peregrina et al., 2014; Jayaprakash et al., 2014).

Portanto, quanto mais o estudante interage com o ambiente de aprendizagem e com os materiais didáticos lá disponibilizados, maiores as suas chances de obter sucesso no curso.

Nesse contexto é importante ressaltar que para promover a interação, o ambiente de aprendizagem deve ser preparado de forma a permitir que o estudante possua uma gama de possibilidades de aprendizagem adequada às suas necessidades. Nesse caso específico, alguns estudos ressaltam que centrar o foco em apenas um tipo de atividade (como fóruns, por exemplo) pode promover o desinteresse. No caso específico do fórum, que normalmente é uma atividade assíncrona, os estudantes podem se sentir envolvidos em uma forma de comunicação com pouca significação. Segundo Andersen (2009), essas atividades (fóruns) podem promover processos com altos índices de aprendizagem, entretanto também apresentam limitações, como a dificuldade que os estudantes possuem para se expressarem na aprendizagem baseada em problemas, onde essas discussões são mais específicas e concretas.

Segundo Moore e Kearsley (2007), existem indicadores e ações que devem ser observadas para melhoria do sucesso de programas de EaD. Os principais são, nas palavras dos autores:

> As reações dos alunos são uma boa fonte de informação sobre a eficácia de um determinado curso [...]
>
> É importante para o sucesso dos programas de educação a distância ter um meio de oferecer apoio ao aluno quando e onde for necessário (Moore & Kearsley, 2007, p. 198).

Os mesmos autores fizeram um levantamento dos fatores que levam um estudante a desistir de um curso na modalidade a distância. Segundo eles, geralmente não existe uma única causa, mas um acúmulo e uma variedade de causas. Os autores ainda mostram que, de acordo com alguns estudos, existem determinados fatores que são prognósticos de conclusão provável de um curso na modalidade a distância. Segundo os autores, os principais fatores são:

> Intenção de concluir. Os alunos que expressam determinação para concluir um curso geralmente conseguem fazê-lo. Por outro lado, os alunos inseguros a respeito de sua capacidade para concluir apresentam grande probabilidade de desistência.
>
> Entrega antecipada. Os alunos que entregam a primeira tarefa escolar antecipadamente ou pontualmente têm maior probabilidade de concluir o curso de modo satisfatório [...]
>
> Conclusão de outros cursos. Os alunos que terminaram com sucesso um curso de educação a distância têm probabilidade de concluir os cursos subsequentes (Moore & Kearley, 2007, p. 181).

Um dos fatores de maior influência comportamental sobre os estudantes é a clareza dos benefícios que a educação online traz diante da educação presencial.

O primeiro grande benefício é a *facilidade de acesso* a uma educação de qualidade o que se deve principalmente porque os programas de EaD são oferecidos por uma grande variedade de instituições e canais de comunicação, oferecendo uma flexibilidade que atende as necessidades de cada estudante e, via de regra, com cursos estruturados de maneira cuidadosa.

Além desse benefício, com a educação a distância os estudantes ainda podem:

- aprender independentemente e em seu próprio ritmo;
- aprender em um lugar conveniente (em casa, por exemplo);
- aprender no momento mais conveniente (a noite ou de madrugada);
- aprender de acordo com seu modo de aprendizagem preferido (vídeo, textos, imagens etc.)
- direcionar sua aprendizagem (para aquilo que lhe dá mais prazer ou lhe é mais fácil).

Portanto, um curso que enfatiza o foco no estudante (atitude, experiência, cognição e estilos de aprendizagem), resgata e incentiva a sua responsabilidade por aprender, promove seu engajamento e enriquece a sua interação e assim, tende a garantir um sucesso maior aos que o frequentam.

Por esse motivo se defende como algo a ser vencido, o aprendizado mais individualizado dos estudantes, para que haja efetivamente o respeito a essas diferenças o que, mesmo em cursos online, nem sempre são respeitadas.

## QUESTÕES

1) Em alguns estudos, Moore e Kearsley (2007) identificaram que os estudantes que fazem uma entrega antecipada do primeiro trabalho no ambiente virtual de aprendizagem têm uma probabilidade alta de não desistir do curso. Qual a relação existente entre essa constatação e as características de um estudante de curso a distância?

2) Correlacione os obstáculos encontrados e as características do estudante que realiza estudos online.

3) Quais são as dimensões abordadas no documento sobre os padrões de qualidade para cursos superiores a distância, disponibilizado pelo Ministério da Educação?

4) Na sua opinião, os bons resultados obtidos pelos estudantes de cursos a distância nos ENADEs são consequência da qualidade dos cursos ou das características inerentes a eles mesmos? Justifique.

## REFERÊNCIAS

AGUDO-PEREGRINA, A.F. et al. 2014. **Can we predict success from log data in VLEs? Classification of interactions for learning analytics and their relation with performance in VLE-supported F2F and online learning**. Computers in Human Behavior 31: p. 542–550.

ALVES, L.& NOVA, C. (org.). **Educação a Distância: uma nova concepção de aprendizado e interatividade**. São Paulo: Futura, 2003.

ANDRESEN, M.A. 2009. **Asynchronous discussion forums: success factors, outcomes, assessments, and limitations**. Educational Technology & Society, 12(1): p. 249–257.

CHALMERS, D.; FULLER, A. **Teaching for Learning at University: Theory and Practice**. Perth: Edith Cowan University, 1995.

CHUTE, A.; BALTHAZAR, L. & POSTON, C. 1988. **Learning from Tele training**. American Journal of Distance Education, 2(3): 55–64.

EHRMANN, S.C. 1995. **Asking the Right Questions: What Does Research Tell Us about Technology and Higher Learning?** Change: The Magazine of Higher Learning, 27(2): 20–27.

HILTZ, S.R. **The virtual classroom: learning without limits via computer networks**. Norwood: Ablex, 1994.

JAYAPRAKASH, S.M. et al. 2014. **Early Alert of Academically At-Risk Students: An Open Source Analytics Initiative**. Journal of Learning Analytics 1(1): p. 6–47.

KEARSLEY, G. **Educação on-line: aprendendo e ensinando**. São Paulo: Cengage Learning, 2012.

LAURILLARD, D. **Rethinking University Teaching: A Framework for the Effective use of Educational Technology**. Routledge: London, 1993.

LÉVY, P. **Cibercultura**. São Paulo: Editora 34., 1999.

LITTO, Fredric M. **Aprendizagem a Distância**. São Paulo: IMESP, 2010.

LYKOURENTZOU, I. et al. 2009. **Dropout prediction in e-learning courses through the combination of machine learning techniques**. Computers & Education, 53(3): p. 950–965.

MOORE, M.& KEARSLEY, G. **Educação a Distância: uma visão integrada**. São Paulo: Thomson Learning, 2007.

POSSER, M.&TRIGWELL, K. **Teaching for Learning in Higher Education**. Buckingham: Open University Press, 1998.

# ESPAÇOS DE APRENDIZAGEM
## (*LEARNING SPACES*)

"A aprendizagem da aranha
não é para a mosca."

**Henri Michaux**

Continuar acreditando e aceitando que a sala de aula tradicional, com suas carteiras alinhadas, um estudante atrás do outro numa formação em filas, e o professor a frente de todos, conduzindo o processo em um único e constante ritmo seja ainda a melhor forma de conduzir todo o processo educacional, pode, nos dias atuais, ser considerado um pensamento insano. Nossos jovens estão acostumados a fazer múltiplas atividades ao mesmo tempo, e a desaceleração causada pela forma passiva de educação possibilitada pela sala de aula tradicional desestimula toda e qualquer intenção de aprender. Devemos repensar essa forma, para podermos potencializar o processo. É nesse contexto que os espaços de aprendizagem surgem como alternativas motivacionais do processo de ensino-aprendizagem.

## POR QUE MUDAR OS ESPAÇOS DE APRENDIZAGEM?

A utilização de tecnologias no processo de ensino-aprendizagem, tais como quadro interativo, ambientes virtuais e pessoais de aprendizagem, dispositivos móveis, tecnologias sem fio, entre muitos outros, estão mudando radicalmente as experiências e as expectativas dos estudantes.

Em resposta a isso, desde 2006, começou-se a verificar uma série de ações em instituições de ensino espalhadas ao redor do mundo, no intuito de repensar os ambientes de aprendizagem (ou em inglês, *Learning Spaces*) para não só otimizar o processo de ensino-aprendizagem, mas também adequar os ambientes às novas necessidades e realidades dos estudantes (é a famosa geração Y e mais recentemente a geração Z, N ou "Net" — geração de rede ou digital).

Esse entendimento do que torna um ambiente de aprendizagem mais efetivo do que outro está possibilitando as Instituições de Ensino a potencializarem sua produtividade e, ao mesmo tempo, formarem estudantes mais confiantes, adaptados, independentes e inspirados em aprender. De forma resumida, o desenho dos ambientes de aprendizagem deve tornar-se uma representação física da visão e da estratégia da instituição de ensino e da forma como ela pretende operacionalizar o processo de ensino-aprendizagem: de forma responsável, inclusiva e sustentável para a realização dos objetivos de todos os envolvidos.

## GERAÇÕES X, Y E Z

Tem sido muito comum classificar as gerações desde o final do século passado, em virtude de suas características comportamentais ou da situação do mundo no período. Deste modo, tivemos a partir do século XX as chamadas geração grandiosa, geração silenciosa e geração *baby boomers*, estes, nascidos após a 2ª guerra mundial, em 1945 e até 1964. Os nascidos entre 1965 e 1984, normalmente são classificados como pertencentes à geração X; entre 1985 e 2000, de geração Y; e os nascidos no século XXI, de geração Z.

Os atuais professores na educação básica em maior quantidade e na educação superior em conjunto com os *baby boomers*, pertencem à geração X, enquanto os alunos, às gerações Y ou Z.

Apesar da rebeldia que as caracterizou em relação à geração anterior, as pessoas da geração X, buscam a individualidade sem a perda da convivência em grupo. Com tecnologia mais televisiva do que de outras mídias, o consumismo de produtos de qualidade e a ruptura com as gerações anteriores não foram suficientes para torná-la alienada. Com um menor respeito à família e busca acentuada por seus direitos, passaram, no Brasil, uma infância e adolescência vendo "sessão da tarde" e "castelo ra-tim-bum", o que denota uma relação com a tecnologia mais básica e de forma linear (começo, meio e fim) e de preferência uma coisa por vez. São os "imigrantes digitais" e nasceram antes do desenvolvimento e popularização das tecnologias que utilizamos hoje.

Seus filhos, da geração Y, não gostam muito da televisão — preferem o computador, pois podem interagir e agir como sujeitos ativos do processo. Estão continuamente conectados e falam uma linguagem própria; são influenciados por seus pares (e não por seus pais), fazem várias tarefas ao mesmo tempo (estão navegando na internet, escutando música, vendo o que passa na televisão e ainda falando com os amigos no Skype, WhatsApp, tweetando e transmitindo ao vivo pelo Periscope. São imediatistas, trocando o menos presente pelo mais futuro.

A partir dos anos 2000, com o advento da "geração Z", cujas características são um aprofundamento daquelas exibidas pela geração de seus pais (Y), os comportamentos mentais se tornam amplamente modificados pela tecnologia, criando novos parâmetros para pensar, decidir e avaliar. Suas relações com o mundo são na velocidade das mensagens SMS, híbridas como o "recorta e cola" criativo típico do *do-it-yourself* e o compartilhamento dos projetos *file-sharing*, *crowd sourcing* e *open source* transformam radicalmente o seu contato com outras pessoas.

Hoje, quando o jovem chega da escola, ele tem uma infinidade de coisas para fazer... E geralmente faz várias ao mesmo tempo, acessando tablets, celulares, iPods, Smart TVs e uma infinidade de gadgets eletrônicos que não existiam há 20 anos.

Muitos veículos de comunicação já apresentaram de forma ampla e abrangente as características dessa Geração Digital. Basicamente eles já nasceram em meio a tecnologia. Jogos digitais e computador já existiam quando eles foram concebidos. Eles convivem excepcionalmente bem com a tecnologia e, o mais importante, gostam de utilizá-la. Participam de grupos, comunidades virtuais. Skype, Twitter, WhatsApp, Facebook e Instagram formam a base da comunicação com seus amigos (mesmo que eles estejam a apenas alguns passos de distância). Possuir inúmeras redes sociais e canal no YouTube para eles é fundamental e, por isso, seu tempo de foco é muito rápido e sua distração é frequente.

A sensibilidade audiovisual é bem mais desenvolvida. Gostam de liberdade e de coisas com sua marca pessoal (é a personalização). São multitarefas e gostam de trabalhar em grupo, cooperativamente e colaborativamente. Se envolvem em muitos projetos ao mesmo tempo e abusam das interfaces com que se conectam, entre o digital e o analógico, a distância e o físico.

Com base nessas características das gerações Y e Z, ou seja, da maioria dos estudantes, é de se supor que eles fiquem muito incomodados quando são colocados sentados e alinhados em uma sala de aula (sem muita mudança desde o século passado ou retrasado) e se pede que façam silêncio e prestem atenção por 30, 40, ou 90 minutos.

Aparentemente, eles conseguem suportar por uns 5 minutos essa situação, o que traz a necessidade de repensarmos "a caixa", que representa a sala de aula tradicional. E esse repensar passa pela transição do modelo "Centrado no Instrutor", para o "Centrado no Aprendiz".

É importante ressaltar que, pelas características dessas novas gerações, sua participação em qualquer atividade está diretamente relacionada à possibilidade de poder criar, imprimir sua marca pessoal, distribuir isso para quem e da forma que bem entender, e como início ou fim do processo, ser um consumidor dessas informações também distribuídas. Só assim, se sentem participantes do processo e assim, se motivam a fazer, aprender, a participar.

Pode-se dizer que ocorreu uma mudança real na forma de educar. No século passado o conhecimento significava a quantidade de coisas que você conseguia lembrar e repetir. Atualmente, o conhecimento inclui o raciocínio crítico, a capacidade de se expressar em múltiplos meios e de múltiplas formas e a capacidade de resolver problemas, cada vez mais complexos. Também ser capaz de utilizar um conjunto de fatos e informações, e transformá-lo para conseguir resolver novos problemas.

Muitas pesquisas apontam para o fato de que as competências são mais bem desenvolvidas em ambientes que permitem a exploração, de forma ativa e participativa, dos estudantes. Como os ambientes tradicionais (salas de aulas, laboratórios de informática tradicional etc.) simplesmente não funcionam adequadamente para essa geração, temos que buscar mudanças no ambiente ou nos espaços de aprendizagem ou *Learning Spaces*.

## O QUE SÃO LEARNING SPACES?

Podemos definir *Learning Spaces* como sendo espaços de estudo, lazer, convívio e aprendizagem, com características inovadoras. Estes espaços devem estar disponíveis para os estudantes, professores e demais membros da comunidade acadêmica.

O principal objetivo dos *Learning Spaces* é promover o ensino, da melhor forma possível — com o máximo de qualidade e efetividade do processo de ensino-aprendizagem.

Seus principais componentes são:

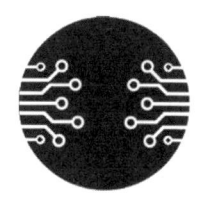

### Componente Tecnológico

Que incorpora uma vasta gama de tecnologias apropriadas e eficazes. Seguindo, em muitos casos, um dos princípios do design: "Menos é mais!" Ambientes "limpos", com a tecnologia necessária para desenvolver determinada atividade e de preferência multiutilidade (trocando apenas a tecnologia em si).

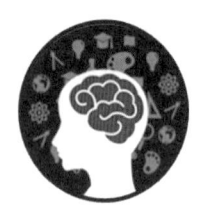

### Componente Psicológico

Que cria empatia através do design. São explorados tópicos, tais como: a acessibilidade, o conforto psicológico, o espaço e seus efeitos motivadores. O importante é que o estudante se sinta bem no ambiente.

### Componente Social

Uma vez que estamos perante um tipo de sociedade em rede, os espaços de aprendizagem colaborativa têm de ser uma realidade. Promover a máxima interação entre os integrantes, permitindo não só a troca de experiências, mas o registro e a gestão do conhecimento.

### Componente Cognitivo

Que visa promover o bem-estar e a cultura. Sempre relacionando o layout, acomodações e dinâmica com os objetivos pedagógicos.

Deve-se pensar esses espaços para as aulas convencionais, mas, principalmente, os estudos em grupo, os estudos individuais, o espaço de convivência, café, lanche, eventos, conferências, chats etc.

São muitas as organizações possíveis. Uma das mais utilizadas é a organização com divisão em três tipos básicos de ambientes mostrada na Figura 4.1: os formais (as antigas salas de aula e laboratórios), os informais (a entrada e os ambientes sociais) e os de pesquisa/reunião (centros de aprendizagem).

(1) Ambientes Informais
(2) Espaços Formais
(3) Ambientes de Pesquisa
(4) Espaços de Reunião

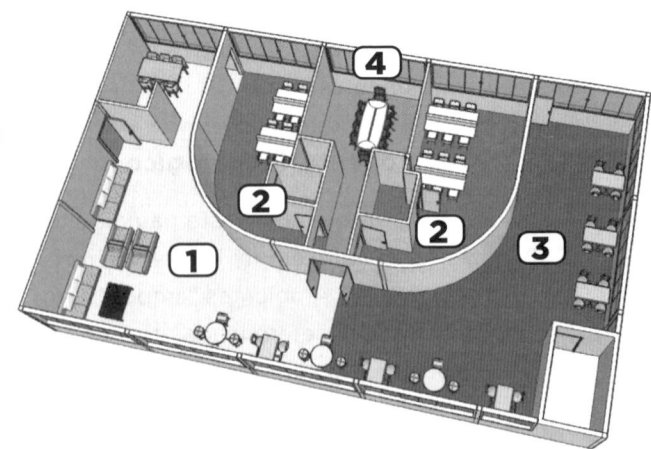

**Figura 4.1:** Imagem mostrando a organização de um *learning space*.

## MAS O QUE EFETIVAMENTE MUDA?

Os espaços tradicionais trazem o professor como sendo o que fala e demonstra, enquanto os estudantes observam e ouvem. A sala de aula está geometricamente alinhada, e possibilita uma maior distância entre estudantes e professor.

Nos novos ambientes de aprendizagem, o professor é aquele que promove uma aprendizagem mais colaborativa e ativa, não necessariamente se parecendo com uma sala de aula tradicional. Neste ambiente, são permitidas, além da gravação das aulas, um contato muito mais próximo do grupo com o professor, com mobiliário confortável e estimulante.

Pensando nisso, já em 2007, foi publicado um artigo na Revista Educause Review, propondo formas de implementar uma "visão de futuro" para os espaços de aprendizagem.

**Figura 4.2:** Modelo de um *learning space*.

O artigo propunha algumas questões que serviriam de reflexão para a proposição de novos ambientes de aprendizagem: Nesses novos ambientes os estudantes podem dialogar entre si? Podem trabalhar um mesmo conteúdo em diversas mídias e de forma ativa? Podem trabalhar em projetos em grupo? Podem interagir de diversas formas, criar, cooperar, publicar e utilizar? Podem apresentar os trabalhos publicamente, ensinar outros alunos, dar e receber críticas e comentários? Enfim, os ambientes conseguem ressaltar as características que são inerentes a essa geração?

Para melhor ilustrar a diversidade de ambientes possíveis, seguem alguns exemplos de espaços de aprendizagem em diversas instituições.

O primeiro exemplo é uma iniciativa da Virginia Tech, conhecido como Empório da Matemática[1], onde o ambiente foi dividido em células de aprendizagem. Cada grupo ocupa uma célula e os componentes dentro de cada célula possuem uma tarefa/objetivo.

O que se constatou da aplicação desse ambiente na Virginia Tech foi a melhoria da qualidade, com um menor investimento. O processo incentiva a aprendizagem independente e ativa. Isso foi possível pela produção e distribuição de material didático de autoestudo e os estudantes sabem de suas responsabilidades e aprendem (estudam) nos horários e na velocidade que mais lhes convêm. Foram incentivadas atividades em grupo, mas é decisão do estudante quando e como estudar em grupo.

Um número significativo de videoaulas foi disponibilizado aos estudantes, além de um número muito grande de testes com seus respectivos feedbacks. Também foram disponibilizados tutores para dirimir as dúvidas que porventura restavam após o processo. Resultado: um atendimento de mais de 8 mil alunos por semestre; melhores resultados de aprendizagem (quando comparado ao ensino tradicional nos semestres anteriores); e um custo 75% menor por estudante.

Um outro exemplo é o laboratório para a área de engenharia criado no Instituto de Tecnologia de Massachusetts (MIT)[2] no formato de células, mas com visibilidade da condução da aula em muitos lugares.

O que se percebe é que salas com múltiplas telas, ambientes customizados divididos entre grandes espaços e áreas menores e imersivas, contando com intensa aplicação de tecnologia para uso do ambiente e transmissão simultânea para a internet, passam a ser uma realidade constante na concepção destes locais em diversas instituições.

Diferentemente do que se espera, as mudanças, para surtirem o efeito necessário, têm que ser globais e envolver toda a instituição de ensino, desde a sua entrada (local de grande impacto, principalmente para os visitantes) até espaços de aprendizagem, convívio social, refeitórios, cafés e outros, mostrando um alinhamento entre o ambiente físico e as prioridades institucionais.

Além disso, é importante observar que os espaços de aprendizagem não são locais fixos, como são as salas de aula tradicionais, mas devem ser descentralizados, ou seja: a aprendizagem ocorre em todos os cantos da instituição, deslocando para outros ambientes o papel do professor e enfatizando a colaboração.

---

1 Emporium da Matemática da VirginaTech. Acesse o seguinte link para visualizar as imagens: http://www.higheredpucation.org/crosstalk/ct0105/news0105-virginia.shtml (conteúdo em inglês)
2 Perspectiva 3D do Estúdio de Física do MIT. Acesse o seguinte link para visualizar a imagem: http://ceci.mit.edu/projects/teal/screen_1.html (conteúdo em inglês)

De uma forma geral, cada um dos espaços deve preservar um conjunto de características funcionais e pedagógicas fundamentais, que poderiam ser descritas como:

- **Flexível:** Permite espaços que possam ser realocados e reconfigurados.
- **Intenso:** Possibilita incrementar com novas tecnologias e novas formas de ensinar (além daquelas que já conhecemos), e ainda pode oferecer estímulos sensoriais e a proximidade com a cor.
- **Criativo:** Para inspirar e potencializar os professores e os estudantes.
- **Ergonômico:** Fácil de utilizar e modificar, confortável, tanto para estudantes quanto para professores.

Além dessas características, deve ficar claro que a incorporação de tecnologias nos ambientes de ensino-aprendizagem não é uma ação revolucionária, mas um processo evolutivo das instituições de ensino e, como tal, as instituições que continuarão serão aquelas que conseguirem se reinventar.

Essa "reinvenção" passa pelo uso intensivo de tecnologia nos ambientes de ensino-aprendizagem, deixando claro que os investimentos, por mais altos que possam parecer, trarão muitos benefícios a médio e longo prazos, desde que estejam focados nos objetivos educacionais. Esses objetivos são traçados em um plano estratégico construído por toda a comunidade, e deve focar um prazo de 5 a 10 anos, que também pode ser expresso pelo Plano de Desenvolvimento Institucional (PDI), quinquenal e obrigatório na maioria dos sistemas de ensino.

## A ENTRADA

O planejamento dos ambientes de aprendizagem deve iniciar pela entrada da instituição de ensino. A experiência (a sensação) tem que ser impactante. Ela tem que transmitir "entusiasmo em aprender" além, é claro, de transmitir segurança e acolhimento.

A razão básica para isso é que a entrada (ou recepção) é o primeiro ponto de contato entre a instituição e seus públicos (estudantes, professores, visitantes etc.). É nesse primeiro ponto de contato que deve ser transmitida, visualmente, a cultura e a visão da instituição (algo muito forte no meio empresarial, mas, normalmente, esquecido no meio educacional). Impactante, forte, intenso são algumas palavras que podem caracterizar a forma de adequação desse ambiente. E o mais importante: os demais ambientes devem ser um reflexo dessa imagem transmitida na entrada.

Um bom exemplo de Entrada é a da Universidade de Ryerson no Canadá[3]. O edifício do Centro de Aprendizagem conta com 8 pavimentos, e tem na entrada e subsolo, além de uma grande área de acesso e descanso nas escadas, uma fachada comercial que inclui estabelecimentos comerciais.

Além desse aspecto, é na entrada que devem estar, de forma clara, direta e acessível, todas as informações sobre a instituição.

### Espaços de Ensino Geral

As salas de aula convencionais, como já mencionado anteriormente, têm o foco voltado para o professor. Mesmo com a adição de tecnologias (lousas interativas, projetores, redes wireless) a dinâmica raramente é alterada.

A busca por uma adequação do design às metodologias ativas e colaborativas deve ser o foco no desenvolvimento de novos espaços de ensino. Maior foco no diálogo entre os estudantes e a alternância de foco: professor e estudantes. Salas com divisórias móveis (que possibilitam diversos tamanhos de sala, para diferentes ocasiões e propósitos) e cadeiras e carteiras que permitam múltiplas acomodações: trabalhos individuais, em grupo, em células etc.

É importante ter em mente que o foco da escolha dos ambientes deve ser motivado pelos objetivos pedagógicos (das disciplinas, dos cursos e da instituição) e representar a visão institucional.

> Para pensar: na entrada, várias telas de informação, sensíveis ao toque, com o objetivo de fornecer informações institucionais e de cursos para potenciais estudantes. Versões em áudio também disponíveis. Uma área social onde estudantes e visitantes possam acessar a internet (wireless).
>
> Algumas telas (grandes) informam os horários de aula, alguma mudança que possa ter ocorrido etc. (essas mudanças também devem ter sido enviadas aos estudantes por "sms" ou aplicativos da instituição). Locais de exposição permanente e algumas outras telas mostrando algum tipo de publicidade de eventos (internos e externos).
>
> Para os estudantes poderiam ser disponibilizados alguns serviços, tais como: apoio psicopedagógico, orientação vocacional e de carreiras, aconselhamento financeiro, uma loja de produtos da instituição, som ambiente (rádio da instituição)...

---

3   Universidade de Ryerson no Canadá. Acesse o link a seguir para visualizar as imagens: https://www.archdaily.com.br/br/772723/centro-de-aprendizagem-da-universidade-de-ryerson-zeidler-partnership-architects-plus-snohetta/55d477d5e58ece20e9000123-ryerson-university-student-learning-centre-zeidler-partnership-architects-plus-snohetta-photo

Os móveis das salas permitindo múltiplas acomodações, juntamente com a utilização intensiva de redes sem fio e a disposição de pontos de energia de forma ampla, pois é necessário pensar em longo prazo. Isso torna o investimento inicial um pouco maior, mas pode diminuir custos futuros quando mudanças pedagógicas ou tecnológicas forem necessárias.

**Figura 4.3:** Esquema de espaços para o ensino geral

A colocação de vários pontos para câmera de vídeo e captação de áudio pode ser interessante para permitir, no futuro, que sejam disponibilizadas imagens das aulas com som ambiente.

Um dos melhores exemplos deste tipo de sala é a Zona de Criatividade do Centro de Excelência em Ensino Aprendizagem (CETL)[4], uma iniciativa conjunta das Universidades de Sussex e Brighton, na Inglaterra. O local mistura engenharia, ciência cognitiva, pedagogia e design para quebrar as fronteiras entre arte e disciplinas formais e o tradicional desenho da sala de aula. Por isso, as peças de mobiliário são móveis, projetores podem ser direcionados para diferentes paredes e divisórias em cortina; a tecnologia está presente desde a distribuição de diferentes tipos de iluminação até a ampla conectividade sem fio. E tudo isso é amparado por técnicos e processos bem desenvolvidos que permitem que qualquer pessoa se utilize das funcionalidades do espaço.

## Espaços para a formação profissional

Atualmente esses espaços são chamados de "laboratórios". Geralmente são focados, altamente especializados, com equipamentos específicos. Permitem baixa mobilidade e rotatividade de "situações" profissionais. A construção de situações é restrita e o processo de aprendizagem fica limitado, normalmente, à mera reprodução.

---

[4] Attenborough Centre Creative Zone da University of Sussex. Acesse o link a seguir para ver algumas imagens: https://www.attenboroughcentre.com/about-us/the-building (conteúdo em inglês)

Uma vez que o mercado de trabalho espera desses futuros profissionais uma maior criatividade, adaptabilidade e competências mais amplas, os espaços atuais acabam se mostrando inadequados. Deste modo, os novos espaços de formação profissional devem priorizar esses pontos, além de oferecer flexibilidade e profunda imersão tecnológica como gravação, armazenamento e compartilhamento de experimentos e situações profissionais, permitindo o acesso irrestrito e a colaboração.

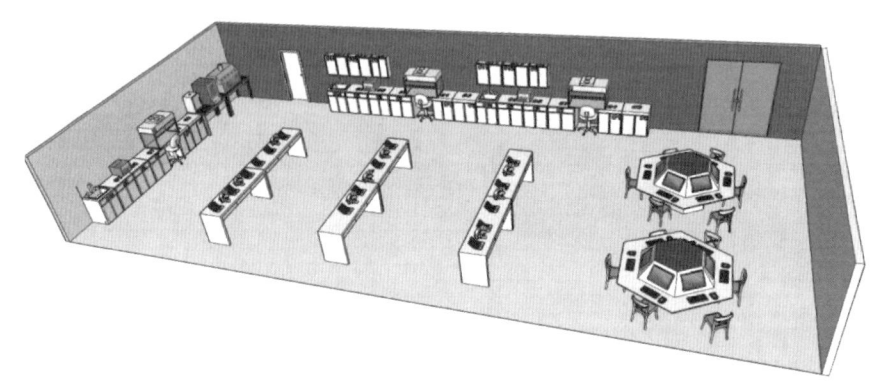

**Figura 4.4:** Exemplo de laboratório de química úmida

O espaço deve ser planejado de maneira flexível, com possibilidade de múltipla formação e mobilidade quando necessário. Um ambiente com intensa imersão de tecnologias (wireless, tablets, projetores), com estruturas ou formações que lembrem o futuro ambiente de trabalho.

### Centros de Aprendizagem

O conceito de centro de aprendizagem é recente e geralmente consiste na integração de diversos espaços já existentes em uma instituição de ensino, tais como biblioteca, convívio social, *cibercafé*, lanchonete etc. Não se trata apenas de permitir uma continuidade física entre esses espaços, mas do seu pensar de maneira integrada, como a construção de ambientes, mais amplos ou mais restritos, com a integração das suas diversas funcionalidades e facilidades.

Algumas iniciativas de criação de centros de aprendizagem são muito específicas como é o caso, por exemplo, de um ambiente de aprendizagem de linguagens de programação ou de um centro de aprendizagem para a área de engenharia civil. A diferença básica desses centros com os espaços de formação profissional é a interdisciplinaridade promovida internamente.

O importante na montagem de centros de aprendizagem é o estabelecimento, de forma clara, do papel de cada elemento componente do mesmo.

**Figura 4.5:** Esquema de um centro de aprendizagem

O "pulo do gato" para a otimização desses ambientes é desenvolver os processos objetivando a autorregulação. Essa autogestão só é conseguida com o planejamento adequado das sinalizações, do layout, do estilo e disposição do mobiliário, da disponibilização da tecnologia com regras claras e acessíveis. Esse planejamento se traduz pela parceria entre estudantes, professores e administradores. O foco está no funcionamento e não nos possíveis erros ou falhas.

Não se deve esquecer que a coexistência dos espaços (centros) reais com os virtuais potencializam o processo, principalmente em cursos da área tecnológica.

## Espaços Sociais

A escola, principalmente pela inundação tecnológica dos últimos tempos, é mais um espaço social, um ambiente de convívio. A melhoria dos espaços de convivência, de tal maneira que os estudantes e toda a comunicada acadêmica possam usufruir e se sentir bem, aumenta significativamente a motivação para os estudos, e pode impactar fortemente a capacidade de aprender. Esses espaços de educação informal, quando projetados com alta qualidade, melhoram a percepção dos estudantes para com a instituição.

Fundamentalmente os espaços sociais não podem fazer distinção entre os diversos tipos de usuários. Todos podem, e devem, utilizá-los. Portanto, esses espaços devem atender às mais variadas necessidades. Deve-se pensar que se trata de uma área pública, com o oferecimento de diversos serviços: internet wireless, um lugar para troca de experiências, conversas, descanso, relaxamento.

Ao se projetar esses ambientes, deve-se atentar para a utilização de materiais modernos que proporcionem uma melhor ambiência (luz, ventilação, umidade etc.). Deve-se pensar na maximização da utilização da luz natural, amplas janelas e portas.

**Figura 4.6:** Esquema de espaço social

Um exemplo interessante é o quinto andar do edifício que abriga a entrada da Universidade de Ryerson no Canadá, onde foi introduzida uma "praia"[5] com área livre para estudos e descanso, com mobiliário que vai de mesas a pufes coloridos.

## PRINCÍPIOS PARA O PROJETO DE ESPAÇOS DE APRENDIZAGEM

Renate Caine (apud Cattier, 2006), ao apresentar 12 princípios da aprendizagem natural sugere, em alguns deles, conexões diretas entre a estimulação gerada pelo espaço físico e o aprendizado e fornece grande contribuição para o projeto dos espaços de aprendizagem. Destaca-se:

- A mente é social, e por isso o espaço tem papel importante na qualidade do engajamento social e nossa experiência afetiva de aprendizado. Por isso, os espaços de aprendizagem devem permitir a sociabilização dos estudantes, o trabalho em pequenos e grandes grupos.

---

5 Universidade de Ryerson no Canadá. Acesse o link a seguir para ver a imagem da "praia": https://www.archdaily.com.br/br/772723/centro-de-aprendizagem-da-universidade-de-ryerson-zeidler-partnership-architects-plus-snohetta/55d477c6e58ecea1ec000129-ryerson-university-student-learning-centre-zeidler-partnership-architects-plus-snohetta-photo

- O aprendizado envolve atenção focalizada e percepção periférica. Assim, um design espacial deve ser estimulante de maneira visual e sensorial, favorecendo o aprendizado, mas não diminuindo a capacidade de foco do estudante.

- As pessoas são únicas e não sentem o ambiente da mesma forma. Assim, o espaço deve possuir variedade para encantar diferentes pessoas, principalmente nas divisões de áreas (individuais, colaborativas, de instrução direta e para grandes grupos) com uso de mobiliário diverso e cores distintas.

- O bem-estar físico causado pela incorporação de princípios ergonômicos e ambientais é fundamental na concepção de espaços. Por isso, deve-se adotar um pensamento ergonômico dos espaços: caminhos planejados, acessos abertos, equipamentos e suprimentos de fácil acesso, som bem distribuído, móveis confortáveis, em diferentes formatos e tamanhos e iluminação adequada, pois funciona como importante veículo de estimulação da aprendizagem, quando construída de diferentes formas e intensidades, preferencialmente possibilitando a entrada de luz natural indireta durante o dia.

- A mente é estimulada por mistério e surpresas. Assim os espaços devem estimular os estudantes à busca e convidá-los à descoberta. Isso pode ser feito pelos corredores e caminhos com sinalização colorida e criativa; locais privativos e silenciosos para o estudo individual, com vistas para um jardim, por exemplo; locais para conversas ocasionais; pequenas áreas de discussão e atividades não planejadas; locais que permitam a troca de ideias e a alimentação, como mesas para lanches próximas a tomadas, por exemplo etc.

- Acesso visual: quando conseguimos visualizar outras pessoas, estando conectadas a elas visualmente por meio de transparências, podemos ser mais estimulados porque a mente gosta de pertencer a algo maior. Assim, os espaços formais e informais, corredores e halls podem ser locais de contato visual entre os grupos.

Desta forma, para criar um ambiente de aprendizagem centrado no aluno, devemos aplicar no projeto dos espaços princípios que garantam sua eficácia. São eles:

- **Conforto e Atração:** o espaço deve criar um senso físico e mental de bem--estar, com mobiliário, proteção térmica e iluminação adequados às suas variadas atividades, com elementos de design interessante, desde as luminárias, até as mesas, cadeiras, poltronas e estações de trabalho.

- **Estética:** deve promover o prazer estético pelo reconhecimento da simetria, harmonia, simplicidade, o reconhecimento de padrões e o bem-estar proporcionado pelas harmonias cromática e luminotécnica.

- **Fluxo:** deve ser acessível a todos os seus usuários, bem como possibilitar que eles se movimentem e experienciem o local e suas potencialidades.

- **Equidade:** deve ser um local imparcial ao mesmo tempo em que considera diferentes necessidades físicas e culturais de seus usuários.

- **Hibridismo e Conexão:** deve possibilitar a mistura e o hibridismo das metodologias de ensino, dos estilos de aprendizagem, dos recursos pedagógicos tecnológicos e de outras manifestações artísticas e culturais que primem pelo aprendizado, estando ao mesmo tempo, conectado com outros espaços físicos e virtuais.

- **Acessibilidade e Versatilidade:** deve ser conectado a todas as possibilidades de ação de seus usuários, desde incluir áreas como cafés, cozinhas, acesso à luz natural, aos espaços privados, aos locais de descanso, superfícies de escrita e apoio, wi-fi etc. Deve ser apoiado em ampla rede de distribuição de energia com plugues para tomadas próximos e em quantidade, possuir móveis de fácil locomoção, com rodas, por exemplo, para diferentes configurações da sala.

- **Multiuso e Segurança:** deve possuir potencial para uso múltiplo e com diferentes finalidades como palestras, demonstrações, explorações e produção artística para possibilitar utilização eficaz e com alta funcionalidade, ao mesmo tempo em que deve ser protegido e seguro, especialmente quando utilizado em horários alternativos, com câmeras de segurança e circuito fechado de TV.

- **Sustentabilidade:** deve ser mantido continuamente, com orçamento que suporte o ciclo regular de substituição dos equipamentos, orçamento operacional, recursos financeiros, humanos e técnicos, e possuir os recursos necessários para as suas múltiplas atividades.

## POR ONDE COMEÇAR?

Não existe um modelo único para a concepção de espaços de aprendizagem (*learning spaces design*) e desta forma, cada instituição acaba criando os seus próprios princípios norteadores para o projeto destes locais. Os espaços devem ser adequados, seguindo o planejamento estratégico institucional, e levar em consideração a visão institucional, passando pelos projetos pedagógicos e os objetivos educacionais em cada disciplina ou curso, mas, sobretudo, levar em consideração a criação de espaços centrados naqueles que irão ocupá-los e suas necessidades: os estudantes e docentes.

Bennet (2006) sugere que devemos considerar alguns fatores para criar um espaço de aprendizagem eficiente, e o primeiro deles é saber a natureza da aprendizagem que se espera deste local. Para isso, pode-se questionar o que será desenvolvido no espaço físico ao invés de virtual; como ele pode ser pensado para incentivar os alunos a passar mais tempo estudando e de forma mais produtiva; onde ele se encontra dentro do espectro do estudo: individual ou colaborativo; se ele irá encorajar intercâmbios entre alunos e professores fora da sala de aula e como ele poderá enriquecer as experiências educacionais.

Mas deve-se ir além: é preciso observar qual é a melhor maneira de planejar o espaço e quem pode estar envolvido neste processo; quais as restrições para o seu desenvolvimento e como podem ser superadas; como pretendemos financiá-lo e como ele poderá atender as necessidades de todos; se ele será criado do zero ou outros espaços serão remodelados com esta nova forma de pensar; se a escola está preparada para estes investimentos, levando em consideração que seu retorno será a médio e longo prazos.

Após a compreensão das características necessárias para a criação do espaço, deve-se estabelecer o que será apreendido nestes locais, como isso irá ocorrer e como será avaliada a sua eficácia.[6]

Em seguida deve-se estabelecer quais locais sofrerão intervenção ou novos projetos, como as salas de aula regulares, biblioteca, corredores e áreas emergentes etc.

Se os espaços já existirem e o projeto será feito para readequá-los, é importante fotografá-los e entrevistar seus usuários para discutir seus pontos fortes e suas limitações, analisando os seguintes aspectos:

- Os elementos físicos do próprio espaço: luz, cor, tamanho, forma, ventilação, e locais vazios.
- O mobiliário: tipos, flexibilidade, conforto, materiais, cores.

---

6 Mais informações na proposta de Malcolm Brown e seus Sistema de Avaliação de Espaços de Aprendizagem: http://er.educause.edu/articles/2015/2/seven-principles-for-classroom-design-the-learning-space-rating-system (conteúdo em inglês).

- A tecnologia existente: conectividade e disponibilidade/fornecimento de dispositivos.
- Outras necessidades: superfícies graváveis, locais inusitados mais utilizados etc.

Caso seja um novo espaço a ser projetado dentro de uma escola já existente, ele deverá, além dos dados coletados mencionados acima, ser necessariamente integrado às construções existentes, com relação principalmente aos requisitos físicos (como acessibilidade) e metodológicos (interdisciplinaridade).

Finalmente, para uma escola inteira ser projetada a partir deste pensamento centrado no usuário, deve-se observar o local de instalação dos prédios e seus acessos, com análise detalhada dos investimentos totais necessários à implantação.

É importante que o projeto possa contar com desenhos em planta baixa e 3D para melhor visualização e entendimento. O uso de protótipos e maquetes também pode ajudar na sua compreensão, principalmente se contar com a representação do tipo de usuários para se ter ideia de fluxo e para mostrar o design do espaço a partir de uma perspectiva do seu usuário. É importante que os futuros usuários vejam o projeto antes que seja aprovado e que se obtenha a verba necessária para sua execução.

Uma das ferramentas que ajuda a criação do projeto é a utilização de um *storyboarding* — a partir da perspectiva de um aluno ou professor para ajudar a mapear a experiência de aprendizagem que o espaço deverá possibilitar. Ele irá auxiliar os arquitetos, designers e construtores da equipe a gerar alternativas criativas com base em necessidades reais e levando em consideração que, quando o local não estiver sendo utilizado para atividades de ensino, estudantes, professores e funcionários poderão utilizá-lo para seus projetos pessoais.

Com o projeto aprovado, busca-se financiá-lo, o que poderá ocorrer com recursos próprios da instituição, parcerias com empresas, doações e pela reutilização de recursos e móveis repaginados, já existentes na escola. Mas não deve ser esquecido que a eficácia desse espaço está na sua constante manutenção e, por isso, os recursos não são necessários apenas para sua criação e instalação.

É importante relembrar que a criação de espaços de aprendizagem requer uma mudança de comportamento de todos os que participam do processo de ensino e aprendizagem e que a eficácia destes espaços está ligada à sua manutenção e ampla utilização, de forma a justificar o investimento realizado.

## QUESTÕES

1) O principal objetivo dos *Learning Spaces* é promover, da melhor forma possível e com o máximo de qualidade e efetividade, o processo de ensino-aprendizagem. Por isso, para o projeto destes espaços precisamos levar em consideração os componentes:

   a) Tecnológico, Social, Econômico e Psicológico

   b) Psicológico, Social, Econômico e Cognitivo

   c) Tecnológico, Econômico, Cognitivo e Social

   d) Psicológico, Social, Cognitivo e Tecnológico

2) Quando pensamos em projetos de Espaços de Aprendizagem, devemos desenvolvê-los para que sejam ao mesmo tempo flexíveis, intensos, criativos, ergonômicos e multifuncionais. Com relação ao termo "intensos" estamos nos referindo a um local que:

   a) provoque emoções e reações de surpresa quando adentrado pela primeira vez;

   b) possibilite, com o auxílio de novas tecnologias, o desenvolvimento de novas formas de ensinar e aprender, com o apoio de estímulos sensoriais e a proximidade com a linguagem das cores;

   c) seja colorido e possua mobiliário impactante, totalmente diferente da sala de aula convencional;

   d) seja projetado de maneira a otimizar os investimentos do projeto, possibilitando diversas atividades em suas instalações.

3) Quando um espaço de aprendizagem já existe e irá passar por readequações, uma das etapas mais importantes do projeto é a coleta de imagens do local existente e a entrevista com seus usuários (alunos e professores). Isso deve ser feito em quais quesitos?

   a) Elementos físicos do espaço, mobiliário, tecnologia existente e disponível e necessidades específicas do local;

   b) Elementos físicos do espaço, tecnologia disponível e equalização com o orçamento do projeto;

**c)** Mobiliário e tecnologia são fundamentais para o projeto de cada espaço, sendo que outros elementos podem ser pensados em um segundo momento;

**d)** Os elementos físicos do espaço que compreendem cor, luz, tamanho, forma e ventilação devem ser especialmente observados. Já os locais vazios que serão criados, serão acomodados em áreas subutilizadas para priorizar investimentos.

**Respostas:** 1-d / 2-b / 3-a

## REFERÊNCIAS

BENNET, S. 2015. **First Questions for Designing Higher Education Learning Spaces**. The Journal of Academic Librarianship, 33(1): p. 14–26.

CATTIER, A.R. **Navigation toward the Next-Generation Computer Lab**. In OBLINGER, Diana G. (Editor). Learning Spaces. Philadelphia: Educause, 2006.

JISC. **Designing Spaces for Effective Learning: A Guide to 21 st Century Learning Space Design**. Disponível em: http://webarchive.nationalarchives.gov.uk/20140703004833/ http://www.jisc.ac.uk/media/documents/publications/learningspaces.pdf. Acesso em: 28/01/2017.

KUHN, T.S. **A Estrutura das Revoluções Científicas**. 10ª. ed., São Paulo: Perspectiva, 2010.

MILNE, A.J. 2007. **Entering the Interaction Age: implementing a future vision for campus learning spaces**. Educase Review, 42(1): p. 12–31.

OBLINGER, D.G. (ed.). **Learning Spaces**. Washington: Educase, 2006.

PRENSKY, M. **Digital Natives, Digital Immigrants**. Part 1: On the Horizon. Atlanta: MCB University, Vol 9, n. 5, 2001.

# SALA DE AULA INVERTIDA
## *(FLIPPED CLASSROOM)*

"Se a única ferramenta que você tem é um martelo, você tende a ver cada problema como um prego."

**Abraham Maslow**

A forma tradicional de reforço dos principais elementos ou conceitos abordados na sala de aula, conhecida como "lição de casa", atualmente não cumpre seu principal objetivo. Várias são as razões, e as desculpas que ouvimos dos estudantes que não fizeram os exercícios ou não leram determinados textos. Precisamos repensar o processo, iniciando com a compreensão da dinâmica do mundo em que vivemos, o perfil dos nossos estudantes (geração Y, Z) e o arcabouço tecnológico disponível. Quando fazemos isso, percebemos que os processos que antes cumpriam seus objetivos não mais são eficazes.

Uma abordagem que se mostra promissora é aquela que inverte essa dinâmica tradicional da teoria em sala de aula e exercícios em casa. Conhecida como *Flipped Classroom* ou "sala de aula invertida", ela preconiza que a teoria deva ser vista pelos estudantes em casa, previamente à aula. E em sala de aula, presencialmente, as dúvidas e os exercícios de aprofundamento/aplicação são desenvolvidos em conjunto com os professores. Nesse processo, o professor é mais um orientador, estimulador, norteador, do que simplesmente um "passador de conteúdo". Esperamos que o conhecimento desta concepção e suas diferentes formas de aplicação possam ser fonte de inspiração para novas posturas e ações nos processos de ensino-aprendizagem.

Destacamos, por oportuno, que se a "lição de casa" não é realizada pelos estudantes por uma série de fatores, não deverá ser automática a inversão proposta pela metodologia. Deve-se levar em conta que os textos ou tarefas mais teóricas a serem realizadas em casa, antes dos encontros presenciais, devem ser compostas por diferentes materiais que possam estimular os estudantes à sua leitura, pesquisa, apropriação, pois, caso contrário, os resultados, apesar da metodologia invertida, serão os mesmos ou até piores. Também é importante que as atividades em sala exijam a participação dos estudantes de modo a mostrar a importância da realização das tarefas prévias.

## O QUE É FLIPPED CLASSROOM OU SALA DE AULA INVERTIDA?

É chamada "sala de aula invertida", o processo que inverte os métodos tradicionais de ensino, apresentando o conteúdo (teoria) online antes da aula presencial e levando a "lição de casa" para dentro da sala de aula. Assim, retira a centralização do processo no professor e a transfere para os estudantes: do "sábio no palco" para "o orientador ao lado".

A ideia básica é que o professor prepare orientações, de preferência em vídeo, sobre os conteúdos a serem desenvolvidos naquele momento. É, na verdade, uma aula sobre um determinado assunto. Essa aula será disponibilizada em um ambiente virtual de aprendizagem (AVA) onde os estudantes poderão assisti-la.

> Existem muitos ambientes virtuais de aprendizagem (AVA) ou em inglês *Learning Management Systems (LMS)*. Um dos mais utilizados é o Moodle. Um sistema aberto e gratuito. Para mais informações, acesse: **https://moodle.org** (conteúdo em inglês).

Note que a utilização de um **ambiente virtual de aprendizagem** é importante para registro das interações dos estudantes (e docentes) no material didático e atividades disponibilizadas. Esse registro deve ser utilizado pelo professor para melhorar as atividades presenciais, reforçando os pontos que não ficaram muito claros, focando o desenvolvimento de exercícios e atividades com base nos resultados das interações no ambiente virtual de aprendizagem.

Depois de assistir à aula disponibilizada no AVA, os estudantes deverão interagir e discutir determinados pontos (indicados pelo professor) para, em seguida, desenvolver algumas tarefas para verificação da fixação dos principais pontos. As discussões e colaborações realizadas no AVA também podem envolver o docente, que funciona como fomentador das mesmas.

Em um segundo momento, agora presencialmente, em sala de aula, os estudantes que já tiveram um primeiro contato com o conteúdo, inicialmente tiram as dúvidas que ainda restam. Acontece o que chamamos de "engajamento conceitual". Isso tudo sob intensa ação e orientação do professor. Depois de um primeiro momento de acomodação ou nivelamento dos conceitos, o professor deve passar para uma segunda fase onde são elencadas algumas atividades ou desafios a serem desenvolvidos pelos estudantes (levando em consideração a base conceitual até o momento desenvolvida). Pode-se fazer uso de outros conceitos anteriores da mesma disciplina, ou de outras, reforçando assim a interdisciplinaridade.

> A professora Katie Gimbar apresenta em sua playlist no YouTube, uma série de perguntas e respostas sobre como ela fez a inversão da sala de aula em sua disciplina e discute algumas situações que geralmente acontecem quando se utiliza essa metodologia
> Link: https://www.youtube.com/playlist?list=PLB632EC24182B4D40

O desenvolvimento dessas atividades e desafios deve ser feito com o mínimo de intervenção do professor. Em uma terceira fase, para os grupos ou estudantes que não conseguiram cumprir a tarefa, existe a intervenção do professor para sanar algumas dúvidas que restam. Por fim, o professor, em conjunto com os estudantes, apresenta as soluções e faz a ligação conceitual, ressaltando os principais pontos e outras possibilidades de aplicação daquele assunto ou tema.

A aula presencial deve então ser finalizada com um resumo geral dos conceitos, as possíveis aplicações e com um link para a próxima aula, apresentando os conceitos que serão tratados e a motivação necessária para que os estudantes acessem e realizem previamente a aula já disponibilizada online.

É importante notar que se a disciplina estiver desenvolvendo habilidades profissionais, tais atividades presenciais devem ser realizadas em ambientes de aprendizagem (*Learning Spaces*) adequados para tal finalidade. Isso irá aprimorar o processo de ensino-aprendizagem, além de ser, é claro, muito mais estimulante e motivador para os estudantes.

É importante salientar que a metodologia de *Flipped Classroom* NÃO pode ser entendida como:

- Um sinônimo para que se faça apenas a criação/produção de videoaulas online. O grande potencial está nas interações presenciais.

- A simples substituição de professores por vídeos e a alocação de tutores para as atividades presenciais.
- Uma falta de estrutura ou de objetivos pedagógicos para as tarefas a serem desenvolvidas pelos estudantes.
- Algo que faça os estudantes trabalharem isoladamente e de forma individual.

Note que esses quatro pontos não condizem com o foco desta metodologia de inversão. E o mais grave: utilizá-la dessa forma resultará em uma prática que, ao invés de incrementar a qualidade e potencializar a aprendizagem, desestimulará os estudantes, tornando as aulas presenciais menos empolgantes e, com isso, diminuirá a qualidade do processo como um todo.

O que se espera é que a metodologia de *Flipped Classroom* seja entendida e direcionada para:

- Uma forma de aumentar a interação entre os estudantes e o professor, de forma personalizada, focando nos pontos fundamentais da matéria.
- Um processo onde todos os estudantes estão envolvidos com sua aprendizagem e assumam essa responsabilidade.
- Uma metodologia que mistura o que tem de melhor na instrução direta e no construtivismo.
- Um processo que foca o papel do professor como "orientador" e não como "centralizador" do conhecimento.

O foco deve estar completamente centrado nas interações que ocorrem nos momentos presenciais, ou seja, na sala de aula! É aí que o professor deve ter a sensibilidade para compreender as deficiências ou os *gaps* na aprendizagem dos estudantes e reforçar, complementar, motivar e ligar conteúdos que os sensibilizem a ponto de compreenderem completamente aquele tema.

## UM MODELO COM 4 ETAPAS...

Existem hoje muitos modelos descritos em artigos, jornais, livros, blogs e vídeos espalhados pela internet. Um dos mais conhecidos e que possibilitou a expansão em outros tantos modelos foi o publicado pela professora Jackie Gerstein em 2011, disponível em seu blog[1]

---

[1] Blog da professora Jackie Gerstein. Artigo sobre um modelo da sala de aula invertida (*The Flipped Classroom Model: A Full Picture*). Link: http://usergeneratededucation.wordpress.com/2011/06/13/the-flipped-classroom-model-a-full-picture (conteúdo em inglês).

composto por um ciclo com 4 etapas: 1) *Experience* (Experiência), 2) *What* (O que), 3) *So What* (Então) e 4) *Now What* (Agora o que). A Figura 5.1 é uma adaptação do que a professora Gerstein indicou em seu artigo original intitulado *The Flipped Classroom Model: A Full Picture* (GERSTEIN, 2011).

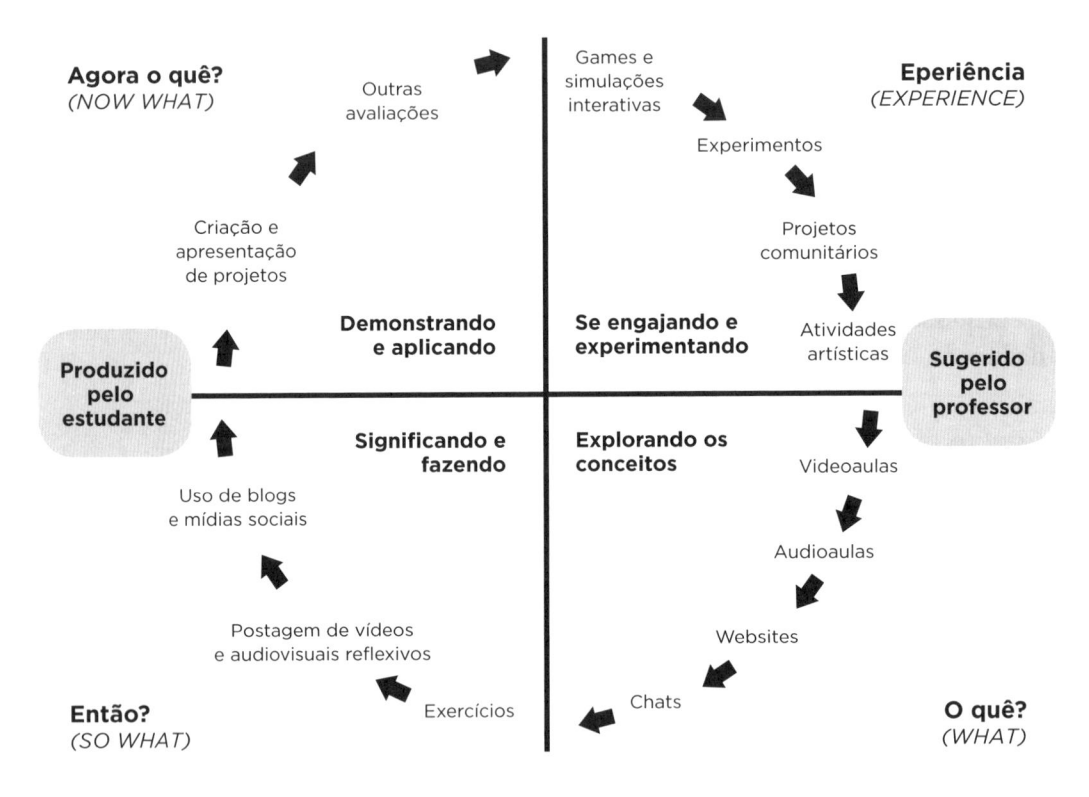

**Figura 5.1:** Visão geral dos processos da sala da aula invertida (adaptado de GERSTEIN, 2011)

Esse modelo, proposto pela professora Gerstein, foi elaborado prevendo uma sequência de atividades de aprendizagem fundamentada em dois modelos instrucionais: os ciclos de aprendizagem experimental baseados em Dewey (1938), Kolb (1984) e Juch (1983) e o ciclo de instrução "4MAT" de Bernice McCarthy (2014).

A seguir, é detalhado como devem ser elaboradas as atividades em cada uma das quatro etapas, na visão da professora Gerstein. A ideia básica é incentivar os estudantes à ação e tirá-los da passividade comum nas aulas convencionais. Do mesmo modo, espera-se, também, mudar a postura do professor como mero apresentador do conteúdo, para motivador ou guia no processo de interação, questionamentos e resolução de problemas ou desenvolvimento de projetos realizados pelos estudantes.

### Experiência (provocação ou convite para a jornada)

Nesse momento é preciso conquistar o estudante. Motivá-lo a querer saber sobre aquele conteúdo, para que ele tenha vontade de realizar um estudo ou pesquisa sobre o assunto. Basicamente se traduz em uma atividade não formal, que pode ser lúdica, mas que mexa e motive o estudante. Exemplos: jogos, simulações, atividades interativas, entrevista com alguém especial, uma visita a algum lugar, um projeto comunitário, uma atividade artística, enfim, algo que o tire do lugar-comum e que gere seu envolvimento.

A sensibilidade do professor para entender o contexto, a realidade dos estudantes e assim, desenvolver atividades que promovam um maior engajamento será de fundamental importância para o êxito do processo.

### O que (o conteúdo)

É o momento de disponibilização do conteúdo. Para tanto, sugere-se que o professor faça uma busca (na web) de textos, vídeos, documentários, animações, enfim, todo e qualquer material que se encaixe nos eixos paradigmático e sintagmático dos estudantes e que promovam o entendimento daquele assunto.

Sugere-se também que o professor prepare um ou mais vídeos (curtos — não mais que 6 a 7 minutos cada) que desenvolvam os principais pontos sobre aquele conceito específico. É importante que o professor prepare seus vídeos, pois isso permitirá um maior engajamento, por parte dos estudantes, ao conteúdo. Ver ou ouvir o professor gera maior proximidade.

Os estudantes devem assistir ou ler esses materiais quando estiverem em casa, antes da aula presencial.

O professor também pode abrir um fórum ou chat controlado para a discussão de algumas dúvidas ou tópicos específicos antes da aula. Alguns professores também utilizam pequenos questionários que os estudantes têm que responder antes da aula presencial. Isso auxilia o docente a reforçar os pontos que geraram dúvida aos estudantes.

### Então (questionamentos, pesquisas, desenvolvimento de projetos, resolução de exercícios)

Chega a aula presencial e, nesse momento, o estudante não está "vazio". Ele já possui uma série de informações a respeito do conteúdo que será desenvolvido. Sugere-se que o professor, no início da aula, apresente o projeto ou o problema ou as atividades que os estudantes terão que resolver até o final da aula presencial.

Depois que isso for apresentado aos estudantes, o professor deve abrir uma pequena discussão sobre os vídeos e materiais disponibilizados, objetivando dirimir eventuais dúvidas ou falta de entendimento que porventura tenham permanecido.

A ideia básica é trabalhar o processo de reflexão e aplicação do conteúdo. A reflexão pode ocorrer por meio da apresentação de pequenos relatórios, a criação de um blog sobre o assunto ou até mesmo o desenvolvimento de um vídeo pelos estudantes sobre o mesmo.

Alguns pontos parecem ter uma característica comum à maioria das aplicações desta metodologia, os quais podem ser resumidos em:

- Os estudantes são engajados ativamente para a resolução de problemas e pensamento crítico.
- As discussões e as trocas de informações são conduzidas pelos próprios estudantes onde o conteúdo do material disponibilizado antes das aulas presenciais é discutido e expandido.
- Em virtude da preparação inicial, essas discussões devem atingir níveis mais elevados de pensamento crítico.
- O trabalho colaborativo é dinâmico, espontâneo e intenso, com os estudantes transitando em várias frentes.
- A intervenção do professor é pontual e serve para dirimir eventuais dúvidas ou direcionar os trabalhos.
- Os estudantes fazem perguntas exploratórias, identificando o melhor caminho para um maior aprofundamento do conteúdo, deixando o papel passivo de lado e potencializando sua participação ativa.

**Agora então (conclusões a que o estudante chega após todo o processo)**

Ao finalizar as atividades propostas pelo professor (projeto, problema, atividades, exercícios etc.), os estudantes devem apresentar seus resultados ou suas conclusões a respeito do conteúdo. Aconselha-se que isso seja feito em dupla ou grupo, nunca individualmente. Esta estratégia fomenta a discussão e a troca de experiências, motivando a construção coletiva.

A utilização de recursos multimídia (fotos, vídeos, animações etc.) traz em si uma motivação e, por outro lado, um instrumento de avaliação.

Em todas as etapas, é fundamental para estudantes e professores a observância dos direitos autorais que, porventura, recaiam sobre os conteúdos multimídia que serão reaproveitados.

## POR QUE ESSE MODELO GERA MELHORES RESULTADOS?

Estudos recentes mostram que a inversão da sala de aula quando realizada de maneira estruturada, utilizando diversos recursos multimídia e com vídeos preparados pelo próprio professor, resulta em uma melhora no desempenho dos estudantes entre 20% e 50%, dependendo muito da área da disciplina, qualidade e criatividade do professor na elaboração das atividades, dos ambientes de aprendizagem disponibilizados para as atividades presenciais e do nível do ensino.

Intuitivamente pode-se acreditar que o envolvimento dos estudantes e a saída de seu estado de passividade é que geram esse ganho. Isso foi reforçado pelos resultados da pesquisa de Poh, Sernson & Picard, publicados, em 2010, na Revista IEEE Transactions on Biomedical Engineering. Os pesquisadores criaram um sensor usável (confortavelmente) para a identificação de atividades eletrodermais (atividades que representam mudanças elétricas na pele e que variam com as atividades do sistema nervoso) e conseguiram identificar a relação dos processos ativos e passivos com a atividade cerebral. Quanto maior a atividade cerebral, mais ativa era a atividade (e vice-versa). A Figura 5.2 ilustra a relação entre a atividade cerebral e as atividades realizadas ao longo de uma semana (sete dias) de um conjunto de crianças que utilizaram o sensor eletrodermal. O resultado do gráfico representa o resultado médio obtido por todas as crianças divididas em três grupos: um primeiro de 16, sendo oito meninas e oito meninos que fizeram as tarefas físicas; um segundo grupo de 15 crianças, nove meninas e seis meninos, para as tarefas cognitivas e, finalmente, um terceiro grupo de 13 participantes, sendo oito meninas e cinco meninos, para as atividades emocionais.

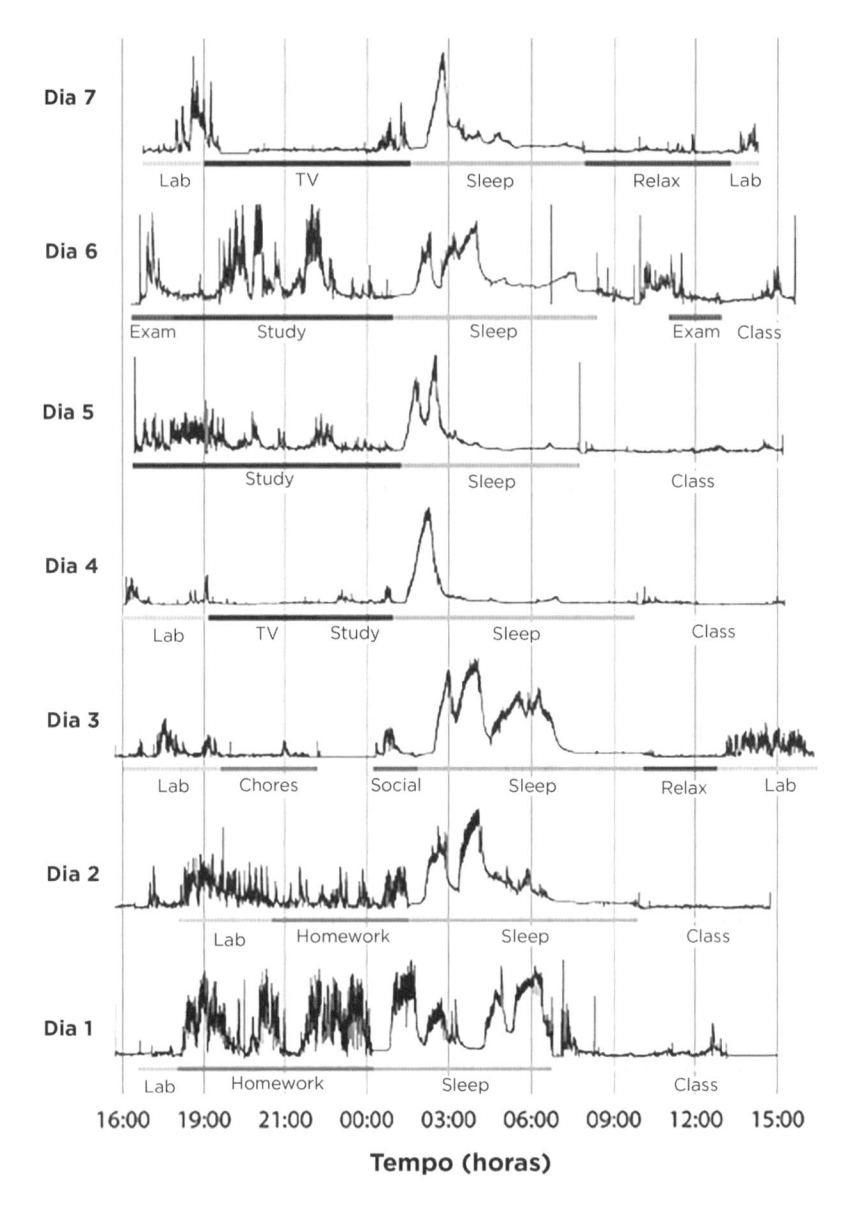

**Figura 5.2:** Registro de atividades cerebrais e as atividades desenvolvidas (Fonte: POH, SERNSON e PICARD; 2010)

É importante notar a atividade cerebral ao longo das aulas tradicionais (*Class*) e do relaxamento (*Relax*), menos intensa do que o obtido nas atividades de laboratório (*Lab*) e nos trabalhos de casa (*Homework*).

Depois desse experimento a justificativa para a inversão da sala de aula parece mais clara e focada na utilização de processos ativos de ensino-aprendizagem.

## PERSPECTIVAS

Deve ficar claro que o ganho significativo que se consegue com a utilização de processos ativos está na amarração desses processos com uma metodologia adequada e a utilização da educação online e dos espaços de aprendizagem. É todo o conjunto que gera a melhoria do processo de ensino-aprendizagem.

Não se trata de convencer o professor ou de incentivá-lo a utilizar metodologias ativas. Aliás, se a ideia é a de implantar quaisquer dos métodos aqui descritos porque são mais modernos ou porque geram maior rendimento com menor trabalho, é melhor repensar o planejamento de sua implementação.

A despeito de ser uma metodologia existente desde os anos 1920, a sala de aula invertida ganhou nova importância nos anos 1960 e, com a popularização da internet e dos cursos online, teve novo impulso recentemente, a partir do início do novo século.

Atualmente, há muitas iniciativas que se valem da *Flipped Classroom* para o processo de ensino-aprendizagem e, mais especificamente, o uso dessa metodologia associada ao modelo de aprendizagem para o domínio, tem merecido lugar de destaque, visto que transfere totalmente para o aluno a responsabilidade de sua própria aprendizagem, inclusive da velocidade com que ela se dá (BERGMANN & SAMS, 2017).

Essa vertente, extremamente interessante, tem alguns problemas para se efetivar: primeiro, que os cursos são, em geral, formatados com conteúdos curriculares normalmente dispostos em disciplinas, encadeadas em muitos casos com pré-requisitos formais; depois, a burocracia da gestão acadêmica, na maior parte das instituições, tem no tempo uma variável imutável: as atividades são realizadas em um período letivo que, felizmente, já tem tido alguma flexibilidade (mensal, bimestral, semestral, anual etc.), mas está longe de contemplar a diversidade com que os processos cognitivos são individualmente desenvolvidos; além disso, mesmo os cursos formais desenvolvidos a distância, apesar de mais flexíveis, também trazem o conceito temporal próprio dos cursos presenciais, o que não facilita essa forma de aprendizagem; e finalmente, o acompanhamento individualizado em turmas com um número grande de alunos, que também é mais uma regra do que exceção, dificulta a implantação do modelo como um todo.

A sala de aula invertida traz a vantagem de ter as tarefas voltadas para a conceituação e conteúdos ministrados de forma alternativa, seja por meio de videoaulas, seja por meio de materiais diferenciados e que podem estar disponibilizados no ambiente virtual de aprendizagem (AVA) desde o início da disciplina e não são, obrigatoriamente, de apropriação com temporalidade comum a todos os estudantes.

As atividades em sala de aula poderão ser, nesse caso, precedidas de avaliações que poderiam revelar o nível ou etapa de aprendizado individualizados, de maneira que se pudesse, caso fosse possível, agrupar alunos com o mesmo estágio de desenvolvimento cognitivo daquela atividade curricular.

À medida que tenhamos salas maiores, e a partir de estímulos do próprio docente ou de tutores bem preparados, alunos com desenvolvimento de aprendizagem semelhante poderão ser agrupados e passar a ter atividades em pequenos grupos que auxiliarão para um crescimento individual mais acentuado.

Essa forma diferenciada de abordagem exigirá um acompanhamento mais focado em cada estudante e, com certeza, não permitirá que se tenha apenas as avaliações diagnósticas que normalmente fazem parte das disciplinas de um curso.

É por esse motivo que nos próximos capítulos serão apresentadas algumas formas que visam possibilitar que haja a aprendizagem personalizada e ativa, para que o processo de aprendizagem seja realizado com a mediação de docentes, com o apoio tecnológico dos profissionais e da infraestrutura das instituições, e com a responsabilidade dos estudantes.

## QUESTÕES

1) Elabore um plano de aula utilizando a metodologia *Flipped Classroom* a ser aplicado em disciplina de sua área do conhecimento ou sob sua responsabilidade.

2) Compare as atividades previstas no plano de aula elaborado na Questão 1 com um outro plano, elaborado para a mesma aula/assunto, a ser ministrado sem essa metodologia.

3) Aponte as diferenças mais importantes das duas aulas preparadas.

4) Se tiver oportunidade, aplique efetivamente o assunto preparado em uma classe sob sua responsabilidade e avalie essa iniciativa.

5) Qual seria a principal diferença de atividades propostas caso a disciplina ofertada com metodologia de sala de aula invertida respeitasse a velocidade de cada aluno (aprendizagem para o domínio)?

## REFERÊNCIAS

BERGMANN, J. & SAMS, A. **Sala de aula invertida: uma metodologia ativa de aprendizagem.** Tradução de A.F.C.C.Serra. 1ª ed(reimpr.). Rio de Janeiro: LTC, 2017.

DEWEY, J. **Experience and Education** (Kappa Delta Pi Lecture). New York: Collier, 1938.

GERSTEIN, J. 2011. **The Flipped Classroom Model: A Full Picture.** Disponível em: http://usergeneratededucation.wordpress.com/2011/06/13/the-flipped-classroom-model-a-full-picture. Acesso em: 29/09/2014.

GIMBAR, K. **"Why I Flipped my Classroom!"** Disponível em: https://www.youtube.com/playlist?list=PLB632EC24182B4D40. Acesso em: 29/09/2014.

JUCH, A. **Personal Development: Theory and Practice in Management Training.** Wiley: Shell International, 1983.

KOLB, D.A. 1984. **Experiential Learning: Experience as the Source of Learning and Development.** New Jersey: Prentice-Hall Inc., 1984.

MCCARTHY, B. 2014. **4MAT Cycle of Instruction.** Disponível em: http://www.aboutlearning.com/what-is-4mat/what-is-4mat. Acesso em: 29/09/2014.

POH, M.; SWENSON, N.C. & PICARD, R.W. 2010. **A Weareble Sensor for Unobtrusive, Long-Term Assessment of Electrodermal Activity.** IEEE Transactions on Biomedical Engineering, 57(5): p. 1243–1252.

# METODOLOGIAS ATIVAS E PERSONALIZADAS DE APRENDIZAGEM (MAPA)

"Que a criança corra, se divirta, caia cem vezes por dia, tanto melhor, aprenderá mais cedo a se levantar."

**Jean-Jacques Rousseau**

## METODOLOGIAS ATIVAS NÃO SÃO NOVIDADE...

Sócrates (469–399 a.C.) expunha seus interlocutores a um processo de questionamento denominado maiêutica. Basicamente ele não ensinava diretamente, mas indiretamente por meio de perguntas. As perguntas direcionavam seus alunos (discípulos) a um itinerário formativo.

No final do século XIX, o movimento da "Escola Nova" ou "Escola Ativa" que pregava a libertação do educando da tutela exagerada dos seus professores, dando-lhe mais autonomia no próprio processo de aprendizagem, chegou ao Brasil pelas mãos de Rui Barbosa. O movimento inspirou e ganhou força após o **Manifesto dos Pioneiros da Educação Nova**, em 1932 e, após o Estado Novo, novamente, nos Colégios de Aplicação mantidos pelas faculdades de filosofia das universidades brasileiras (Mec/Fundação Joaquim Nabuco, 2010). O ensino da matemática moderna e os estudos dirigidos foram métodos utilizados para essa "libertação" e foram muito usados nos anos 50 e 60.

Os críticos desse modelo argumentam que ele concede liberdade demais aos estudantes e abre mão dos conteúdos tradicionais. Efetivamente, a rejeição de boa parte do magistério e dos próprios alunos, aliada aos exames vestibulares que começaram a exigir, cada vez mais, um conteúdo enciclopédico e muita memorização, coibiram o desenvolvimento dessas e de outras iniciativas que, hoje, seriam chamadas de "metodologias ativas de aprendizagem".

A necessidade de uma maior diversificação na abordagem de conteúdos em sala de aula na atualidade passou a ter nova importância para as chamadas gerações Y e Z, que têm maior contato com recursos tecnológicos, o que dá um novo status à imagem em detrimento à escrita; um novo status à comunicação rápida e concisa, em detrimento àquela formada por textos mais longos e elaborados.

Finalmente, o desenvolvimento de novas tecnologias de informação e comunicação (TIC) possibilita que haja uma abordagem mais centrada no aluno e o uso mais intensivo de metodologias ativas de aprendizagem, inclusive com um acompanhamento mais personalizado, como se pretende abordar neste capítulo.

## METODOLOGIAS ATIVAS DE APRENDIZAGEM

A Figura 6.1 mostra o número de artigos em língua inglesa (A) e em língua portuguesa (B) a partir da pesquisa com o termo *active learning* ou "metodologias ativas" entre 2001 e 2016, no Google Acadêmico. Pode-se notar que os artigos em língua inglesa, que representavam 4.660 trabalhos em 2001 passaram, em 2016, para um valor superior a 26 mil, com um aumento de 5,6 X nesse período de 16 anos. Já os trabalhos em língua portuguesa, a maioria deles do Brasil, tiveram um aumento de 172,5 X no mesmo período, passando de uma inexpressiva quantidade de 8 trabalhos em 2001, para 1.380 em 2016. A curva obtida para os trabalhos em português mostra que eles se encontram em crescimento exponencial, em contraste com aquela dos trabalhos em inglês que, a partir de 2013, atingem um platô com pequena variação (aumento aproximado de 1,5% ao ano).

Quando a pesquisa utiliza como palavras-chave "aprendizagens ativas" ou "metodologias ativas de aprendizagem", esse valor decresce bastante, mas o crescimento superior a 100 X no período se mantém, especialmente para o segundo termo (Figura 6.2). Cabe destacar que a área da saúde (especialmente os cursos de medicina e enfermagem) vem utilizando o método PBL (*Problem Based Learning*) e, praticamente todos os trabalhos encontrados até 2009 eram dessa área. A partir daí, e em especial a partir de 2013, o crescimento dos trabalhos nas demais áreas aumenta proporcionalmente mais, e atinge, em 2016, 61,7% das publicações e um perfil exponencial, corroborando os dados mostrados na Figura 6.1.

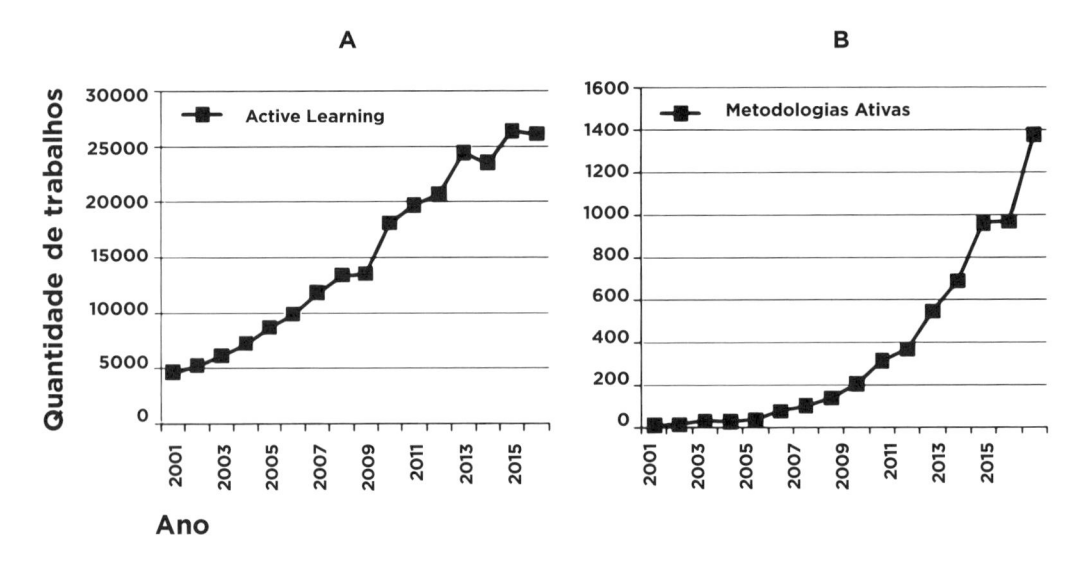

**Figura 6.1:** Quantidade de trabalhos com o termo *active learning* (A) e "metodologias ativas" (B) no período de 2001 a 2016 e encontrados no Google Acadêmico em 11/10/2017

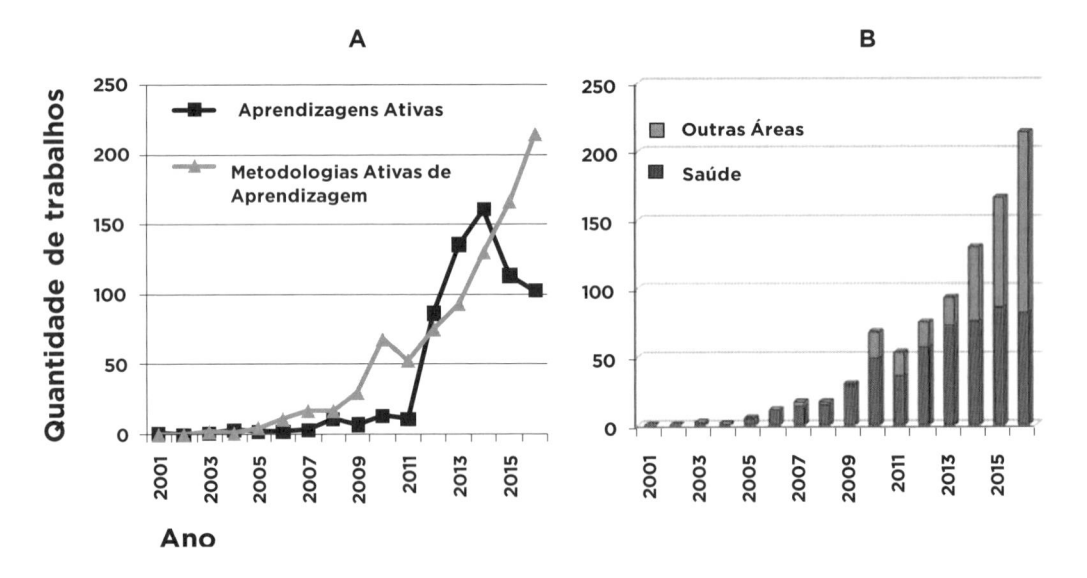

**Figura 6.2:** A) Quantidade de trabalhos com os termos "aprendizagens ativas" e "metodologias ativas de aprendizagem" encontrados no Google Acadêmico no período de 2001 a 2016; B) Trabalhos com o termo "metodologias ativas de aprendizagem" no mesmo período, comparando aqueles da área de saúde com as demais (Fonte: Google Acadêmico. Consulta em: 11/10/2017).

A comparação do comportamento gráfico entre os artigos publicados em língua inglesa e portuguesa revela que o assunto tem recebido uma importância relativa maior no Brasil. Tal comportamento tem uma aparente e lógica explicação: atravessamos um período de forte expansão da educação a distância no país e, se as metodologias ativas de aprendizagem encontram justificativas no avanço tecnológico e no comportamento das novas gerações, elas podem ser consideradas como desejáveis nos cursos presenciais, mas elas são, sem dúvida, necessárias nos cursos desenvolvidos a distância, ainda que estes não atendam nos cursos superiores as populações mais jovens, mas como requerem maior autonomia dos estudantes como protagonistas do processo de ensino-aprendizagem, devem ter uma utilização mais acentuada.

Retomando a ideia de *blends*, seria de se esperar um maior porcentual de metodologias ativas nos cursos desenvolvidos com maior carga horária a distância do que *blends* com maior porcentual presencial. Essa lógica, entretanto, pode ser invertida se o projeto pedagógico do curso assim previr.

## PEDAGOGIA ATIVA

A Tabela 6.1 ilustra, segundo a visão de Prensky (2010), os papéis do professor e dos estudantes em um ambiente ativo de ensino-aprendizagem.

| Professor | Estudante |
| --- | --- |
| Não fala, pergunta. | Não toma notas, procura, acha. |
| Sugere tópicos e instrumentos. | Pesquisa e encontra soluções. |
| Aprende tecnologia com os estudantes. | Aprende sobre qualidade e rigor com o professor. |
| Avalia as soluções e respostas dos estudantes, examinando a qualidade e rigor. Contextualização. | Refina e melhora as respostas, adicionando rigor, contexto e qualidade. |

**Tabela 6.1:** Papéis de professores e alunos em ambiente ativo de aprendizagem

Percebe-se que na "pedagogia tradicional" o professor tem a prerrogativa de dispor os conteúdos aos seus estudantes, indicando não só o que estudar, mas também em que sequência e como estudar.

Na "pedagogia ativa" são os estudantes que procuram o conteúdo do que estudar. O professor dá sugestões do itinerário formativo e tira eventuais dúvidas que venham a surgir ao longo do caminho da aprendizagem.

Portanto, observa-se muita relação com a *Maiêutica Socrática* (maiêutica significa "dar à luz", "parir" o conhecimento). Trata-se de um método que pressupõe que a verdade está latente em todo ser humano, podendo aflorar aos poucos à medida que se responde a uma série de perguntas, ou seja, o ponto central está em "saber fazer as perguntas certas".

Betsy Barre (2015) em seu artigo intitulado *What is the Point of a Teacher?* estabelece a existência de duas polaridades no trabalho atual do professor: o professor como autor e o professor como tutor. A Figura 6.3. ilustra essa polaridade, correlacionando-a com o papel ativo ou passivo dos estudantes.

**Estudante passivo** ← Professor como autor | Professor como tutor → **Estudante ativo**

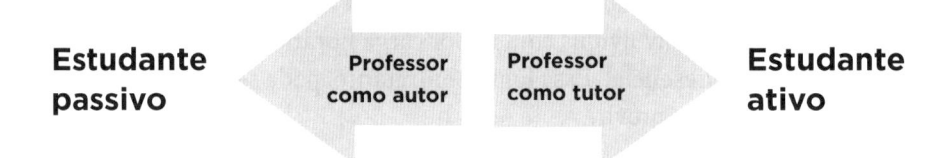

**Figura 6.3:** Os dois "professores", segundo Barre (2015)

Em termos resumidos as diferenças entre os dois papéis são as seguintes:

- **Professor como autor**: É o produtor e o organizador do conhecimento, além de se considerar um modelo a ser seguido de produção acadêmica. Desta forma, o envolvimento dos estudantes em sala de aula não é uma de suas responsabilidades. O estudante é que deve se adaptar às condições estabelecidas e se envolver ao máximo nas atividades por ele propostas.

- **Professor como tutor:** O principal papel do professor é prestar atenção ativa ao desenvolvimento dos estudantes. Desta forma, deve saber os antecedentes de seus estudantes, suas mudanças ao longo do período (semestre) e qual o seu estágio desejado ao final do processo. Com isso, o professor toma consciência das necessidades dos mesmos e pode responder a eles mais rápida e efetivamente.

De forma mais pragmática, essa mudança de postura não se mostra apenas um modismo se considerarmos o âmbito mundial. Estudos de Freeman e colaboradores (2014) e de Bajak (2014) demonstram que o formato ativo, que promove o engajamento dos estudantes com material e atividades em sala de aula, aumenta o desempenho dos mesmos em exames e reduz o risco de reprovação em quase meio desvio padrão.

Aliados a esses resultados, outros indicadores mostram uma melhoria no ambiente de aprendizagem:

- Maior frequência dos estudantes nas aulas (tipicamente maior que 90%).
- Melhoria da compreensão conceitual quando comparada às aulas tradicionais.
- Redução dos índices de evasão e reprovação.
- Fortalecimento do relacionamento entre estudantes e professores.
- Percepção das melhorias, por parte dos estudantes, de forma positiva.

Portanto, o que se observa é uma ação disruptiva, onde a "era do conteúdo" dá sinais claros de sua descontinuidade. Na "pedagogia tradicional" o professor, detentor até então do conteúdo, se vê inundado por questionamentos ou complementos vindos dos próprios estudantes, que em tempo real, estão conectados a uma vasta gama de conteúdos abertos, muitas vezes mais relevantes do que aqueles oferecidos pelo próprio professor.

Encerra-se a "era do conteúdo" e o foco passa agora para a individualização do itinerário formativo. Portanto o papel do professor vai ser muito mais na construção individual ou coletiva, das melhores trajetórias formativas. De entender as deficiências e auxiliar o estudante, escolhendo o melhor método, ativo ou não, para o desenvolvimento ou aplicação de determinados conteúdos.

Essa crise causada pela perda do *status quo* pode motivar o professor a buscar alternativas que venham não só a suprir esse papel que, cada vez mais, passa a não existir, mas principalmente, encontrar um meio de atender as demandas crescentes desse "novo" estudante que chega aos bancos escolares. Repletos de tecnologia e informação, eles precisam agora não mais "do que estudar", mas do "por que estudar", "como estudar" e de "uma sequência" de estudo. Nesse caso, os métodos ativos ou metodologias ativas trazem em si, não só o alento necessário para sua reinvenção, mas também uma panaceia para suas atuais dificuldades. Isso, algumas vezes, pode trazer uma certa frustração aos menos preparados e, por esse motivo, teremos que buscar a "profissionalização do professor" se quisermos garantir a qualidade do processo.

Quando se fala de "metodologias ativas", a pergunta recorrente que se ouve é: "Qual metodologia devo adotar?" ou "Qual a melhor metodologia ativa para a minha disciplina?", e muitas outras variações dessas perguntas.

O pragmatismo inerente aos profissionais técnicos[1] carrega em si esse desejo em obter fórmulas prontas ou guias, típico de sua visão cartesiana de ação-reação.

Entretanto, o que se observa na teoria e modelos do design instrucional[2] é que não se tem um método de ensino a ser adotado com 100% de certeza para uma determinada situação, uma vez que são muitos os fatores que devem ser levados em consideração.

Um mesmo método adotado por dois professores diferentes, em turmas diferentes, em geral, apresenta resultados diferentes. Em muitos casos, o mesmo professor em turmas diferentes ou professores diferentes em turmas iguais, encontram resultados divergentes. E isso se torna mais visível ao longo do processo formativo. Quanto mais elevado o nível de formação dos estudantes, mais divergentes os resultados.

Conhecer a teoria e modelos do desenho instrucional, assim como a teoria da aprendizagem, os processos do desenho instrucional e a teoria do currículo é fundamental para que o professor consiga escolher os melhores métodos ou metodologias a serem adotados ao longo do processo formativo, que podem divergir, entre as diversas turmas, mesmo dentro de um mesmo curso.

Por outro lado, levando em consideração o cenário até aqui apresentado, o que se observa é que não adianta o professor ter esse conhecimento se a escola e o próprio projeto pedagógico (de curso e institucional) não previrem essa mobilidade. Ambientes, tecnologias e recursos devem estar disponíveis para que os professores os utilizem de acordo com suas necessidades, que devem possibilitar uma mudança ou adequação aos perfis individuais dos estudantes, de uma para a outra aula.

O processo deve então iniciar por uma mudança de estratégia institucional (global), que deve estar refletida nos documentos oficiais da instituição, tais como o Plano de Desenvolvimento Institucional (PDI) que é uma espécie de "Planejamento Estratégico Institucional", e em suas ramificações: Projeto Pedagógico Institucional (PPI) e nos Projetos Pedagógicos de Curso (PPC).

Deve-se quebrar as estruturas estratificadas dos planos dos componentes curriculares (ou disciplinas), onde se determinam com exatidão cirúrgica o que e como devem ser abordados em cada uma das aulas. Essa forma não leva em consideração os outros

---

1　Especialistas em sua área de atuação: um professor de computação domina as técnicas de desenvolvimento de sistema ou programação de computadores, mas não as técnicas ou métodos de como ensiná-las.
2　Design Instrucional é a grande área teórica que compreende a utilização de métodos de ensino, dependendo de determinadas situações, levando em consideração a probabilidade e os valores de tais métodos.

componentes curriculares concomitantes ou não, nem tampouco, os estudantes e sua bagagem intelectual.

Além disso, o itinerário formativo de um determinado estudante pode não ser o mesmo que seu colega. Os interesses particulares e daquele momento, as competências trazidas e o contexto educacional atuam como indicadores para determinação "em tempo real" do seu itinerário formativo.

É fundamental ressaltar que, nesse contexto, as tecnologias devem ser utilizadas para tornar o processo possível. Os grandes volumes de dados coletados pelos sistemas acadêmicos e demais sistemas de avaliação formativa, devem ser utilizados para gerar indicadores consistentes aos gestores educacionais, permitindo a individualização do processo formativo.

Sistemas de análise de grandes volumes de informação educacional, os chamados *Educational Analytics* ou *Big Data Educacional* despontam com grande ênfase para auxílio aos gestores nessa tarefa de tratamento individualizado do processo educacional e planejamento de espaços de aprendizagem.

É certo que mudanças culturais e, principalmente institucionais, serão necessárias ao longo desse processo de implantação. A contratação de professores por hora/aula ou por disciplina, diante desses futuros cenários, poderá não ser a melhor alternativa do ponto de vista financeiro ou de qualidade, necessários para viabilizar o projeto pedagógico proposto.

No aspecto de construção do "professor profissional", alguns conhecimentos mínimos se fazem necessários. É isso que vamos abordar a seguir, para tentar facilitar o processo de planejamento das atividades didáticas, desde a identificação das diversas situações, até a adoção de um ou outro método de ensino.

## TEORIA DO DESIGN INSTRUCIONAL OU DESENHO DA INSTRUÇÃO

Trata-se da teoria que oferece orientações de como melhor ajudar as pessoas a aprender e se desenvolver. De forma bem resumida, as teorias de desenho instrucional são orientadas ao objetivo instrucional (o que se espera conseguir ao final de um determinado processo) e descrevem métodos de instrução e as situações que cada um desses métodos deve ser ou não utilizado. Os métodos geralmente podem ser quebrados em componentes mais simples e não são determinísticos, mas probabilísticos.

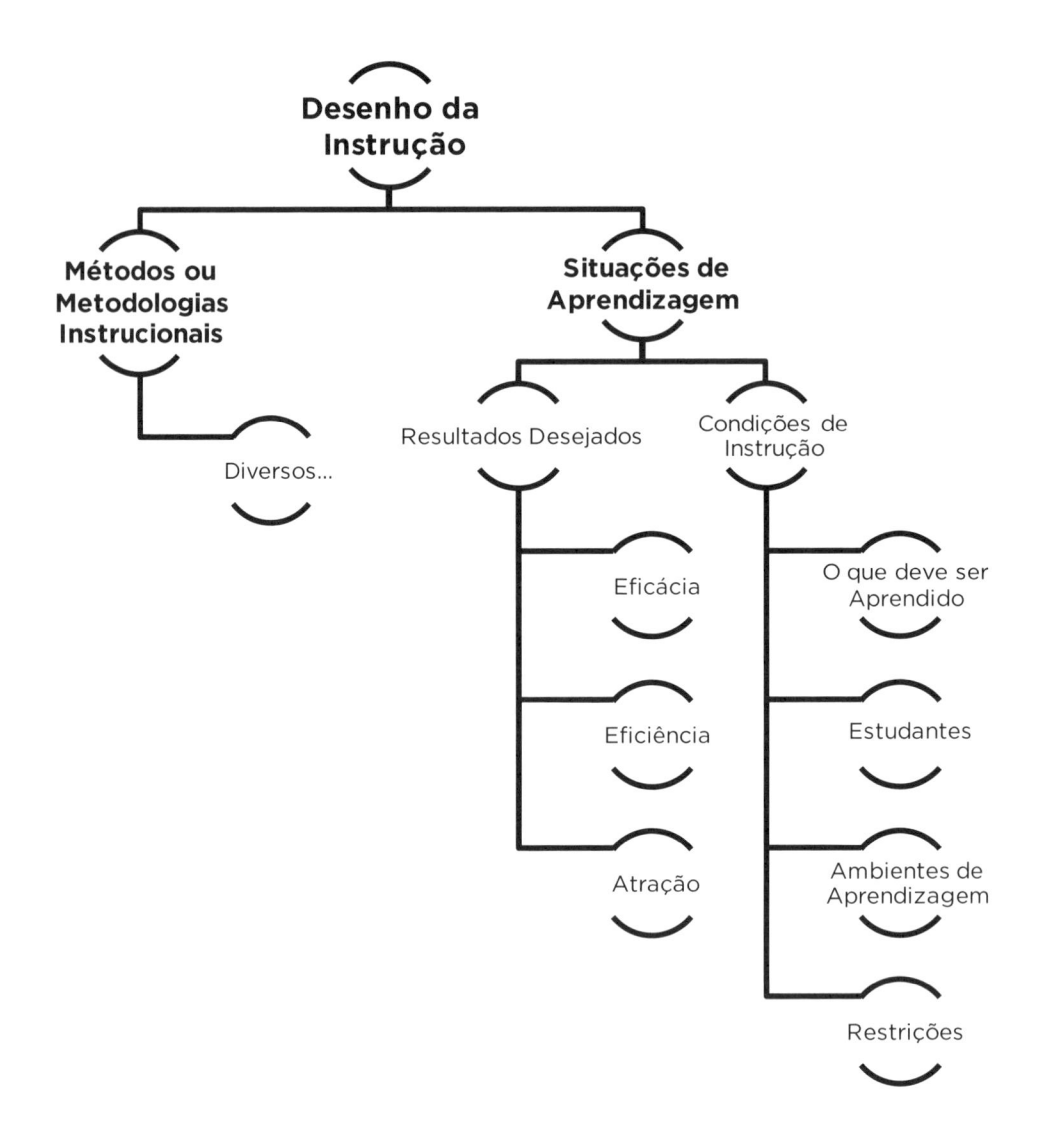

**Figura 6.4:** Esquema de "situações de aprendizagem". Fonte: Adaptação da Figura 1.1 dos componentes da Teoria do Desenho Instrucional (Reigeluth, 1999, p. 9)

Assim devemos partir da identificação das situações possíveis de serem evidenciadas. Para cada situação devemos definir os "resultados desejados" e as "condições de instrução".

Os resultados desejados devem se pautar em pelo menos três perspectivas: 1) O nível de eficácia em termos de quão bem a instrução funciona, conforme indicado pelo quão bem os objetivos de aprendizagem são atingidos (pautando-se pelo grau de proficiência). Note que o resultado (quão bem os objetivos são alcançados) é o que importa nesse item (e não o que havia sido planejado); 2) O nível de eficiência que é o nível de eficácia dividido pelo tempo/custo da instrução; e 3) O nível de atração ou encantamento que é a medida de aproveitamento das instruções pelos estudantes.

Já no que se refere às "condições de instrução" deve-se observar pelo menos quatro fatores: 1) O que deve ser aprendido (por exemplo: a simples compreensão é aprendida de forma diferente de habilidades); 2) Os estudantes (por exemplo: prioridade de conhecimento, estratégias de aprendizagem e motivação); 3) Os ambientes de aprendizagem (por exemplo: laboratórios para trabalho em grupo, salas ambiente, salas de aula etc.); e 4) As restrições do desenvolvimento instrucional (por exemplo: tempo ou custo planejado para tal instrução).

Essa identificação de situações de instrução deve levar à seleção de métodos ou metodologias mais indicadas. Temos que ter em mente que, pela sua natureza probabilística, e também pelos diversos fatores internos e externos do processo de aprendizagem, um determinado método ou metodologia pode ser mais ou menos adequado. Não se pode afirmar com 100% de certeza da efetividade de um determinado método em uma dada situação. A figura 6.4 resume essa relação entre os métodos e as situações de instrução.

O planejamento dessas situações de aprendizagem deve ser realizado e incorporado aos planos individuais dos componentes curriculares (disciplinas ou módulos). Uma vez de posse das informações das situações de aprendizagem (que idealmente devem mudar a cada período de aplicação ou turma), é o momento de escolher o método ou metodologia a utilizar para desenvolvimento de tais conteúdos ou bases tecnológicas.

## MÉTODOS DE ENSINO

São muitos os métodos de ensino ou de aprendizagem (dado que se trata apenas da mudança de perspectiva), e uma rápida busca na internet resulta facilmente em quase uma centena de diferentes métodos.

Como já dito, além de probabilísticos, os métodos geralmente são compostos, ou seja, podem ser decompostos em diversos componentes ou características, e serem utilizados de diferentes maneiras. Por fim, ao detalhar mais o método, se estabelecem critérios que um determinado método deve atender, o que potencializa o seu foco de atuação. Assim, de forma resumida, os métodos possuem *partes* (ou subcomponentes) que podem se agrupar em *tipos* ou classes (uso de diferentes maneiras) e devem possuir um *critério* (para melhor utilização).

Para exemplificar, o método PBL (aprendizagem baseada em problemas) é composto de métodos menores (*partes*), tais como exposição do problema e do cenário onde ele ocorre, formação das equipes, reflexão sobre os resultados individuais e por equipe etc. O problema pode ser apresentado de diferentes maneiras (*tipos*), assim como o cenário pode ter diferentes características. Na apresentação do problema, pode ser estabelecido o *realismo* como *critério* básico desse método.

Donald, Deborah e Kim, no livro *The act of teaching* ("O ato de ensinar", em tradução livre) (Cruickshank, Bainer & Metcalf, 2011) classificam os métodos de ensino em 4 famílias distintas: interação social, processamento de informação, pessoal e mudança comportamental. Os autores ainda identificam no capítulo 4 de seu livro mais de 60 métodos de ensino e pesquisa, muitos deles já destacados no Capítulo 2, mas que reforçamos aqui, desmembrando suas diversas componentes:

- **Analogias:** o uso de técnicas específicas para promover a criatividade nos estudantes. Por exemplo, os alunos podem ser convidados a desenvolver metáforas para descrever a mobilidade em diferentes terrenos.

- **Aprendizagem cooperativa:** os alunos são colocados em grupos de quatro a seis pessoas. Os grupos devem ser tão diversos ou heterogêneos quanto possível. Nesses casos, os membros do grupo são frequentemente recompensados pelo sucesso global do grupo. Por exemplo, grupos de alunos recebem uma apresentação do professor sobre a divisão das frações; em seguida, lhes entrega algumas planilhas a serem completadas, a partir de uma discussão sobre cada uma das questões abordadas.

- **Apresentação e palestra:** os alunos ouvem uma pessoa que fala sobre um tópico. É a forma mais usada em cursos presenciais, com exposições feitas pelo professor. Neste caso, pode ser convidado um especialista ou inventor para falar especificamente sobre um tópico.

- **Bloqueio cultural:** métodos utilizados para capacitar os alunos a "criticar" anúncios em massa e imagens de mídia que impõem estereótipos e representações seletas de indivíduos ou grupos.

- *Brainstorming*: os alunos são convidados a listar ou expor uma grande quantidade de maneiras de fazer algo, de como resolver um problema. Por exemplo, os alunos podem ser convidados a pensar o quanto eles podem fazer para eliminar a fome do mundo. Apenas após a geração de muitas ideias elas poderão, então, ser analisadas para verificação de sua pertinência ou viabilidade.

- **Centros de interesse e exibições:** coleções e exibições de materiais são usadas para promover o interesse dos alunos em temas ou tópicos específicos. Por exemplo, as crianças podem trazer à escola e exibir pertences familiares que refletem sua herança étnica. A intenção pode ser promover o interesse dos estudantes na noção de cultura. Ou, o professor pode organizar uma exibição de diferentes dispositivos usados para realizar medições a fim de provocar o interesse nesse tópico.

- **Colóquios:** um ou vários profissionais são convidados para a aula com a finalidade de serem entrevistados sobre suas atividades ou algum tema relacionado. Assim, um músico convidado, por exemplo, pode servir de estímulo para despertar o interesse pela música.

- **Debate:** uma forma de discussão em que alguns alunos apresentam e contestam diferentes pontos de vista em relação a um problema. Por exemplo, os alunos podem assumir posições diferentes e debater um problema: "Os direitos à liberdade de expressão na internet podem ser estendidos aos estudantes nas escolas?"

- **Debriefing:** um método usado para fornecer um ambiente ou plataforma para a expressão de sentimentos e transferência de conhecimento após uma experiência. O briefing pode vir de um evento trágico ou pode ser usado de forma mais geral na sequência de uma experiência intencionalmente educacional. O debriefing baseia-se nas habilidades do facilitador para reformular uma experiência ou evento para canalizar adequadamente emoções e conhecimento para a compreensão e transformação.

- **Demonstração:** um método de ensino baseado predominantemente na modelagem de conhecimentos e habilidades. Uma forma de apresentação pela qual o professor ou os alunos mostram como algo funciona ou opera, ou como algo é feito. Por exemplo, um professor pode demonstrar como usar um dicionário de sinônimos, como operar uma furadeira, como escanear uma imagem ou o que acontece quando o óleo é derramado na água quando um petroleiro afunda. Em seguida, os alunos praticam sob a supervisão do professor. Finalmente, a prática independente é feita até o ponto de proficiência.

- **Descoberta ou investigação:** o aprendizado de descoberta é usado quando os alunos são encorajados a obter sua própria compreensão ou significado para algo. Por exemplo, os alunos são convidados a descobrir o isolamento que atua como a melhor barreira para ambientes frios ou quentes. Experimentos que não são feitos por demonstrações de professores são parte do aprendizado de descoberta.

- **Discussão:** as discussões ocorrem quando um grupo se reúne e seus diferentes componentes emitem opinião sobre um dado assunto. Por exemplo, um grupo de alunos se organiza para discutir o que aprendeu sobre o aquecimento global.

- **Dramatização:** os alunos atuam por meio da dança, do drama, da música ou de outras formas de expressão. Por exemplo, formação de um "polímero" pode ser representada se diversos alunos fizerem o papel de "monômeros" e outros, de catalisadores ou enzimas que facilitam esse processo.

- **Esclarecimento de valores:** os professores lideram os alunos através de uma série de dilemas morais e éticos, como o controle de natalidade ou práticas florestais claras, para ajudá-los a esclarecer seus valores e escolhas morais.

- **Estudo de caso:** uma análise detalhada é feita de algum evento específico ou convincente ou série de eventos relacionados para que os alunos entendam melhor sua natureza e o que pode ser feito sobre isso. Por exemplo, os alunos em um laboratório de tecnologia podem investigar o desgaste que o skate pode causar em obras públicas. Outra classe pode considerar casos de tecnologias digitais com foco na privacidade.

- **Estudo independente ou estudo supervisionado:** o estudo independente ou supervisionado ocorre quando os alunos recebem uma tarefa comum a ser preenchida na escola ou como uma tarefa de estudo em casa.

- **Exercício e prática:** uma forma de estudo independente em que, depois que o professor explica uma tarefa, os alunos a praticam. Depois que é demonstrado aos estudantes como usar a Lei de Ohm, eles são convidados a fazer cálculos de corrente, resistência e tensão.

- **Feedback:** um modo semiformal de comunicar aos estudantes as críticas construtivas em relação ao seu desempenho durante uma atividade.

- **Instrução direta:** um termo usado para descrever instrução explícita, passo a passo, dirigida pelo professor. O formato ou regime defendido é demonstração, prática orientada e prática independente. Assim, o professor pode ensinar um conceito ou habilidade de leitura, matemática, geografia ou tecnologia. Em seguida, os alunos praticam sob a supervisão do professor. Finalmente, a prática independente é feita até o ponto de seu domínio.

- **Instrução e aprendizagem online:** uma abordagem autodirigida e automatizada que utiliza hipermídia (navegadores de internet etc.) para comunicação que geralmente fornece independência das restrições das salas de aula.

- **Instrução programada e automatizada:** uma forma de instrução individualizada, por meio da qual a informação é aprendida em unidades pequenas e separadas, quer através da leitura de textos programados, quer através de programas baseados em computador.

- **Instruções híbridas ou ensino híbrido:** uma combinação de métodos "face a face" (tradicional) e online.

- **Interpretação de papéis (*role playing*):** os alunos assumem o papel de outra pessoa ou personagem para ver como seria essa pessoa ou personagem. Assim, um aluno pode desempenhar o papel de um estudante imaginário de que ninguém gosta ou um repórter de notícias, por exemplo.

- **Jogos de simulação:** os alunos participam de um jogo especialmente projetado e competitivo que reflete algum aspecto da vida. Por exemplo, eles podem jogar o *Ghetto Game* para descobrir os problemas e as pressões que os habitantes do gueto enfrentam e sentir o quão difícil é melhorar o seu nível de vida. Outro jogo de simulação comercialmente disponível é o *Gold Rush* (vida e aventura em um campo de mineração de fronteira). Muitos jogos de simulação, como *Sim City*, são automatizados.

- **Jogos acadêmicos ou competição:** os alunos competem uns com os outros, ou um grupo com outro grupo, para determinar qual indivíduo ou grupo é superior em uma determinada tarefa, como *speldowns*, anagramas, trivia de tecnologia, odisseia da mente ou competição de projetos. Os jogos acadêmicos de computador (conhecidos como "jogos sérios") disponíveis no mercado também são muito populares.

- **Montagem:** Os alunos apresentam material dentro de uma estrutura formal para exibir áudio, multimídia ou artefatos visuais.

- **Observação de campo, trabalho de campo, viagem de campo:** observações feitas ou trabalho realizado em um ambiente natural. Os alunos visitam o museu de história natural para ver exibições sobre dinossauros, ou eles visitam uma pequena empresa para aprender sobre produção e marketing.

- **Problema ou problematização:** um método de ensino geral e organização do currículo e do conhecimento, onde os alunos trabalham propositadamente para uma solução, síntese ou causa. Muitas vezes chamado de aprendizagem baseada em problemas.

- **Projeto:** os alunos trabalham através de uma série de atividades e problemas que culminam com a conclusão de algo tangível (por exemplo, artefato, mídia, dramatização). Uma forma de individualização através da qual os alunos escolhem e trabalham em projetos e atividades que facilitam e apoiem o desenvolvimento de habilidades e conhecimentos. Muitas vezes, os alunos não só escolhem temas, mas também os meios de sua conduta e produção.

- **Protocolos:** os alunos estudam um ou mais registros originais de algum evento importante e depois tentam entender o evento ou suas consequências. Eles podem assistir a um filme retratando exemplos reais de discriminação e depois considerar suas causas e efeitos.

- **Questões controversas:** um método baseado em questões, dirigido por professor, que se concentra em controvérsias. Os alunos são direcionados por meio de um processo que os ajuda a entender como lidar com questões controversas e sensíveis e esclareçam essas questões em um contexto de grupo. Envolve o pensamento crítico e a análise do discurso.

- **Recitação:** os alunos recebem informações para estudar de forma independente. Eles então recitam o que aprenderam quando questionados pelo professor. Por exemplo, os alunos leem o que causa poluição, e o professor, questionando, determina a extensão e a natureza do conhecimento e compreensão obtidos.

- **Relatórios, escritos e orais:** um tema é escolhido ou proposto a um indivíduo ou grupo de indivíduos que elabora(m) um relato sobre o mesmo. Por exemplo, cada um pode ser solicitado a pesquisar sobre um planeta em nosso sistema solar, ou sobre veículos movidos a energia solar. O que eles aprendem é compartilhado com os demais, por meio de apresentações orais ou escritas.

- **Simulação:** os alunos se envolvem com algo destinado a dar a aparência ou ter o efeito de outra coisa. Assim, os alunos podem se envolver em uma simulação da Assembleia Geral das Nações Unidas para ter uma "experiência de primeira mão" com a forma como ela funciona e o que seus delegados fazem.

- **Tutoria:** uma forma de individualização, por meio da qual um professor, ou talvez um colega, auxilia um ou mais alunos, geralmente porque não estão aprendendo o suficiente com apenas instruções convencionais.

Além dos apresentados de forma resumida, existem muitos outros métodos ou metodologias de ensino. O foco em questão não é esgotar esse assunto, mas ilustrar a gama de recursos disponíveis aos professores para a tarefa de planejamento de seu trabalho.

A escolha de um ou outro método deve levar em consideração as situações de aprendizagem correlacionadas com as características de cada método.

Como o foco aqui é a abordagem de métodos ou metodologias ativas, vamos nos concentrar em algum desses métodos, que promovem a participação mais ativa dos estudantes nas atividades de aprendizagem. Nesse ponto temos que enfatizar que "métodos ou metodologias ativas" são identificados como qualquer atividade onde os estudantes ficam envolvidos em fazer algo e pensar no que estão fazendo. São atividades que tiram o estudante da posição passiva de apenas "recebedores" de informação, para uma posição mais ativa de "construtores" de sua própria aprendizagem.

Assim, qualquer atividade é válida, desde que devidamente planejada e contextualizada aos objetivos pedagógicos daquele componente curricular.

O que se observa é que existem alguns métodos/metodologias largamente utilizados e que seus resultados demonstram uma melhoria significativa na aprendizagem. Podemos criar novos métodos ou metodologias, mas para não "reinventarmos a roda", e otimizarmos nosso tempo, é prudente começarmos compreendendo os métodos/metodologias já existentes e fazermos uso dessas propostas. Com o tempo, certamente será feita a adequação e/ou reformulação desses métodos para a própria realidade e necessidade existentes.

O que é importante destacar é que a opção por planejar e integrar métodos ativos em sua prática didática não é trivial. A implementação de novas técnicas de ensino pode ser uma tarefa difícil, e sempre desafiadora. Antes de iniciar, deve-se estudar bem o método que será utilizado; deve-se ver exemplos de atividades já realizadas; e só então passar para o planejamento da atividade escolhida.

É importante iniciar devagar, com uma turma e com uma técnica simples e com atividades em grupos pequenos, mais fáceis de gerenciar; levar em consideração todos os aspectos envolvidos no método escolhido; pensar em como será facilitado o processo a cada etapa do método, como será apresentada cada atividade; quais os auxílios visuais que serão fornecidos aos estudantes; quanto tempo será destinado à atividade e ao atendimento dos estudantes; como serão realizados os debates ou discussões inerentes ao método; deve-se considerar, sobretudo, toda a logística para trazer os estudantes de volta "aos trilhos" ao final da atividade; e finalmente, ser incluído um fechamento da atividade e a utilização dos resultados de maneira focada e produtiva.

Como em toda nova atividade, sempre existirão aqueles mais céticos. Alguns estudantes podem não aceitar novas atividades. Em vez de tentar envolver todos os estudantes nas primeiras atividades, deve-se concentrar no envolvimento dos estudantes mais receptivos e propensos à mudança. O "efeito manada", geralmente acontece quando os resultados são atraentes. É também importante a retomada e a exibição dos resultados de aprendizagem dos estudantes, que podem funcionar como um quebra-gelo para os mais céticos.

De forma geral, ao planejar uma atividade utilizando um método ativo, é interessante responder às seguintes perguntas:

- Quais são seus objetivos para a atividade?
- Há necessidade de material específico? Local específico?
- Quem estará interagindo? Como os estudantes estarão posicionados para permitir essa interação? Em círculo, em fileira, grupo, ao redor de uma mesa? Terão contato com desconhecidos?
- Quando a atividade ocorre na aula? No início? Meio? Fim? Ao longo de toda ela? Quanto tempo será gasto na atividade?
- Os alunos escreverão suas respostas, ideias e perguntas ou apenas falarão sobre elas?
- Os alunos entregarão as respostas? O material entregue será identificado com o nome de seu(s) autor(es)?
- Você dará aos indivíduos um tempo para refletir sobre a(s) resposta(s) antes de sua discussão ou ela será feita imediatamente?
- Você corrigirá e dará uma nota para as respostas à atividade?
- Como os alunos compartilharão o trabalho com toda a classe? Você convocará os indivíduos aleatoriamente ou solicitará voluntários?
- Se os alunos estão respondendo a uma pergunta, ela está suficientemente clara? Será apresentado um gabarito?
- Que preparação você precisa para aplicar a atividade? E os alunos?

É importante que ocorra uma aprendizagem significativa ou seja: além de envolver os estudantes em uma postura mais ativa e responsável, é importante que a mesma tenha significado.

A matriz apresentada a seguir é uma oportunidade para o planejamento da aula fazendo uso de *blends*. A matriz é uma tela que facilita a visualização do conteúdo e, por conseguinte, a visualização do planejamento da aula, que pode ser apresentado, avaliado ou melhorado contando com o envolvimento dos estudantes.

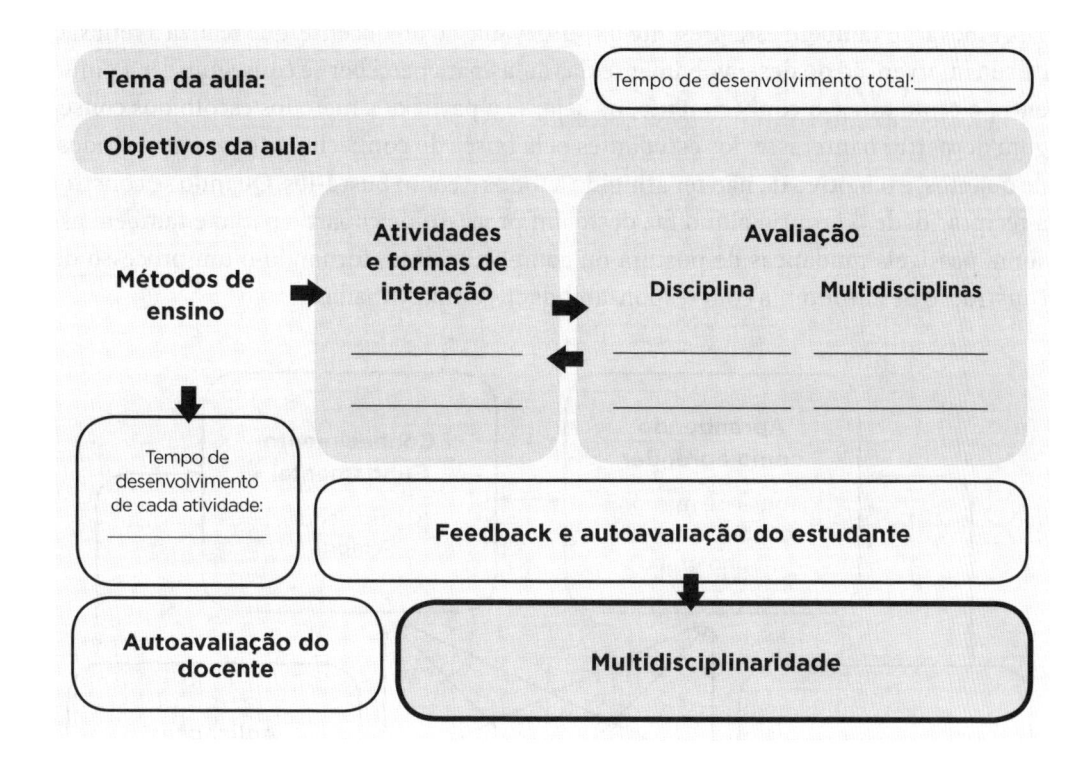

**Figura 6.5:** Matriz MAPA: *blends* educacionais

A matriz proposta poderá ser feita em folhas de papel separadas, uma para cada atividade ou aula, ou diretamente no computador. O estabelecimento de um modelo garante a homogeneidade no tratamento de cada uma das componentes que formam o *blend* daquela atividade curricular.

Na primeira linha identifica-se o tema da aula e o tempo de desenvolvimento total da mesma. Em seguida é importante elencar os seus objetivos. Na primeira coluna após os objetivos, à esquerda, há espaço para pensar o(s) método(s) de ensino que será(ão) utilizado(s) no decorrer da aula, no quadro à direita dela há espaço para documentar as atividades e formas de interação e como acontece a dinâmica de aplicação das mesmas, tendo a avaliação como ferramenta de retroalimentação e validação do(s) método(s) de ensino escolhido(s) e de rever sua possível substituição, de acordo com o perfil dos estudantes e do tema em desenvolvimento.

A avaliação, por sua vez, permite um feedback das ações realizadas, e a autoavaliação do estudante faz com que ele comece a ter voz e assuma seu protagonismo no processo de ensino-aprendizagem, apontando a reflexão pessoal e dando subsídio para validação e construção da multidisciplinaridade.

A inovação também está presente na autoavaliação do docente, que realiza a reflexão de sua intervenção no desenvolvimento das aulas para perceber se conseguiu ser a ponte entre o estudante e o conhecimento, ou seja, se a partir dos métodos escolhidos conseguiu despertar o interesse dos estudantes pela busca do conhecimento, se não de todos, de quantos, e o motivo de não ter atingido a todos e como buscá-los. Quando se constrói a reciprocidade o próprio aluno faz deste um processo de coparticipação e também assume possíveis mudanças de postura ou comportamento, tornando-o um processo de construção de autonomia com responsabilidade compartilhada.

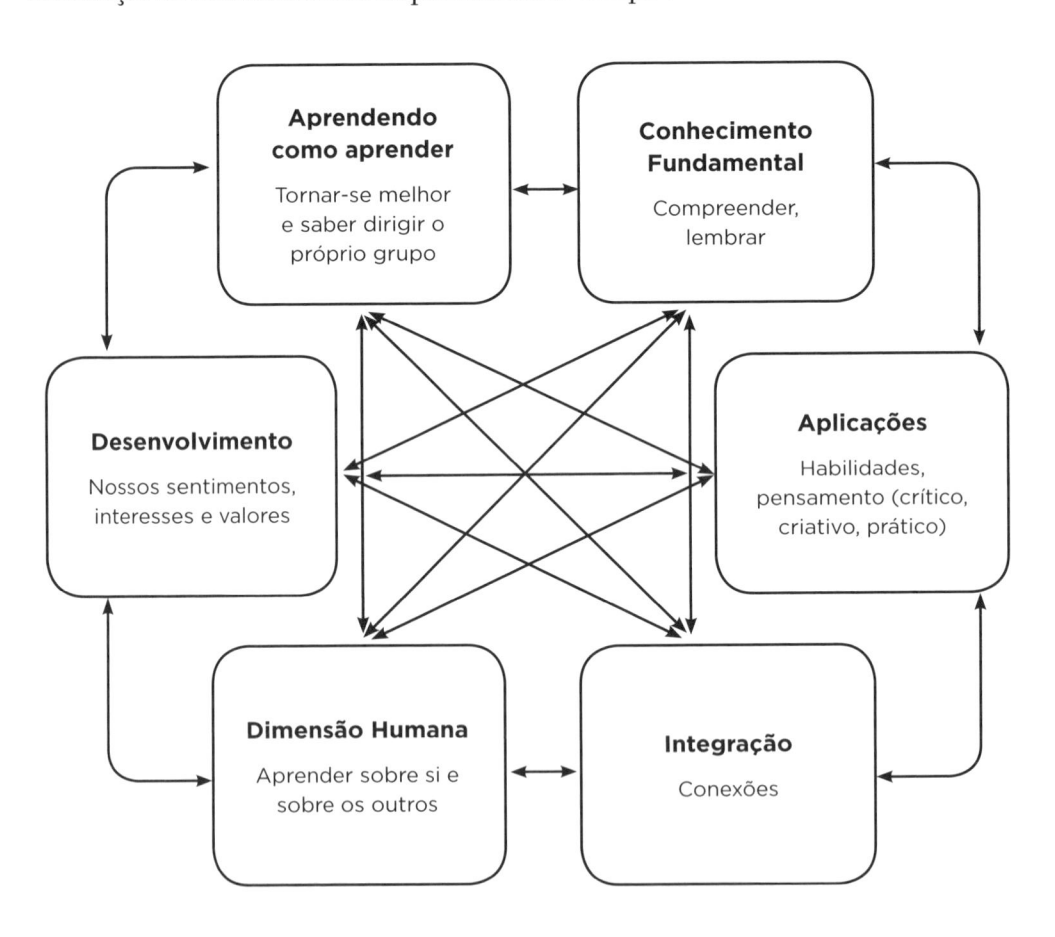

**Figura 6.6:** Taxonomia da aprendizagem significativa, adaptada de Fink, 2003, p. 30

A Taxonomia da Aprendizagem Significativa, estabelecida por Dee L Fink (2003) pressupõe que a aprendizagem acontece pelo estabelecimento da mudança nos estudantes. Se não há mudança, não existe aprendizagem. Dessa forma ele criou uma taxonomia baseada em seis categorias de aprendizagem, que se relacionam umas com as outras (Figura 6.6).

Para realizar o planejamento de cada uma dessas categorias ou etapas, dentro de um processo de ensino ativo, Fink (2003) incentiva os professores a pensarem o desenvolvimento de suas atividades, respondendo a um conjunto de questionamentos, divididos pelas seis categorias de aprendizagem propostas.

Os questionamentos são os seguintes:

### Conhecimento Fundamental

Quais são as informações importantes que os alunos devem compreender e se lembrar no futuro? (por exemplo, fatos, termos, fórmulas, conceitos, princípios, relacionamentos etc.)

Quais são as ideias-chave (ou perspectivas) importantes para os alunos entenderem neste tema?

### Aplicações

Que tipos de pensamentos são importantes para os alunos aprenderem?

- Pensamento crítico, no qual os alunos analisam e avaliam.
- Pensamento criativo, em que os alunos imaginam e criam.
- Pensamento prático, em que os alunos solucionam problemas e tomam decisões.

Quais são as habilidades importantes que os alunos precisam ganhar?

Os alunos precisam aprender a gerenciar projetos complexos?

### Integração

Que conexões (semelhanças e interações) os alunos devem reconhecer e fazer...

- Entre as ideias deste tema?
- Entre as informações, ideias e perspectivas deste tema e outros?
- Entre o material deste tema e a vida pessoal, social e profissional dos estudantes?

**Dimensão Humana**

- O que os estudantes poderiam ou deveriam aprender sobre si mesmos?
- O que poderiam ou deveriam aprender sobre os outros e/ou interagir com eles?

**Desenvolvimento**

Que mudanças/valores você espera que os alunos adotem?

- Sentimentos?
- Interesses?
- Ideias?

**Aprendendo como aprender**

Como fazer com que os alunos se apropriem das formas de aprender sobre aquele tema, a partir de sua motivação (querer ser o melhor naquele assunto), do ferramental necessário e da base que possibilite seu desenvolvimento e atualização de forma autônoma naquele tema.

Todo esse ferramental, formado pelas situações de aprendizagem, métodos de ensino e definição dos conteúdos/atividades a serem desenvolvidos deve, agora, ser integrado no contexto das atividades docentes, seja no(s) componente(s) curricular(es) em que atua (planos de ensino), seja no curso que participa (projeto pedagógico do curso), seja na Instituição em que trabalha (projeto pedagógico institucional).

É importante que haja o envolvimento dos diversos níveis decisórios, para que eventuais problemas de sobreposição de conteúdos, dosagem da quantidade de tarefas para os estudantes, alocação de espaços de aprendizagem e demais recursos didáticos sejam planejados e não impactem o desenvolvimento do itinerário formativo dos estudantes. A Figura 6.7, a seguir, ilustra a relação entre os diversos níveis decisórios institucionais e o planejamento das atividades docentes.

Essa dinâmica deve ser observada e uma alternativa segura para a sua implantação é a adoção de um padrão espiral de desenvolvimento, com crescimento contínuo, pautando-se pela avaliação dos resultados, possíveis correções, e aumento gradual da abrangência, ao longo de todo o processo educacional.

## Pirâmide (Figura 6.7)

**Aprova custos e faz as inserções no PDI e PPI.** (6)

**Direção (PDI, PPI)**

A Direção estabelece a estratégia de implantação, em cumprimento ao PDI e ao PPI. (1)

Coordenação/NDE analisa e aprova demandas pedagógicas e submete documentos para inserção no PDI e PPI. (5)

**Coordenação (PPC, NDE)**

A Coordenação identifica as disciplinas-chave do curso, coordena e auxilia sua implementação. (2)

Professores realizam o planejamento e identificam os recursos necessários (tempo, ambientes etc.). (4)

**Professores (Plano de disciplina/aula)**

O professor coletas informações sobre as situações da aprendizagem e responde às demandas. Identifica os conteúdos e aulas mais coerentes e planeja as atividades. (3)

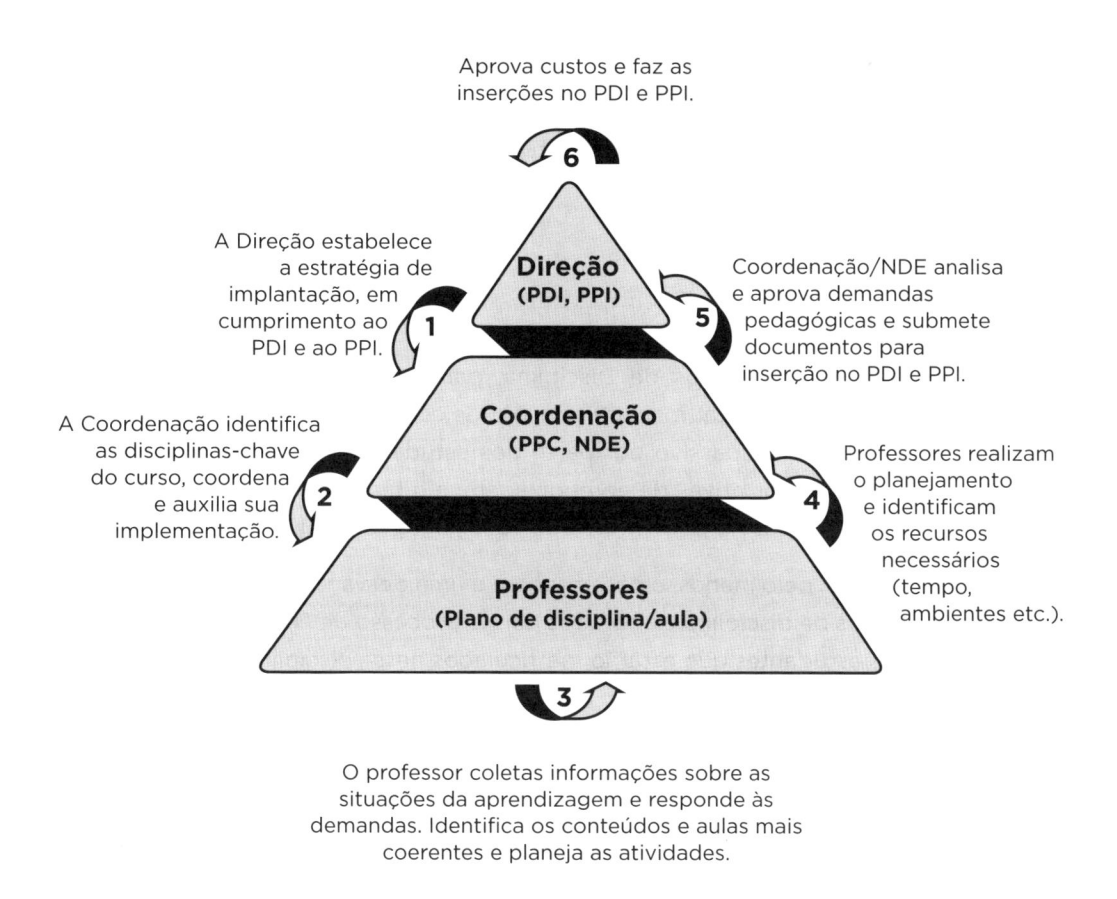

**Figura 6.7:** Etapas para a implementação de aprendizagens ativas em cursos já existentes

## PERSPECTIVAS

A implantação de metodologias ativas de aprendizagem leva a uma série de necessidades que serão tratadas nos capítulos seguintes. Inicialmente, elas tendem a exigir o registro de material instrucional e de apoio, o que leva a implicações legais e de respeito aos direitos autorais. Além disso, o envolvimento da comunidade acadêmica nesse novo projeto pedagógico deverá ser divulgado e explicado à sociedade para que haja um perfeito entendimento das mudanças e, principalmente, de seus efeitos positivos no processo de ensino-aprendizagem desenvolvido. Finalmente, as alterações propostas e aprovadas têm influência direta na infraestrutura física da instituição que deverá ser adequada ao desenvolvimento das novas atividades e permitir, em especial, que possa haver um processo de avaliação formativa que possibilite uma análise personalizada do desempenho dos estudantes.

Nesse contexto, os três próximos capítulos abordarão essas questões, visando explorar cada uma delas de maneira que possam ser trabalhadas para viabilizar a implantação de metodologias ativas e personalizadas para a aprendizagem e, os dois seguintes, exemplos de ambientes de aprendizagem e recursos de acompanhamento e avaliação hoje existentes ou em desenvolvimento.

## QUESTÕES

1) Elabore três Planos de Disciplina, para uma mesma disciplina, curso e semestre, de tal maneira que um deles seja para um desenvolvimento totalmente passivo por parte dos estudantes; outro, totalmente com metodologias ativas de aprendizagem; e o terceiro, com uma mistura de metodologias no porcentual que você julgar conveniente.

2) Aponte, pelo menos, uma vantagem e uma desvantagem de cada um dos planos de disciplina elaborados para o processo de ensino-aprendizagem dos estudantes que estarão matriculados nessa disciplina.

## REFERÊNCIAS

BAJAK, A. 2014. **Lectures Aren't Just Boring, They're Ineffective, Too, Study Finds. Science.** Disponível em: http://news.sciencemag.org/education/2014/05/lectures-arent-just-boring-theyre-ineffective-too-study-finds. Acesso em: 18/10/2017.

BARRE, B. 2015. **What is the point of a teacher?** Blog: Principled Pedagogy. Disponível em: http://www.elizabethbarre.com/blog/thepointofateacher. Acesso em: 18/20/2017.

CRUIKSHANK, D.R.; BAINER, D. & METCALF, K. **The act of teaching**. 6ª ed. Toronto: McGraw Hill, 2011.

FINK, L.D. **Creating significant learning experiences.** San Francisco, CA: Jossey-Bass, 2003.

FREEMAN, S. et al. 2014. **Active learning increases student performance in science, engineering and mathematics.** PNAS, 111(23): 8410–8415.

MEC/FUNDAÇÃO JOAQUIM NABUCO. **Manifesto dos Pioneiros da Educação Nova** (1932) e **dos Educadores** (1959). Coleção Educadores. Recife: Massangana, 2010.

PRENSKY, M. **Teaching digital natives: partnering for real learning**. Thousand Oaks, CA: Corwin, 2010.

REIGELUTH, C.M (org). **Intructional-Design Theories and Models: a new paradigm of instructional theory**. Vol II. London: Lawrence Erlbaum Associates, 1999.

# ASPECTOS LEGAIS

"Posso não concordar com uma só palavra sua, mas defenderei até a morte o seu direito de dizê-las."

**Voltaire (François Marie Arouet)**

*Direito à Vida*

*Direito à Alimentação*

*Direito à Educação*

Há que se reconhecer que a produção de todos os recursos necessários ao desenvolvimento de propostas educacionais, em especial dentro de Metodologias Ativas e Personalizadas de Aprendizagem (MAPA) e tudo o que elas envolvem, necessita de proteção legal quando de autoria do professor responsável e demandam a tutela legal ao direito do autor, quando o material utilizado tiver sido criado por um terceiro.

Deste modo, é de extrema importância ter conhecimento das implicações legais de produção e reutilização de materiais nas diversas mídias, pois, é necessário delimitar a questão envolvendo os Direitos Autorais, perceber as diferenças entre o Direito Moral e o Direito Patrimonial e, principalmente, ter noção das consequências que a lesão a estes direitos provoca.

Como já foi mencionado, as metodologias ativas de aprendizagem modificam a relação entre o professor e o aluno e este último passa a ter a responsabilidade ativa sobre sua aprendizagem, com orientação e mediação do docente. Para que isso ocorra, há intensa utilização de recursos, materiais instrucionais, produção e reutilização de materiais nas diversas mídias, que como se pode constatar, são recursos advindos de autores das mais variadas áreas do conhecimento, e que devem deter o direito sobre suas obras.

Apesar de o uso desses recursos ser cada vez maior e incontestável e, em que pese a sua habitualidade ser constante, este tem que ocorrer de maneira a não provocar lesões a terceiros de boa-fé, que no caso, são os autores dos materiais utilizados. Por isso se torna necessário conhecer e delimitar os aspectos legais para que todos os envolvidos estejam protegidos e amparados pela tutela legal.

A obra é o objeto do Direito Autoral na medida em que por este é tutelada.

Nesse aspecto, no presente capítulo, a abordagem será realizada de maneira a serem apresentados os aspectos legais vigentes que cuidam do Direito Autoral e que estão aptos a garantir os direitos do autor das obras na utilização de materiais e recursos, para a produção e efetivação das Metodologias de ensino-aprendizagem aqui tratadas.

## DISPOSIÇÕES CONSTITUCIONAIS DO DIREITO DE PROPRIEDADE QUE ENVOLVE O DIREITO DO AUTOR

A Constituição Federal, promulgada em 05 de outubro de 1988, ocupa o ápice das normas dentro do ordenamento jurídico, seguindo a doutrina clássica do Direito de Hans Kelsen, por ser a norma que organiza o Estado e que fornece aos cidadãos parâmetros para que possam balizar suas respectivas condutas.

O Direito de Propriedade se encontra na Constituição Federal como cláusula pétrea, constante do Título II — Dos Direitos e Garantias Fundamentais, no Capítulo I — Dos Direitos e Deveres Individuais e Coletivos. O art. 5º determina:

> Art. 5º — Todos são iguais perante a lei, sem distinção de qualquer natureza, garantindo-se aos brasileiros e aos estrangeiros residentes no País a inviolabilidade do direito à vida, à liberdade, à igualdade, à segurança e à propriedade, nos termos seguintes:

Dessa maneira, a propriedade está amparada constitucionalmente, por cláusula pétrea estando protegida em seus aspectos legais, como se discrimina em vários incisos desse artigo, com destaque para:

> (...)
>
> XXII — É garantido o direito de propriedade;
>
> (...)
>
> XXVII — Aos autores pertence o direito exclusivo de utilização, publicação ou reprodução de suas obras, transmissível aos herdeiros pelo tempo que a lei fixar;

XXVIII — São assegurados, nos termos da lei:

   a) a proteção às participações individuais em obras coletivas e à reprodução da imagem e voz humanas, inclusive nas atividades desportivas;

   b) o direito de fiscalização do aproveitamento econômico das obras que criarem ou de que participarem aos criadores, aos intérpretes e às respectivas representações sindicais e associativas;

XXIX — A lei assegurará aos autores de inventos industriais privilégio temporário para sua utilização, bem como proteção às criações industriais, à propriedade das marcas, aos nomes de empresas e a outros signos distintivos, tendo em vista o interesse social e o desenvolvimento tecnológico e econômico do País;

No *caput*, do art. 5º, a propriedade se acha inserida no rol das denominadas "liberdades públicas", o que significa que o Estado tem o dever de proteger os cidadãos para que possam, de maneira livre, exercer os direitos preconizados.

No inciso XXII, do art. 5º da Constituição Federal de 1988, há a proteção ao Direito de Propriedade, em um sentido amplo, assim, garantindo-se a propriedade com relação a qualquer tipo de bem, inclusive a propriedade intelectual ou incorpórea.

O direito hereditário também foi previsto na legislação constitucional, no inciso XXVII, desse mesmo artigo, atrelado ao direito exclusivo de utilização, publicação ou reprodução de suas obras pelo autor, onde se prevê que é transmissível aos herdeiros pelo tempo que a lei fixar, nesse caso já prevendo a necessidade de regulamentação pela norma infraconstitucional, que no presente caso se acha regulamentado pela Lei nº 9.610/98.

São também assegurados, constitucionalmente, nos termos do que determina o art. 5º, inciso XVIII e no que houver na legislação infraconstitucional:

   a) a proteção às participações individuais em obras coletivas e à reprodução da imagem e voz humanas, inclusive nas atividades desportivas;

   e

   b) o direito de fiscalização do aproveitamento econômico das obras que criarem ou de que participarem aos criadores, aos intérpretes e às respectivas representações sindicais e associativas.

Por fim, o inciso XXIX, que a lei assegurará aos autores de inventos industriais privilégio temporário para sua utilização, bem como proteção às criações industriais, à propriedade das marcas, aos nomes de empresas e a outros signos distintivos, tendo em vista o interesse social e o desenvolvimento tecnológico e econômico do País.

Como preleciona Lenza (2017, p. 1.168), a Constituição Federal garante em seus incisos "o direito de propriedade intelectual, quais sejam, a propriedade industrial e os direitos do autor".

Atualmente, a proteção desses direitos se dá através do INPI (Instituto Nacional de Propriedade Industrial) e da Lei nº 9.279/96, e no caso do software essa tutela ocorre por meio da Lei nº 9.609/98.

## LEGISLAÇÃO INFRACONSTITUCIONAL E O DIREITO AUTORAL

No Brasil, o registro da autoria intelectual surgiu como uma exigência da Biblioteca Nacional que o impunha como necessário ao depósito de exemplar de obra, ali efetuado, sendo uma exigência constante da Lei nº 496, de 1º de agosto de 1898. Na época, o Direito do Autor tinha por validade cinquenta anos, que eram levados em conta a partir de 1º de janeiro do ano de publicação da obra, conforme expressamente se encontrava determinado no art. 3º dessa Lei.

Conforme ensina Willington e Oliveira (2002):

> Esse regime especial permaneceu por dezenove anos (1898 a 1917). Seus efeitos incidem sobre a contagem do prazo em relação ao domínio público das obras editadas naquele período, isto é, sua utilização livre por qualquer pessoa em consequência do esgotamento do prazo de proteção (Willington e Oliveira, 2002, p. 183).

Em 1º de janeiro de 1917 entrou em vigor o Código Civil (Lei nº 3071/1916), regulamentando o Direito do Autor por meio dos arts. 649 a 673, fazendo com que não mais fosse exigido o registro prévio da obra (art. 673), mas apenas o seu depósito, resguardando o direito à sua reprodução pelo próprio autor e, durante sessenta anos após o registro de sua morte, a seus sucessores ou herdeiros.

A entrada em vigor da Lei nº 5.988, de 14 de dezembro de 1973, mantém o registro da obra como uma possibilidade (não obrigatória) e assegura direitos individuais de autores de obras coletivas o que vem a ser reforçado, como já visto, pelo inciso XXVIII e alíneas "a" e "b", da Constituição Federal de 1988.

Atualmente, encontra-se em vigor a Lei nº 9.610, de 19 de fevereiro de 1998, que estabeleceu a diferença entre autoria e direito patrimonial, tratando de forma específica os aspectos que envolvem o Direito do Autor.

Os arts. 24 a 27, da Lei nº 9.610/98, tratam dos Direitos Morais do Autor e os arts. 28 a 29 estabelecem o Direito de Propriedade com relação às obras, bem como a distinção entre os direitos que assistem ao autor e aos seus herdeiros quando houver seu óbito.

> Para detalhes, consulte:
> https://www.senado.gov.br/noticias/jornal/cidadania/Direitoautoral/not004.htm

A legislação estabelece, em ser art. 22, que "pertencem ao autor os direitos morais e patrimoniais sobre a obra que criou", diferenciando a criação e a sua exploração, especialmente comercial.

Segundo o art. 11 da Lei nº 9.610/98, autor é a pessoa física criadora de obra literária, artística ou científica; e assim sendo o autor tem direito personalíssimo sobre sua criação intelectual ao qual se denomina Direito Moral, sendo um direito irrenunciável e inalienável justamente por ter esta natureza.

Por ter um caráter personalíssimo a Lei de Direito Autoral estabelece em seu parágrafo único, do art. 11, que a proteção concedida ao autor poderá ser aplicada às pessoas jurídicas. No art. 12, para se identificar como autor, poderá o criador da obra literária, artística ou científica usar de seu nome civil, completo ou abreviado até por suas iniciais, de pseudônimo ou qualquer outro sinal convencional.

Dessa maneira, na Lei nº 9.610/98 há a distinção a respeito do Direito Moral e do Direito Patrimonial, os primeiros estando definidos nos incisos I a VII, do art. 24, como se constata:

I – o de reivindicar, a qualquer tempo, a autoria da obra;

II – o de ter seu nome, pseudônimo ou sinal convencional indicado ou anunciado, como sendo o do autor, na utilização de sua obra;

III – o de conservar a obra inédita;

IV – o de assegurar a integridade da obra, opondo-se a quaisquer modificações ou à prática de atos que, de qualquer forma, possam prejudicá-la ou atingi-lo, como autor, em sua reputação ou honra;

V – o de modificar a obra, antes ou depois de utilizada;

VI – o de retirar de circulação a obra ou de suspender qualquer forma de utilização já autorizada, quando a circulação ou utilização implicarem afronta à sua reputação e imagem;

VII – o de ter acesso a exemplar único e raro da obra, quando se encontre legitimamente em poder de outrem, para o fim de, por meio de processo fotográfico ou assemelhado, ou audiovisual, preservar sua memória, de forma que cause o menor inconveniente possível a seu detentor, que, em todo caso, será indenizado de qualquer dano ou prejuízo que lhe seja causado.

Com relação ao Direito Patrimonial não é diferente, pois, no art. 28 há a menção de que cabe ao autor o direito exclusivo de utilizar, fruir e dispor da obra literária, artística ou científica. No entanto, tem por escopo o direito de exploração econômica da obra, que nesse caso pode ser objeto de cessão de direitos por parte do autor a um terceiro, mediante contrato.

Para efeitos legais as obras protegidas se acham enumeradas nos incisos que compõem o art. 7º da Lei nº 9.610/98, que se apresenta não como um rol taxativo, mas exemplificativo como se pode constatar da transcrição do *caput,* que assim dispõe:

Art. 7º. São obras intelectuais protegidas as criações do espírito, expressas por qualquer meio ou fixadas em qualquer suporte, tangível ou intangível, conhecido ou que se invente no futuro, tais como:

I — os textos de obras literárias, artísticas ou científicas;

II — as conferências, alocuções, sermões e outras obras da mesma natureza;

III — as obras dramáticas e dramático-musicais;

IV — as obras coreográficas e pantomímicas, cuja execução cênica se fixe por escrito ou por outra qualquer forma;

V — as composições musicais, tenham ou não letra;

VI — as obras audiovisuais, sonorizadas ou não, inclusive as cinematográficas;

VII — as obras fotográficas e as produzidas por qualquer processo análogo ao da fotografia;

VIII — as obras de desenho, pintura, gravura, escultura, litografia e arte cinética;

IX — as ilustrações, cartas geográficas e outras obras da mesma natureza;

X — os projetos, esboços e obras plásticas concernentes à geografia, engenharia, topografia, arquitetura, paisagismo, cenografia e ciência;

XI — as adaptações, traduções e outras transformações de obras originais, apresentadas como criação intelectual nova;

XII — os programas de computador;

XIII — as coletâneas ou compilações, antologias, enciclopédias, dicionários, bases de dados e outras obras, que, por sua seleção, organização ou disposição de seu conteúdo, constituam uma criação intelectual.

§ 1º Os programas de computador são objeto de legislação específica, observadas as disposições desta Lei que lhes sejam aplicáveis.

§ 2º A proteção concedida no inciso XIII não abarca os dados ou materiais em si mesmos e se entende sem prejuízo de quaisquer direitos autorais que subsistam a respeito dos dados ou materiais contidos nas obras.

§ 3º No domínio das ciências, a proteção recairá sobre a forma literária ou artística, não abrangendo o seu conteúdo científico ou técnico, sem prejuízo dos direitos que protegem os demais campos da propriedade imaterial.

A Lei também especificou aquilo que não é objeto de proteção pelo Direito Autoral, nos diversos incisos de seu art. 8º:

I — as ideias, procedimentos normativos, sistemas, métodos, projetos ou conceitos matemáticos como tais;

II — os esquemas, planos ou regras para realizar atos mentais, jogos ou negócios;

III — os formulários em branco para serem preenchidos por qualquer tipo de informação, científica ou não, e suas instruções;

IV — os textos de tratados ou convenções, leis, decretos, regulamentos, decisões judiciais e demais atos oficiais;

V — as informações de uso comum tais como calendários, agendas, cadastros ou legendas;

VI — os nomes e títulos isolados;

VII — o aproveitamento industrial ou comercial das ideias contidas nas obras.

Como se vê, aquilo que não é objeto de tutela legal poderá ser utilizado, sem qualquer tipo de limitação, até porque, aquilo que é objeto de limitação foi elencado no Capítulo IV, da Lei de Direitos Autorais, sob o título "Das Limitações do Direito Autoral", nos arts. 46, 47 e 48.

Dessa maneira, não constitui ofensa aos direitos autorais, nos termos do art. 46:

I — a reprodução:

   a) na imprensa diária ou periódica, de notícia ou de artigo informativo, publicado em diários ou periódicos, com a menção do nome do autor, se assinados, e da publicação de onde foram transcritos;

   b) em diários ou periódicos, de discursos pronunciados em reuniões públicas de qualquer natureza;

   c) de retratos, ou de outra forma de representação da imagem, feitos sob encomenda, quando realizada pelo proprietário do objeto encomendado, não havendo a oposição da pessoa neles representada ou de seus herdeiros;

   d) obras literárias, artísticas ou científicas, para uso exclusivo de deficientes visuais, sempre que a reprodução, sem fins comerciais, seja feita mediante o sistema Braille ou outro procedimento em qualquer suporte para esses destinatários;

II — a reprodução, em um só exemplar de pequenos trechos, para uso privado do copista, desde que feita por este, sem intuito de lucro;

III — a citação em livros, jornais, revistas ou qualquer outro meio de comunicação, de passagens de qualquer obra, para fins de estudo, crítica ou polêmica, na medida justificada para o fim a atingir, indicando-se o nome do autor e a origem da obra;

IV — o apanhado de lições em estabelecimentos de ensino por aqueles a quem elas se dirigem, vedada sua publicação, integral ou parcial, sem autorização prévia e expressa de quem as ministrou;

V — a utilização de obras literárias, artísticas ou científicas, fonogramas e transmissão de rádio e televisão em estabelecimentos comerciais, exclusivamente para demonstração à clientela, desde que esses estabelecimentos comercializem os suportes ou equipamentos que permitam a sua utilização;

VI — a representação teatral e a execução musical, quando realizadas no recesso familiar ou, para fins exclusivamente didáticos, nos estabelecimentos de ensino, não havendo em qualquer caso intuito de lucro;

VII — a utilização de obras literárias, artísticas ou científicas para produzir prova judiciária ou administrativa;

> VIII – a reprodução, em quaisquer obras, de pequenos trechos de obras preexistentes, de qualquer natureza, ou de obra integral, quando de artes plásticas, sempre que a reprodução em si não seja o objetivo principal da obra nova e que não prejudique a exploração normal da obra reproduzida nem cause um prejuízo injustificado aos legítimos interesses dos autores.

No entanto, há que se frisar que mesmo com o estabelecimento dos direitos patrimoniais na legislação, eles não permanecem *ad infinitum,* pois, a própria lei em seu art. 41 estabelece como regra geral que os direitos patrimoniais do autor perduram por setenta anos contados de 1° de janeiro do ano subsequente ao de seu falecimento, obedecida a ordem sucessória da lei civil, com exceção de não ter deixado sucessores, caso em que a obra cairá em domínio público na data de seu falecimento, como determinado no art. 45, I, da Lei nº 9.610/98.

Segundo ainda, o art. 43 da Lei de Direitos Autorais, em se tratando de obra anônima ou pseudônima, o prazo de proteção será de setenta anos contados de 1º de janeiro do ano subsequente ao de sua divulgação.

Tendo o legislador deixado em aberto as obras cuja autoria é desconhecida, pois, nos termos do art. 45, inciso II, do diploma legal autoral, essas obras pertencem ao domínio público ressalvada a proteção legal aos conhecimentos étnicos e tradicionais, que atualmente se encontram regulamentados pelo Decreto nº 3.551, de 4 de agosto de 2000[1].

As paráfrases e paródias, que não forem verdadeiras reproduções da obra originária nem lhe implicarem descrédito, são livres nos termos do art. 47 da Lei de Direitos Autorais, assim como as obras situadas permanentemente em logradouros públicos podem ser representadas livremente, por meio de pinturas, desenhos, fotografias e procedimentos audiovisuais.

Os direitos patrimoniais com relação às obras podem ser objeto de transferência, nos termos do que dispõe o art. 49 da Lei nº 9.610/98, através de licenciamento, concessão ou cessão, no entanto, quanto ao Direito Moral este não pode ser objeto de contrato, sendo passível de nulidade condição expressa dessa natureza, como preleciona Oliver (2004, p. 125).

O licenciamento difere da cessão ou concessão. No licenciamento há a transferência do Direito de Propriedade do autor de forma parcial, mediante o pagamento de taxas para que haja sua liberação como no caso da Creative Commons que são licenças jurídicas gratuitas em sua maioria, como podem ser vistas em https://br.creativecommons.org.

---

1 Brasil, 2000. Decreto nº 3551, de 4 de agosto de 2000. Disponível em: http://www.planalto.gov.br/ccivil_03/decreto/d3551.htm. Acesso em: 27/08/2017.

A Creative Commons é uma rede que disponibiliza regras de utilização dos conteúdos disponibilizados na internet uma vez que estas quase sempre não estão evidenciadas quanto à possibilidade de sua utilização e condições de reprodução, sendo uma organização sem fins lucrativos que permite o compartilhamento e uso da criatividade e do conhecimento através de instrumentos jurídicos gratuitos. Dessa maneira, o site indica quais licenças são gratuitas, fornece ao autor da obra uma maneira de esta ser utilizada e padronizada, de forma a conceder autorização para que possa haver a sua utilização.

Essa infraestrutura oferece uma forma clara de utilização desses materiais mediante a possibilidade da atribuição dos respectivos créditos ao autor da obra, ou a possibilidade livre de sua adoção caso já se encontre assim, mas em ambos os casos sem que haja a dispensa de menção ao seu autor, nas referências ou citações.

A atribuição dos respectivos créditos também é denominada *royalty* [2], que se configura como o pagamento realizado ao autor, em virtude de ter utilizado de alguma maneira a obra de sua autoria em função de tê-la copiado total ou parcialmente e da exploração econômica do seu desmembramento em produtos.

O *royalty* é uma consequência do *copyright*, que se apresenta como o direito de realizar cópias através do uso das licenças existentes no modelo Creative Commons, que é um sistema não adotado legalmente no nosso país, mas que é utilizado por várias pessoas, se traduzindo como um costume comercial.

O sistema que utiliza os royalties para pagamento de direitos dos autores teve origem na Inglaterra, no século XVII, e é adotado pelo Brasil. O sistema do copyright, que surgiu nos Estados Unidos, limita o direito moral do autor, o que não é concebido em nossa legislação, conforme nos ensina Fragoso (2004). Essa diferença, muitas vezes não é levada em conta e os dois termos são utilizados indistintamente não retratando, com pertinência, aquilo que propõem ou o objeto visado.

A utilização das licenças é fruto da existência de inúmeros *commons* digitais que trazem facilidade como preleciona Prevedello (2013, p. 73), na medida em que o conteúdo "possa ser copiado, distribuído, editado, adaptado e utilizado como base para uma nova criação, tudo dentro das determinações dos direitos autorais e das escolhas dos próprios autores", assim se pode afirmar serem as licenças um meio facilitador de utilização dos recursos disponíveis na web sem que haja o desrespeito ao Direito Autoral ou por qualquer legislação correlata.

---

2   Fonte: https://www.significados.com.br/?s=royalty. Acesso em: 25/10/2017.

Na Figura 7.1 são listados tipos de licenças disponibilizadas:

| Tipos de licenças: https://br.creativecommons.org/licencas | | |
|---|---|---|
| | Atribuição CC BY | Esta licença permite que outros distribuam, remixem, adaptem e criem a partir do seu trabalho, mesmo para fins comerciais, desde que lhe atribuam o devido crédito pela criação original. É a licença mais flexível de todas as disponíveis. É recomendada para maximizar a disseminação e uso dos materiais licenciados. |
| | Atribuição-CompartilhaIgual CC BY-SA | Esta licença permite que outros remixem, adaptem e criem a partir do seu trabalho, mesmo para fins comerciais, desde que lhe atribuam o devido crédito e que licenciem as novas criações sob termos idênticos. Esta licença costuma ser comparada com as licenças de software livre e de código aberto *copyleft*. Todos os trabalhos novos baseados no seu terão a mesma licença, portanto quaisquer trabalhos derivados também permitirão o uso comercial. Esta é a licença usada pela Wikipédia e é recomendada para materiais que seriam beneficiados com a incorporação de conteúdos da Wikipédia e de outros projetos com licenciamento semelhante. |
| | Atribuição-Sem Derivações CC BY-ND | Esta licença permite a redistribuição, comercial e não comercial, desde que o trabalho seja distribuído inalterado e no seu todo, com crédito atribuído a você. |
| | Atribuição-Não Comercial CC BY-NC | Esta licença permite que outros remixem, adaptem e criem a partir do seu trabalho para fins não comerciais, e embora os novos trabalhos tenham de lhe atribuir o devido crédito e não possam ser usados para fins comerciais, os usuários não têm de licenciar esses trabalhos derivados sob os mesmos termos. |
| | Atribuição-Não Comercial-CompartilhaIgual CC BY-NC-SA | Esta licença permite que outros remixem, adaptem e criem a partir do seu trabalho para fins não comerciais, desde que atribuam a você o devido crédito e que licenciem as novas criações sob termos idênticos. |
| | Atribuição-Sem Derivações-Sem Derivados CC BY-NC-ND | Esta é a mais restritiva das nossas seis licenças principais, só permitindo que outros façam download dos seus trabalhos e os compartilhem desde que atribuam crédito a você, mas sem que possam alterá-los de nenhuma forma ou utilizá-los para fins comerciais. |

**Figura 7.1:** Símbolos utilizados e atribuições das licenças Creative Commons

Nesse sentido, ainda, Santos (2009, p. 149), menciona que:

> ..., o Creative Commons apresenta as seguintes vantagens: a) é um contrato entre o titular do direito autoral e aqueles que desejam utilizar a obra; b) cria padrões que possibilitam a fácil identificação dos usos concedidos e vedados pelo autor; c) oferece opções flexíveis de licenças que garantem proteção para autores e liberdade para a sociedade; d) as licenças são válidas para todos os países em que há a adoção de Creative Commons; e) permite que o autor gerencie diretamente seus direitos, autorizando e vedando o uso que julgar conveniente; f) incentiva a criação intelectual. Em síntese, possibilita o uso de obras alheias sem violação de direitos autorais.

No entanto, se o uso de obra pertencente ao seu autor não compuser o rol de licenças da Creative Commons, a licença pode ser estabelecida, assim como a cessão de direitos do autor, através da utilização de contratos específicos. Por essa razão, propomos ao final deste capítulo dois modelos de contratos, elaborados com o formalismo ditado pela legislação obrigacional civilista, motivo pelo qual poderá haver semelhança com contratos disponibilizados na web e, neste caso, qualquer semelhança será mera coincidência.

O primeiro tipo de contrato refere-se ao licenciamento de direitos autorais, ou seja, o autor cede os direitos patrimoniais de sua obra por um período especificado no próprio contrato. O outro se refere à cessão de direitos autorais, ou seja, a transferência total dos direitos patrimoniais sobre a obra, mediante pagamento estipulado previamente entre as partes, normalmente de forma expressa em contrato escrito, pois, nos termos do que dispõe o art. 50 da Lei Autoral não poder haver sua realização de forma verbal (Menezes, 2007, p. 83).

Há que se ressaltar ainda, que o art. 49, inciso IV, da Lei de Direitos Autorais, estabelece que a cessão somente terá validade no país em que se firmou o contrato e, assim, não tem validade extramuros do país.

Os contratos depois de celebrados deverão ser registrados no Cartório de Registro de Títulos e Documentos, no domicílio das partes contratantes, no prazo de vinte dias da data da assinatura para que possa surtir efeitos em relação a terceiros e caso as partes tenham domicílios diversos deverão efetuar o registro no Cartório de Registro de Títulos e Documentos dos seus respectivos municípios, nos termos do que determina o art. 127, inciso I, da Lei nº 6015/73.

No que diz respeito à preparação do material didático ou instrucional que tenha a característica de uma obra literária ou livro em específico para a proposta das metodologias ativas de aprendizagem salientadas (Metodologia Ativa e Pessoal de Aprendizagem, Sala de Aula Invertida; Educação Online e Espaços de Aprendizagem), deverá seguir os ditames da Lei nº 9.610/98, principalmente no que diz respeito à edição, tratada de forma específica no Título IV, "Da Utilização de Obras Intelectuais e dos Fonogramas", no Capítulo I do tema "Edição" da LDA (Lei de Direitos Autorais ou Lei nº 9610/98), estabelecendo como ela deverá ser feita.

Com relação à edição, nos termos do art. 53 da LDA, esta somente poderá se dar mediante contrato, pois, dispõe que:

> Mediante contrato de edição, o editor, obrigando-se a reproduzir e a divulgar a obra literária, artística ou científica, fica autorizado, em caráter de exclusividade, a publicá-la e a explorá-la pelo prazo e nas condições pactuadas com o autor (LDA, 1998, art. 53).

Para tanto, no art. 56 da referida Lei, há a menção de que uma edição corresponde a três mil exemplares, se não houver sido pactuado entre os contratantes de outro modo. Assim, em cada exemplar da obra o editor deverá, nos termos do parágrafo único, do art. 53, mencionar:

I – o título da obra e seu autor;

II – no caso de tradução, o título original e o nome do tradutor;

III – o ano de publicação;

IV – o seu nome ou marca que o identifique.

Também, cabe ao editor, nos termos do art. 62, que a obra seja editada em dois anos da celebração do contrato, salvo prazo diverso estipulado em convenção, pois, não havendo edição da obra no prazo legal ou contratual, poderá ser rescindido o contrato, respondendo o editor por danos causados, como reza o parágrafo único.

Enquanto não se esgotarem as edições a que tiver direito o editor, não poderá o autor dispor de sua obra, cabendo ao editor o ônus da prova, como determinado no art. 63 da LDA, pois, na vigência do contrato de edição, assiste ao editor o direito de exigir que se retire de circulação a edição da mesma obra feita por outrem.

Exemplos de sites com obras de domínio público:

http://www.dominiopublico.gov.br/pesquisa/PesquisaObraForm.jsp

http://portal.mec.gov.br/dominio-publico

http://www.elivros-gratis.net/livros-download-gratis.asp

https://farofafilosofica.com

Para esse efeito, considera-se esgotada a edição quando restarem em estoque, em poder do editor, exemplares em número inferior a dez por cento do total da edição, nos termos do § 2º, do art. 63.

Depois de decorrido um ano de lançamento da edição, o editor poderá vender, como saldo, os exemplares restantes, desde que o autor seja notificado de que, no prazo de trinta dias, terá prioridade na aquisição dos referidos exemplares pelo preço de saldo, como lhe faculta o art. 64 da LDA. Tal notificação deverá ser realizada via cartório, pois, somente dessa maneira o ato gozará de fé pública.

Caso a edição venha a ser esgotada e o editor, com direito a outra, não a publicar, poderá o autor notificá-lo para que o faça em certo prazo, sob pena de perder aquele direito, além de responder por danos, como disposto no art. 65 da LDA.

Com relação a modificações, cabe ao autor o direito de fazer, nas edições sucessivas de suas obras, as emendas e alterações que bem lhe aprouver. No entanto, o editor poderá opor-se às alterações que lhe prejudiquem os interesses, ofendam sua reputação ou aumentem sua responsabilidade (art. 66 e § único da Lei nº 9.610/98). Se, em virtude de sua natureza, for imprescindível a atualização da obra em novas edições, negando-se o autor a fazê-la, o editor poderá encarregar a outrem que o faça, mencionando o fato na edição, nos termos facultados pelo art. 67 da LDA.

Como se constata, a lei cuidou de amparar, no caso de edição de obra, tanto o autor no que diz respeito ao Direito Moral e de Propriedade, como o editor, com relação ao trabalho que desempenha de edição da obra, devendo toda a normatização ser seguida por ambos, sob pena de terem que responsabilizar-se por perdas e danos.

Ainda no que se refere à edição, há tratativa individualizada no art. 88 e incisos no que diz respeito à obra coletiva beneficiando o "organizador", como enfatiza SILVEIRA, 1998, p. 71, que nos termos do § 2º, do art. 17, é o seu titular, determinando que nesse caso deverão ser mencionadas as mesmas informações já citadas nos quatro incisos do art. 53 da citada lei.

No entanto, segundo o § 1º, do art. 17, qualquer dos participantes, no exercício de seus direitos morais, poderá proibir que se indique ou anuncie seu nome na obra coletiva, sem prejuízo do direito de haver a remuneração contratada.

No caso de utilização de dados, o art. 87 da Lei de Direitos Autorais estabeleceu que o titular do direito patrimonial sobre uma base de dados terá o direito exclusivo, a respeito da forma de expressão da estrutura da referida base, de autorizar ou proibir:

- I — sua reprodução total ou parcial, por qualquer meio ou processo;
- II — sua tradução, adaptação, reordenação ou qualquer outra modificação;

III – a distribuição do original ou cópias da base de dados ou a sua comunicação ao público;

IV – a reprodução, distribuição ou comunicação ao público dos resultados das operações mencionadas no inciso II deste artigo.

No preparo de material há outros recursos que podem ser utilizados sem, no entanto, ferir qualquer Direito Autoral. Pode-se mencionar, por exemplo, o direito de citação, que é livre, não constitui ofensa aos direitos autorais desde que retirados de livros, jornais, revistas ou qualquer outro meio de comunicação, de passagens de qualquer obra, para fins de estudo, crítica ou polêmica, desde que seja indicada a fonte da obra, que neste caso é obrigatória sob pena de se ter caracterizado plágio.

O plágio é considerado crime pela legislação penal brasileira e essa prática criminosa se encontra regulamentada no Código Penal, no art. 184, com redação dada pela Lei nº 10.695, de 1º de julho de 2003, assim dispondo:

Art. 184. Violar direitos de autor e os que lhe são conexos:

Pena — detenção, de 3 (três) meses a 1 (um) ano, ou multa.

§ 1º Se a violação consistir em reprodução total ou parcial, com intuito de lucro direto ou indireto, por qualquer meio ou processo, de obra intelectual, interpretação, execução ou fonograma, sem autorização expressa do autor, do artista intérprete ou executante, do produtor, conforme o caso, ou de quem os represente:

Pena — reclusão, de 2 (dois) a 4 (quatro) anos, e multa.

§ 2º Na mesma pena do § 1º incorre quem, com o intuito de lucro direto ou indireto, distribui, vende, expõe à venda, aluga, introduz no País, adquire, oculta, tem em depósito, original ou cópia de obra intelectual ou fonograma reproduzido com violação do direito de autor, do direito de artista intérprete ou executante ou do direito do produtor de fonograma, ou, ainda, aluga original ou cópia de obra intelectual ou fonograma, sem a expressa autorização dos titulares dos direitos ou de quem os represente.

§ 3º Se a violação consistir no oferecimento ao público, mediante cabo, fibra ótica, satélite, ondas ou qualquer outro sistema que permita ao usuário realizar a seleção da obra ou produção para recebê-la em um tempo e lugar previamente determinados por quem formula a demanda, com intuito de lucro, direto ou indireto, sem autorização expressa, conforme o caso, do autor, do artista intérprete ou executante, do produtor de fonograma, ou de quem os represente:

Pena — reclusão, de 2 (dois) a 4 (quatro) anos, e multa.

§ 4° O disposto nos §§ 1°, 2° e 3° não se aplica quando se tratar de exceção ou limitação ao direito de autor ou os que lhe são conexos, em conformidade com o previsto na Lei nº 9.610, de 19 de fevereiro de 1998, nem a cópia de obra intelectual ou fonograma, em um só exemplar, para uso privado do copista, sem intuito de lucro direto ou indireto.

As formas de plágio são: Direto, Indireto, de Fontes, Consentido e Autoplágio.

O Plágio Direto se configura quando há a cópia literal do texto original sem que haja qualquer indicação de fonte ou referência do autor, não havendo indicação de ser uma citação. No Plágio Indireto, a reprodução das ideias extraídas de um texto original ocorre com as próprias palavras, sem que haja referência à fonte.

Também pode ser que se incorra na elaboração dos materiais em Plágio de Fontes que se dá quando as citações são imprecisas. Isto pode acontecer deliberadamente quando o redator utiliza as fontes do autor consultado como se tivessem sido consultadas em primeira mão. Se o redator não teve acesso à fonte citada deve deixar claro para o leitor que o texto apresentado foi obtido por meio de fonte secundária. Neste caso deve usar a expressão latina apud (citado por) ou expressão semelhante no texto elaborado.

O Plágio Consentido se configura por situações envolvendo conluio, isto é, combinação entre duas ou mais pessoas com o objetivo de obter vantagem em alguma situação. Caso trabalhos entregues com o nome de determinado aluno, mas que foram realizados por outras pessoas; trabalhos que foram realizados por outros e já apresentados na Instituição X, mas são cedidos para serem entregues como se fossem originais na Instituição Y. Também é o caso de trabalhos que são comprados de escritórios especializados neste tipo de (des)serviço acadêmico.

Ainda, poderá ocorrer o Autoplágio, que assim se apresenta quando trabalhos acadêmicos do mesmo autor que já foram apresentados para avaliação em uma determinada disciplina, curso, revista etc. são reapresentados para cumprir exigências acadêmicas ou obter nota como se fossem originais.

Como ensina Bittar (2005):

> A configuração do plágio ocorre com a absorção do núcleo da representatividade da obra, ou seja, daquilo que a individualiza e corresponde à emanação do intelecto do autor. Diz-se então que, com a imitação dos elementos elaborativos, é que uma obra se identifica com outra, frente à identidade de traços essenciais e característicos (quanto a tema, a fatos, a comentários, a estilo, a forma, a método, a arte, a expressão, na

denominada *substantial identity*), encontrando-se aí o fundamento para a existência do delito (Bittar, 2005, p. 150).

Dessa forma, muitas são as maneiras de ocorrência de plágio, devendo, nesse caso, quem vai trabalhar com a preparação de material instrucional acadêmico se acautelar e tomar as providências no sentido de observar se as fontes das obras e demais materiais didáticos estão sendo citadas.

Na preparação de materiais instrucionais pode ser necessário o uso de imagens que constam na internet e, com relação a estas, de um modo geral podem ser utilizadas, desde que citadas as fontes nas referências do trabalho. No caso de não ser indicada a fonte, haverá desrespeito ao Direito Autoral na internet e a responsabilização pelo ato, podendo ser configurado plágio e incorrendo em conduta criminosa, além de ter que reparar o dano na área cível.

Os Tribunais têm decidido quanto à reparação do dano, inclusive, moral, quando há o desrespeito ao Direito Autoral na internet. Como exemplo se pode verificar:

> TJ-SP — Apelação APL 01483957620108260100 SP 0148395-76.2010.8.26.0100 (TJ-SP)
>
> *Data de publicação: 06/08/2013*
>
> *Ementa: DIREITOS AUTORAIS. AÇÃO DE INDENIZAÇÃO. PLÁGIO DE ARTIGO VEICULADO NA INTERNET. I-Utilização indevida, na espécie, de obra alheia pela apelante. Plágio configurado. Prática, ex vi legis, que importa em dano moral. Aplicação do disposto no art. 108 da Lei n. 9.610/98. II-Alegação de anterioridade do texto. Ausência, no entanto, da mínima verossimilhança da alegação. Exibição de monografia que se revelou como tentativa de alteração dos fatos, valendo à ré a correta aplicação da penalidade por litigância de má-fé. III-Danos morais. Arbitramento em R$-10.000,00 (dez mil reais). Adequação. Observância ao disposto no art. 944 do Código Civil. SENTENÇA MANTIDA. APELO IMPROVIDO.* Encontrado em: 3ª Câmara de Direito Privado 06/08/2013 — 6/8/2013 Apelação APL 01483957620108260100 SP 0148395
>
> *TJ-SP — Apelação APL 10712248420148260100 SP 1071224-84.2014.8.26.0100 (TJ-SP)*
>
> Data de publicação: 01/09/2015
>
> Ementa: APELAÇÃO. RESPONSABILIDADE CIVIL EXTRA CONTRATUAL CUMULADA COM OBRIGAÇÃO DE FAZER. DIREITO AUTORAL. CONTRAFAÇÃO. FOTOGRAFIAS. UTILIZAÇÃO NA INTERNET PARA COMERCIALIZAR

OS SERVIÇOS PRESTADOS PELAS RÉS. PRELIMINAR. ILEGITIMIDADE PASSIVA. RÉU GRUPO BUSCAPÉ. Empresa que atua como prestadora de serviço de publicidade eletrônica, por meio de endereço eletrônico em que consumidores podem pesquisar e comparar preços de produtos e serviços oferecidos por diversas empresas. Ausência de ingerência de conteúdo. Carência de ação reconhecida. Inversão do julgamento. Arbitramento dos honorários advocatícios sucumbenciais. MÉRITO. CONDUTA ILÍCITA. Comprovação de autoria da fotografia veiculada em site agregador de ofertas. Violação de direito autoral caracterizada. Existência de contrato de cessão de direitos autorais celebrado com terceiro produz efeitos apenas entre as partes e não prejudica os interesses do autor da obra. Caberia à ré provar que o autor alienou por inteiro o direito ao cedente ou mesmo autorizou a sua utilização por terceiro (art. 29 da Lei n. 9.610/98). DANOS MATERIAIS. Apuração em fase de liquidação de sentença. Extensão dos danos limitada à pretensão deduzida pelo autor na petição inicial (R$3.000,00). DANO MORAL. CARACTERIZADO. Presunção de sua existência. Lesão a direito da personalidade. Indenização devida, mas reduzida. Aplicação que se justifica para evitar que o usuário da imagem sem consentimento tenha o mesmo gasto que os que celebram o contrato previamente. JUROS MORATÓRIOS. Possibilidade de análise de ofício por se tratar de matéria de ordem pública. Ausência de reformatio in pejus na hipótese. Incidência de juros moratórios a contar do evento danoso. Regra do art. 398 do CC. Súmula n. 54 do STJ. VERBAS DE SUCUMBÊNCIA REDISTRIBUÍDA DE ACORDO COM O RESULTADO DO JULGAMENTO. Recurso do réu Buscapé provido. Recurso da ré Zarpo Viagens provido em parte. Recurso adesivo do autor provido em parte. Encontrado em: 4ª Câmara de Direito Privado 01/09/2015 — 1/9/2015 Apelação APL 10712248420148260100 SP 1071224

TJ-PB — APELACAO APL 00052203920138152003 0005220-39.2013.815.2003 (TJ-PB)

Data de publicação: 19/10/2015

Ementa: APELAÇÃO. AÇÃO DE OBRIGAÇÃO DE FAZER C/C INDENIZAÇÃO POR DANOS MORAIS E MATERIAIS E PEDIDO DE ANTECIPAÇÃO DE TUTELA. DIREITOS AUTORAIS. UTILIZAÇÃO DE FOTOGRAFIA EM SITE DE INTERNET SEM AUTORIZAÇÃO DO AUTOR. REPROVABILIDADE DA CONDUTA DA RÉ. DANOS MORAIS. RECONHECIMENTO. RAZOABILIDADE NA FIXAÇÃO. DANOS MATERIAIS NÃO CONFIGURADOS. FALTA DE PROVA DO PREJUÍZO PATRIMONIAL. DIVULGAÇÃO DA AUTORIA EM JORNAL DE GRANDE CIRCULAÇÃO. ARTIGO 108, II, DA LEI DE DIREITOS

> AUTORAIS. ABSTENÇÃO DE UTILIZAÇÃO DA OBRA CONTRAFEITA. HONORÁRIOS SUCUMBENCIAIS (ART. 20, § 3º, CPC). PROVIMENTO PARCIAL DO RECURSO. - Evidenciada a violação ao direito autoral, consistente na divulgação da imagem sem autorização do autor ou menção ao seu nome, os danos que daí advêm dispensam comprovação específica, sendo presumidos. O direito à reparação moral, em tal caso, decorre da própria lei que regula a matéria, nos arts. 24, inc. I, e 108, caput, da Lei nº 9.610/98. — Neste viés, exsurge que a indenização por dano moral deve ser fixada mediante prudente arbítrio do Juiz, de acordo com o princípio da razoabilidade. O valor não pode ensejar enriquecimento sem causa, nem pode ser ínfimo, a ponto de não coibir a reincidência em conduta negligente. — Diferentemente dos danos morais, os quais prescindem de prova para demonstrar a violação do moral humano, os danos materiais não se presumem, não sendo lícito ao magist (TJPB — ACÓRDÃO/DECISÃO do Processo Nº 00052203920138152003, 4ª Câmara Especializada Cível, Relator DES JOAO ALVES DA SILVA, j. em 19-10-2015)

Como se constata, são exemplos de julgamentos que reconhecem ter havido desrespeito ao Direito Autoral na internet e por essa razão dão ensejo a responsabilização por parte de quem o pratica.

Nesse mesmo diapasão, a utilização de músicas e vídeos do YouTube devem sempre ser feitas citando sua fonte, mediante autorização do autor ou de alguma maneira restar evidenciado que o seu uso é permitido. Nesse caso, uma alternativa viável é não disponibilizar o vídeo completo no material didático, pois, se for um curso online deve-se indicar o link do vídeo ou obra, pois, isso não caracteriza publicação ou distribuição de obra que pertence a outra pessoa.

No entanto, se a obra estiver em domínio público, pode ser usada livremente, desde que haja a citação e reconhecimento de sua autoria, pois, como preleciona CHAVES, 1987, p. 441, ao se referir às modalidades e extensão da proteção à música ressalta "aplica-se às obras musicais proteção análoga à dispensada às demais produções intelectuais".

Como exemplo das consequências da não observância ao respeito pelo Direito Autoral com relação à reprodução de obra musical, se pode exemplificar:

> *TJ-RS — Apelação Cível AC 70037875424 RS (TJ-RS)*
>
> *Data de publicação: 09/03/2015*
>
> *Ementa:* APELAÇÃO CÍVEL. RESPONSABILIDADE CIVIL. PROPRIEDADE INTELECTUAL. DIREITO AUTORAL. INDENIZAÇÃO POR DANO MORAL. REPRODUÇÃO DE OBRA MUSICAL. TOQUES MUSICAIS. "RINGTONES".

*DISPONIBILIZAÇÃO NA DA INTERNET. FRACIONAMENTO DA OBRA. INERENTE À MODALIDADE DE REPRODUÇÃO. AUSÊNCIA DE IDENTIFICAÇÃO DA AUTORIA DA OBRA. DEVER DE INDENIZAR CONFIGURADO. HONORÁRIOS ADVOCATÍCIOS. REDISTRIBUIÇÃO DOS ÔNUS SUCUMBENCIAIS. DENUNCIAÇÃO À LIDE. LIMITE DA DISCUSSÃO. Trata-se de examinar apelações interpostas em razão da sentença de parcial procedência proferida nos autos da presente ação de indenização por dano moral decorrente de violação de direito autoral em obra musical. No caso, disponibilização na internet de trecho de música do autor como ringtone sem informação de sua autoria. Com relação ao fracionamento da música, embora o inc. IV do art. 24 da Lei nº 9.610/98 assegure ao demandante o direito de manter a obra íntegra, o caso concreto não evidencia que tenha sido ofendido qualquer direito do demandante com relação à reprodução da música no formato ringtone, mesmo que fracionada como alega a parte autora, pois ausente prova de prejuízo à honra ou reputação do autor. É sabido que a veiculação de músicas no formato discutido nesta ação não suporta a reprodução integral da obra, mas apenas parte dela, possibilitando a identificação da obra e do artista. De outro lado, a referida legislação alberga a reprodução de trechos da obra sem que haja prejuízo à exploração normal... da obra ou aos interesses do autor, conforme disposto no artigo 46 da Lei nº Lei nº 9.610/98. No que tange à ausência de identificação da autoria da obra, o art. 24, inc. II do mesmo diploma legal confere o direito moral ao autor de ter seu nome anunciado na utilização da obra, obrigação que cabia à parte ré e que não foi atendida de forma adequada no caso. Relativamente à determinação do quantum indenizatório, tenho que a partir dos comemorativos do caso concreto a indenização fixada em sentença encontra...*

Também se admite o uso de materiais publicados pelo Ministério da Educação, Governos de Estado e na Rede Pública, mas como estes são protegidos por direitos autorais, sejam eles disponibilizados em sites públicos ou privados, em um primeiro momento se deve consultar se a sua utilização é de alguma maneira permitida, pois, mesmo o material estando postado em um portal público este se submete às regras estabelecidas na Lei nº 9.610/98, sob pena de se estar ferindo o Direito Autoral, o que certamente gerará a correspondente responsabilização.

Com relação ao uso de fotografias, algumas hipóteses merecem a devida atenção assim, como exemplo, vejamos duas situações hipotéticas:

1) **Professor-autor que utiliza fotografias de obras de arte de sua autoria:** Nesse caso é o detentor do Direito Autoral da foto que tirou, no entanto, não detém os direitos da imagem da obra retratada, devendo, nesse caso ter a autorização, de preferência por escrito, do detentor dos direitos autorais.

2) **Fotografias de pessoas tiradas pelo professor-autor:** Nesse caso as pessoas retratadas devem autorizar o uso de sua imagem, constando no documento de autorização a finalidade da fotografia e qual será a sua utilização. Existem alguns casos em que é dispensada a autorização por tratar-se de pessoas públicas, no exercício de cargos públicos, envolvendo o interesse e informação de toda a sociedade.

Outro aspecto que deve ser levado em consideração na preparação dos materiais instrucionais é o fato de existirem várias obras sob a situação de domínio público, que são aquelas de livre reprodução e utilização. No entanto, em que pese tal circunstância, as referências devem sempre ser citadas.

Para Fragoso (2009):

> O domínio público no Direito Autoral assenta-se numa regra objetiva, de limitação temporal da duração do próprio direito em seu aspecto patrimonial. Tal regra, por sua vez, está vinculada ao princípio geral pelo qual, uma vez encerrado, caem as obras em domínio público, permitindo-se sua livre utilização — sem prejuízo do respeito aos direitos morais de integridade e paternidade dos autores, imprescritíveis e que constituem uma questão de interesse público a ser garantida pelo Estado, a teor do que dispõe o parágrafo 2º do artigo 24 da LDA. (Fragoso, 2009, p. 331).

Mesmo com a utilização dos sites de domínio público, não se pode deixar de citar a fonte e indicar o autor das obras utilizadas, sob pena de se ferir o Direito Autoral, nesse caso, o Direito Moral, que como já mencionado é imprescritível e irrenunciável.

## PERSPECTIVAS

Foram aqui apresentados alguns aspectos legais e possibilidades de proteção do Direito do Autor, com destaque para a diferença entre o Direito Moral e o Direito Patrimonial que compõem o rol de direitos pertencentes ao criador da obra, suas limitações e possibilidades de utilização, principalmente de materiais e obras disponibilizados via web.

No entanto, cabe ressaltar que são alguns apontamentos eivados de possibilidades e situações fáticas, que servem de parâmetro para a utilização de obras sem que haja o descaso para com o Direito Autoral, que não pode se ver desrespeitado pelo surgimento de tecnologias, inclusive as inovações trazidas no âmbito educacional em que se encontram as metodologias tratadas neste livro.

Os recursos tecnológicos devem ser estimulados, seu uso incentivado e a criação dos mecanismos para sua implementação não podem de forma alguma justificar um rompimento com o Direito Autoral. O respeito às normas que tutelam os direitos do criador deve, nesse contexto, servir de incentivo àquele que está em alguns momentos reproduzindo através e a partir da utilização de obras pertencentes a terceiros, e em outros, está surgindo e também se apresentando em uma condição de autor. Dessa forma deve respeitar para ser respeitado, com relação à obra que surge após a composição e utilização dos recursos já existentes, fruto do intelecto de seres humanos que o antecederam.

Nesse sentido, sem a pretensão de se esgotar a temática, ressaltamos a necessidade de sempre se citar a fonte de onde as obras advieram, para que dessa maneira a tecnologia possa estar de mãos dadas com o Direito Autoral. Essa postura vai preservar a dignidade da pessoa humana, através do Direito Moral e de Propriedade, dos quais fazem jus os autores, pelo legado deixado à humanidade, evidenciado nas obras que compõem o acervo cultural do País e de outros Estados estrangeiros.

## QUESTÕES

A partir dos modelos apresentados, elabore contratos para:

1) Obtenção de licença dos direitos autorais de um livro escrito por você, adequando ao caso específico, todos os artigos do modelo apresentado;

2) Realização da cessão dos direitos autorais de um conjunto de videoaulas feitas por você, para uso por uma Instituição de Ensino, mas com a permissão de que você as utilize em disciplinas sob sua responsabilidade em cursos presenciais.

## REFERÊNCIAS

BITTAR, C.A. **Direito do autor**. 4.ed. Rio de Janeiro: Forense Universitária, 2005.

CHAVES, A. **Direito de autor: princípios fundamentais**. Rio de Janeiro: Forense, 1987.

FRAGOSO, J.H. **Royalties e copright — Confusão entre royalties e copyright prejudica direito de autores**. Disponível em: https://www.conjur.com.br/2004-abr-16/confusao_ termos_ prejudica_direito_autores_pais. Acesso em: 25/10/2017.

FRAGOSO, J.H.R. **Direito autoral: da antiguidade à internet**. São Paulo: QuartierLatin, 2009.

KELSEN, H. **Teoria pura do Direito**. 8.ed. São Paulo: Martins Fontes, 2009.

LENZA, P. **Direito constitucional esquematizado**. 21.ed. São Paulo: Saraiva, 2017.

MARTINS, G.V. **A proteção autoral e a preservação dos conhecimentos étnicos e tradicionais no ordenamento jurídico brasileiro**. III Encontro Internacional dos Direitos Culturais. Disponível em: file:///C:/Users/RAFA/Downloads/A_PROTE%C3%87%C3%83O_AUTORAL _E_A_PRESERVA%C3%87%C3%83O_DOS_CONHECIMENTOS_%C3%89TNICOS_E_ TRADICIONAIS_NO_ORDENAMENTO_JUR%C3%8DDICO_BRASILEIRO.pdf. Acesso em: 23/08/2017.

MENEZES, E.D. **Curso de Direito Autoral**. Belo Horizonte: Del Rey, 2007.

OLIVER, P. **Direitos autorais da obra literária**. Belo Horizonte: Del Rey, 2004.

PERASSO, V. **O que é a 4ª Revolução Industrial — e como ela deve afetar nossas vidas.** Disponível em: http://www.bbc.com/portuguese/geral-37658309. Acesso em: 23/08/2017.

PREVEDELLO, C.F. **Design Educacional na Produção de Materiais Didáticos Digitais**. Pelotas: PACC/DED/CAPES/IFSul, 2013.

SANTOS, M. **Direito autoral na era digital: impactos, controvérsias e possíveis soluções**. São Paulo: Saraiva, 2009.

SCHWAB, K. **A quarta revolução industrial**. Tradução: Daniel Moreira Miranda. São Paulo: Edipro, 2016.

SILVEIRA, C.B. **O Que é Indústria 4.0 e Como Ela Vai Impactar o Mundo**. Disponível em: https://www.citisystems.com.br/industria-4-0. Acesso em: 23/08/2017.

SILVEIRA, N. **A propriedade intelectual e as novas leis autorais**. 2.ed. São Paulo: Saraiva, 1998.

WILLINGTON J. & OLIVEIRA, J.N. **A nova lei brasileira de Direitos Autorais**. 2.Ed. Rio de Janeiro: Lumen Juris, 2002.

## MODELOS DE CONTRATOS

**MODELO DE CONTRATO**
**LICENCIAMENTO DE DIREITOS AUTORAIS**

**DAS PARTES**

**I — FULANO DE TAL**, qualificação completa (nacionalidade, estado civil, profissão, portador do RG nº _____ e do CPF nº _____, com endereço residencial nesta cidade de _____, na Rua _____, nº _____, CEP _____ e endereço comercial na Av. _____, nº _____, CEP _____, doravante denominado(a) CEDENTE.

**II — CICRANO DE TAL**, qualificação completa (nacionalidade, estado civil, profissão, portador do RG nº _____ e do CPF nº _____, com endereço residencial nesta cidade de _____, na Rua _____, nº _____, CEP _____ e endereço comercial na Av. _____, nº _____, CEP _____, doravante denominado(a) CESSIONÁRIO(A).

Resolvem de comum acordo celebrar o presente Contrato de Licenciamento nos termos da Lei nº 6.910/98 e demais legislações pertinentes e vigorantes, estabelecendo, para tanto, as cláusulas e condições que aduzem:

**CLÁUSULA PRIMEIRA — DO OBJETO**

O CEDENTE, titular dos direitos autorais sobre as obras _____ _____, autoriza sua utilização pelo(a) CESSIONÁRIO(A), de forma não exclusiva, para comunicação ao público, incluindo a exibição pública; reprodução por qualquer processo, incluindo a digitalização; distribuição; divulgação e colocação à disposição do público, por quaisquer meios e suportes, pelo prazo ou período de _____ a _____, pelo valor de R$_____,00 (escrever o valor por extenso), a ser depositado na Conta Corrente de titularidade do Cedente, Banco _____, Agência_____, nº c/c _____, cujo comprovante de depósito será considerado o recibo de pagamento.

**CLÁUSULA SEGUNDA — DAS OBRIGAÇÕES**

São obrigações das partes:

**I — do(a) CEDENTE:**

a) Fornecer todas as autorizações necessárias pelo período estipulado nesse contrato, que tenham relação com a(s) obra(s) cedida, incluindo-se caso haja necessidade autorização expressa de outros participantes da obra, tais como autorização para uso de imagens, voz, sons etc.

b) A título gratuito licenciar à cessionária, os direitos de comunicação ao público, incluindo a exibição pública; reprodução por qualquer processo, incluindo a digitalização; distribuição; divulgação e colocação à disposição do público, por quaisquer meios e suportes.

c) Autorizar qualquer forma de publicidade que envolva a(s) obra(s), no caso de divulgação do evento em que serão utilizadas.

d) Entregar, em formato digital uma unidade das artes finais do livro e revista em arquivos abertos em alta resolução, bem como uma unidade do DVD produzido em Fita Máster — formato Beta ou qualquer outro.

e) Apresentar as informações que forem necessárias referentes a(s) obra(s) para que sejam cadastradas nos bancos de dados exigidos e ainda, estar a disposição para o fornecimento de informações e documentações que forem necessárias ao bom uso/utilização da(s) obra(s), tais como:

1. descrição completa da(s) obra(s) ou dos produtos de autoria do cedente;

2. data, nome e local, bem como a identificação do município, estado e país;

3. nome completo dos autores e artistas intérpretes, pseudônimos, endereço fixo, telefone, e-mail ou outra forma de contato.

4. especificações das publicações como: formato aberto, formato fechado, tipo de papel (capa e miolo), cor (capa e miolo), nº de páginas e acabamento.

**II — DA(O) CESSIONÁRIA(O):**

a) selecionar, cadastrar, indexar, controlar e disponibilizar os produtos;

b) informar e divulgar que o uso dos produtos seja sempre acompanhado dos devidos créditos do autor e artistas intérpretes; e

c) zelar pela preservação digital dos produtos.

**CLÁUSULA TERCEIRA — DAS CONDIÇÕES**

São condições do presente Termo:

I — O(a) Concedente declara que é o titular único e legítimo dos direito autorais patrimoniais e sobre todos os produtos licenciados, podendo deles dispor, a qualquer título, inclusive ceder seus direitos patrimoniais de autor; isenta, nesse sentido, a Cessionária de qualquer responsabilidade referente à utilização das obras licenciadas, responsabilizando-se por qualquer questionamento referente à titularidade dos direitos patrimoniais dessas obras.

II — A Cessionária terá total autonomia para usar as obras e produtos dela decorrentes, sem que seja necessário celebrar novo Contrato de Licenciamento de Direito Autoral.

III — A Cessionária deverá observar fielmente o objeto do presente Contrato, não o alterando de qualquer forma.

IV — O presente contrato de licenciamento de direitos autorais não transfere à Cessionária qualquer direito exclusivo de utilização das obras sob seu abrigo.

V — Fica vedado o uso da obra ou de qualquer produto ou publicidade decorrente de sua utilização que possa violar a moral e os bons costumes sob pena da Cessionária arcar de forma exclusiva com as penalidades aplicáveis pela legislação e por perdas e danos.

VI — A Cessionária fica autorizada a promover quantas edições, totais ou parciais, se fizerem necessárias e em qualquer número de exemplares, bem como a distribuição da mesma durante o prazo de utilização da obra objeto deste Contrato.

**CLÁUSULA QUARTA — DA VIGÊNCIA**

O presente instrumento vigorará durante o período de _____ a _____ objeto desse Contrato de licenciamento estando protegido por direito autoral, podendo ser denunciado a qualquer momento mediante acordo comum entre as partes.

**CLÁUSULA QUINTA — DO FORO**

Fica eleito o foro da Comarca _____ para a resolução de possíveis controvérsias oriundas do presente Contrato, por mais privilegiado que for outro.

E por estarem assim justos e de acordo, firmam este instrumento, em _____ vias de igual teor e forma, na presença das testemunhas abaixo nomeadas e indicadas, para que surta seus jurídicos e legais efeitos.

_____, ____ de _____ de 20___.


_____
Cedente


_____
Cessionário


_____
Testemunhas

**MODELO DE CONTRATO**
**CESSÃO DE DIREITOS AUTORAIS**

**DAS PARTES**

**I — FULANO DE TAL**, qualificação completa (nacionalidade, estado civil, profissão, portador do RG nº _____ e do CPF nº _____, com endereço residencial nesta cidade de _____, na Rua _____, nº _____, CEP _____ e endereço comercial na Av. _____, nº _____, CEP _____, doravante denominado(a) CEDENTE.

**II — CICRANO DE TAL**, qualificação completa (nacionalidade, estado civil, profissão, portador do RG nº _____ e do CPF nº _____, com endereço residencial nesta cidade de _____, na Rua _____, nº _____, CEP _____ e endereço comercial na Av. _____, nº _____, CEP _____, doravante denominado(a) CESSIONÁRIO(A).

Resolvem de comum acordo celebrar o presente Contrato de Cessão de Direitos Autorais nos termos da Lei nº 6.910/98 e demais legislações pertinentes e vigorantes, estabelecendo, para tanto, as cláusulas e condições que aduzem:

**CLÁUSULA PRIMEIRA:** O CEDENTE declara ser o autor e titular dos direitos autorais da obra (colocar o nome da obra), cedendo e transferindo a CESSIONÁRIA os seus direitos de autor, pelo preço fixo e certo de R$ _____ (escrever por extenso o valor), que a CESSIONÁRIA pagará (descrever a forma que será feito o pagamento, de preferência transferência ou depósito bancário, cujo recibo da transação será o comprovante do cumprimento do pagamento do contrato).

**CLÁUSULA SEGUNDA:** O presente contrato tem por objeto os direitos cedidos mediante este instrumento particular, sendo todos os direitos de publicação por impressão em papel, por meio eletrônico, produção audiovisual, sonorização, radiodifusão e outros meios de comunicação, mediante o emprego de qualquer tecnologia (analógica, digital, com ou sem fio e outras), edição, adaptação, arranjo, tradução, distribuição, impressão, comercialização, dentre outros previstos na Lei 9.610/98, para finalidade editorial ou comercial.

**CLÁUSULA TERCEIRA:** À CESSIONÁRIA, segundo sua conveniência, tem o direito de publicar ou não a obra sem que o CEDENTE recobre os direitos cedidos, a não ser que venha readquiri-los, por novo preço e após um período mínimo de (colocar o tempo) desta data, por valor a ser ajustado entre as partes.

**CLÁUSULA QUARTA:** À CESSIONÁRIA será investida de exclusividade sobre a obra, oponível contra terceiros e contra o próprio autor, que não poderão reproduzi-la por qualquer forma.

**CLÁUSULA QUINTA:** O presente contrato de cessão autoriza a CESSIONÁRIA a transmitir os direitos de utilização econômica da obra, contratando ou autorizando sua edição para terceiros, permitindo ainda, ceder, de forma definitiva e irrevogável, estes mesmos direitos de que passa a ser titular.

**CLÁUSULA SÉTIMA:** O presente contrato terá vigência pelo prazo de _____ (determinar o prazo pelos anos a que tem interesse ou até que haja a quitação plena dos valores do contrato).

**CLÁUSULA OITAVA:** fica eleito o Foro da Comarca de _____ para dirimir qualquer dúvida suscitada por este contrato, renunciando-se qualquer outro, por mais privilegiado que seja.

Por estarem as partes justos e acordados com o disposto neste instrumento particular, assinam-no na presença das duas testemunhas abaixo, em três vias de igual teor e forma.

_____, ____ de _____ de 20___.

_____
Cedente

_____
Cessionária

_____
Testemunhas

**MODELO DE CONTRATO**
**TERMO DE AUTORIZAÇÃO DE USO DE OBRAS — DIREITOS AUTORAIS**

**FULANO DE TAL** (qualificação completa: nome, nacionalidade, estado civil, profissão, portador(a) do RG n.º e do CPF/MF sob n.º, e-mail, residente e domiciliado(a) na cidade de, na Rua (endereço completo), neste denominado Autorizante, considerando os direitos assegurados aos autores de obras literárias, artísticas e científicas dispostos nos incisos XXVII e XXVIII do art. 5º da Constituição Federal, bem como nos termos da Lei Federal n.º 9.610/98 e dos Decretos n.º 57.125/65 e n.º 75.699/75, pelo presente termo e sob as penas da lei declaro e reconheço ser o único titular dos direitos morais e patrimoniais de autor da obra (música, texto, fotografia, gravura etc.), intitulada (denominação completa) e por conseguinte AUTORIZO a utilização e/ou exploração da mencionada obra por parte de (qualificação completa da Pessoa Física ou Jurídica que irá utilizar a obra, neste denominado Autorizado, especialmente na divulgação e promoção (especificar evento), evento promovido e organizado (especificar quem promove e organiza).

A presente autorização é concedida a título (gratuito ou oneroso — se ocorrer de forma onerosa especificar todas as condições referentes ao pagamento), por 5 anos em território nacional e internacional, de forma irrestrita e contemplando, dentre outros meios: a reprodução parcial ou integral; edição; adaptação, transformação; tradução para qualquer idioma; inclusão em fonograma ou produção audiovisual; distribuição; utilização, direta ou indireta, mediante execução musical; emprego de alto-falante ou de sistemas análogos; radiodifusão sonora ou televisiva; captação de transmissão de radiodifusão em locais de frequência coletiva; sonorização ambiental; exibição audiovisual, cinematográfica ou por processo assemelhado; emprego de satélites artificiais; inclusão em base de dados, armazenamento em computador, microfilmagem e demais formas de arquivamento do gênero; quaisquer outras modalidades de utilização existentes ou que venham a ser inventadas.

Por ser expressão de minha livre e espontânea vontade firmo este termo em 02 (duas) vias de igual teor e forma sem que nada haja, no presente ou no futuro, a ser reclamado a título de direitos autorais, conexos ou qualquer outro.

_____, ____ de _____ de _____.

**Autorizante** (assinatura): _____

**Autorizado** (assinatura): _____

# 8

# MARKETING: ENCANTAR PARA RETER

"Já não basta simplesmente satisfazer clientes: é preciso encantá-los."

**Philip Kotler**

Na área de educação é difícil tratar das ações mercadológicas, pois se as decisões que envolveram o viés mercantilista forem percebidas em maior grau que as ações éticas, elas podem se converter em armadilha cujo objetivo de "vender mais" (KOTLER, 2015) acaba distanciando o público — "persona, ou cliente ideal" — da instituição.

Resgatando o pensamento clássico de Philip Kotler é possível apontar que o marketing deve ser uma filosofia empresarial, e não apenas um conjunto de teorias para persuadir ou enganar o cliente final. Também é parte do pensamento clássico que todo dinheiro destinado a ações de marketing não deve ser visto como gasto e, sim, como investimento.

Ao publicarem os livros Marketing 3.0 (2010) e Marketing 4.0 (2017), Kotler, Jartajaya & Setiawan sinalizaram para a necessidade de se pensar em ações mercadológicas que respeitem a pessoa humana em sua totalidade (corpo, mente e espírito).

Também é certo que o ambiente educacional com fins lucrativos, que pode contar com a presença de acionistas e ser de capital aberto, precisa prestar contas dos investimentos realizados a seus *stakeholders* e justificar os resultados e impactos esperados a curto, médio e longo prazos.

Neste livro estão sendo apresentadas estratégias para a implantação de metodologias ativas de aprendizagem nos cursos de uma Instituição, consideradas mais eficientes no processo de ensino-aprendizagem. Assim, os gestores educacionais devem questionar-se: como enviar à sociedade a mensagem de que estamos inovando ao utilizar esta metodologia? Vamos comunicar esta mudança ao público como fizemos até o momento? Há algo em que podemos inovar também no processo de comunicar as mudanças adotadas nessa metodologia de estudo?

O presente capítulo se propõe a responder estas questões e muitas outras que possam fazer parte do cotidiano do gestor de uma Instituição privada, em especial. Para isso, serão aplicados ao ambiente educacional os principais conceitos de marketing 3.0 e 4.0, a fim de que, ao final do mesmo, possa ser realizada uma proposta de modelo de plano de marketing com momento para o desenho, execução e avaliação das ações propostas.

## PLANO DE MARKETING EDUCACIONAL 3.0/4.0

Ao se preparar o plano de marketing da instituição de ensino é importante pensar que ele a auxiliará a alcançar os objetivos traçados em seu Planejamento Estratégico (PE) e Plano de Desenvolvimento Institucional (PDI). Os planos de vendas, marketing, logística, financeiro, pedagógico etc. são documentos elaborados pelas diferentes áreas da instituição e que devem dialogar para que encontrem a sinergia necessária para serem executados e respeitem aos anseios dos atores que atuam na base da escola.

O plano de marketing é estruturado em três partes: a) estratégico; b) tático e c) operacional. A confecção do plano de marketing, bem como sua execução e avaliação, deve envolver todos os atores sociais que atuam e participam da educação, ou seja, deve ser um documento escrito a várias mãos.

Atualmente, seguindo as premissas da cocriação, o plano de marketing não pode ser mais encarado como um documento estático; ao contrário, é preciso que ele seja reavaliado periodicamente e alterado sempre que necessário.

Na parte estratégica deve-se avaliar os ambientes de marketing (macro e micro), a segmentação do mercado com estudo da *persona* e o posicionamento do serviço. Também é necessário identificar as vantagens competitivas, traçar objetivos e metas, pensar na gestão da marca e analisar possíveis necessidades de reposicionamento (Gomes 2005).

Na parte tática é necessário analisar o composto de marketing de serviços, inserindo ainda nesta análise a matriz do marketing 3.0 ao se pensar em uma *persona* com corpo, mente e espírito, traçando hipóteses para contemplação das necessidades e desejos desses seres humanos complexos. Também é o momento de se realizar a análise da demanda e possíveis ações corretivas (Gomes, 2005).

Na parte operacional entra o desenho e concepção dos planos de ação, de controle e avaliação de todas as ações que serão executadas. Esta fase do planejamento envolve pesquisa, estimativa de custos, análises detalhadas de fornecedores e os prazos pensados para a execução fatível de cada ação traçada (Gomes, 2005).

A seguir apresenta-se o roteiro do Plano de Marketing Tradicional adicionando as importantes contribuições do Marketing 3.0/4.0, porque em marketing é importante respeitar os conceitos clássicos e incorporar as novas tendências da área de análise de negócios e do próprio marketing. Nosso objetivo é que ao final do capítulo, o leitor possa elaborar o plano de marketing para a sua Instituição.

## PLANO DE MARKETING 3.0/4.0 — PARTE ESTRATÉGICA

Partindo do princípio de que a função máxima do marketing é satisfazer as necessidades e desejos da pessoa humana, encantando-as, o primeiro passo para criar essa estratégia é analisar os ambientes de marketing (interno e externo), observando e documentando cada uma das variáveis, realizando ainda as devidas pesquisas e coletas de dados primários ou secundários para se ter exatidão das oportunidades e ameaças advindas do ambiente externo (ou macroambiente) e os pontos fortes e fracos presentes no ambiente interno (ou microambiente) (GOMES, 2005).

Abaixo segue a explicação de como montar a análise do ambiente externo e interno. Ela pode ser realizada a partir da construção de tabelas que contenham as informações necessárias, para facilitar sua visualização e utilização:

### Análise macroambiental

No ambiente externo encontram-se as variáveis incontroláveis, que são as situações que não conseguimos alterar sozinhos, dado que é impossível interferir no macroambiente sem a coletividade, o que depende de um conjunto de atores com os quais, muitas vezes, é difícil dialogar.

As variáveis macroambientais são: economia, tecnologia, educação, político-legal, sóciocultural, ambiental, infraestrutura e a concorrência quando não se tem acesso a suas estratégias e a informações que permitam conhecer a empresa e tampouco há diálogo com os concorrentes (Fiala, 2016).

> **Economia:** inserir dados do sistema econômico nacional e internacional que podem brindar oportunidades ou ameaças à empresa.
> *Exemplo de situação: crise econômica.*

**Tecnologia:** inserir dados que comprovem avanços ou retrocessos na área de tecnologia que trarão oportunidades ou ameaças.
*Exemplo de situação: avanço tecnológico.*

**Educação:** pensando nas questões educacionais, que aspectos podem propiciar oportunidades ou ameaças à instituição?
*Exemplo de situação: aumento de procura pelo ensino superior.*

**Político-legal:** buscar informações sobre políticas de governo ou de Estado, leis, projetos de leis, decretos entre outros instrumentos que poderão oferecer oportunidades ou ameaças à instituição.
*Exemplo de situação: mudança na legislação do ensino médio.*

**Sóciocultural:** que aspectos da sociedade em seu conjunto ou da cultura local ou global trazem oportunidades ou ameaças à instituição?
*Exemplo de situação: conservadorismo e tradição.*

**Ambiental:** que aspectos ambientais (secas, enchentes etc.) podem beneficiar ou prejudicar a instituição?
*Exemplo de situação: época de estiagem.*

**Infraestrutura:** pensar na infraestrutura de rodovias, ferrovias, hidrovias, sistemas de telecomunicação e possíveis oportunidades ou ameaças que possam trazer à instituição de ensino.
*Exemplo de situação: rodovias de acesso próximas à localidade.*

**Concorrência:** seus concorrentes podem ser diretos ou indiretos. Caso não tenha informações sobre essa(s) instituição(ões), esse concorrente é considerado macro e, neste caso, quais são as oportunidades ou ameaças que podem ser mapeadas no curto prazo?
*Exemplo de situação: instituições de grande porte operando na área do ensino médio.*

## Análise microambiental

As variáveis microambientais são aquelas situações que se consegue modificar, com atores com os quais é possível dialogar; é o entorno da empresa. São elas: clientes, acionistas, intermediários, fornecedores, funcionários, parceiros, infraestrutura, órgãos públicos locais e a concorrência quando é uma empresa que se conhece e, em alguns casos, há o diálogo para estabelecimento de estratégias (Fiala, 2016).

**Clientes:** é possível dialogar com seus clientes? E esse diálogo brinda pontos fortes ou pontos fracos? Quais?
*Exemplo de situação: relação da Instituição com os anseios da sociedade local; evasão de alunos.*

**Acionistas:** como se dá a relação com os acionistas? Quais são os pontos fortes e fracos desta relação?
*Exemplo de situação: feedback aos acionistas.*

**Intermediários ou prestadores de serviço:** os intermediários e/ou prestadores de serviços são prestativos? E possibilitam pensar em quais pontos fortes e fracos?
*Exemplo de situação: contratação de pessoal terceirizado.*

**Fornecedores:** elencar aqui informações sobre os fornecedores e identificar se podem ser consideradas como um ponto forte ou ponto fraco para a instituição de ensino.
*Exemplo de situação: aumento da quantidade de fornecedores próximos à localização da escola.*

**Funcionários:** quais são os conflitos recorrentes entre funcionários? Quais os diferenciais de seus funcionários? Elencar os pontos fortes e fracos.
*Exemplo de situação: formato e dinâmica de contratação de pessoal.*

**Parceiros:** ao refletir sobre os principais parceiros da instituição: quais são os pontos fortes e fracos?
*Exemplo de situação: situação atual das parcerias estabelecidas.*

**Infraestrutura:** a infraestrutura da Instituição é diferenciada? Que espaços e equipamentos podem representar pontos fortes? E fracos?
*Exemplo de situação: presença de espaços para uso da comunidade interna e externa (quadras poliesportivas, teatro etc.).*

**Órgãos públicos locais:** há contato entre a instituição e os órgãos públicos locais (Câmara de Vereadores, Prefeito, Judiciário, secretarias municipais etc.)? E isso evidencia pontos fortes ou fracos? Quais?
*Exemplo de situação: diálogo com os órgãos públicos locais.*

**Concorrência:** seu concorrente é acessível, você conhece suas ações e estratégias. Nessa relação microambiental quais são os pontos fortes e fracos que identifica?
*Exemplo de situação: novos concorrentes e áreas distantes da escola.*

## Análise SWOT

Depois de mapeadas as oportunidades e ameaças e os pontos fortes e fracos é chegado o momento de verificar quais são as informações essenciais, aquelas às quais é preciso prestar maior atenção e que devem ser monitoradas diariamente ou semanalmente (Gomes, 2005).

As oportunidades e ameaças principais bem como os pontos fortes e fracos levantados na análise das macro e microvariáveis são listados em um quadro, mostrado na Figura 8.1.

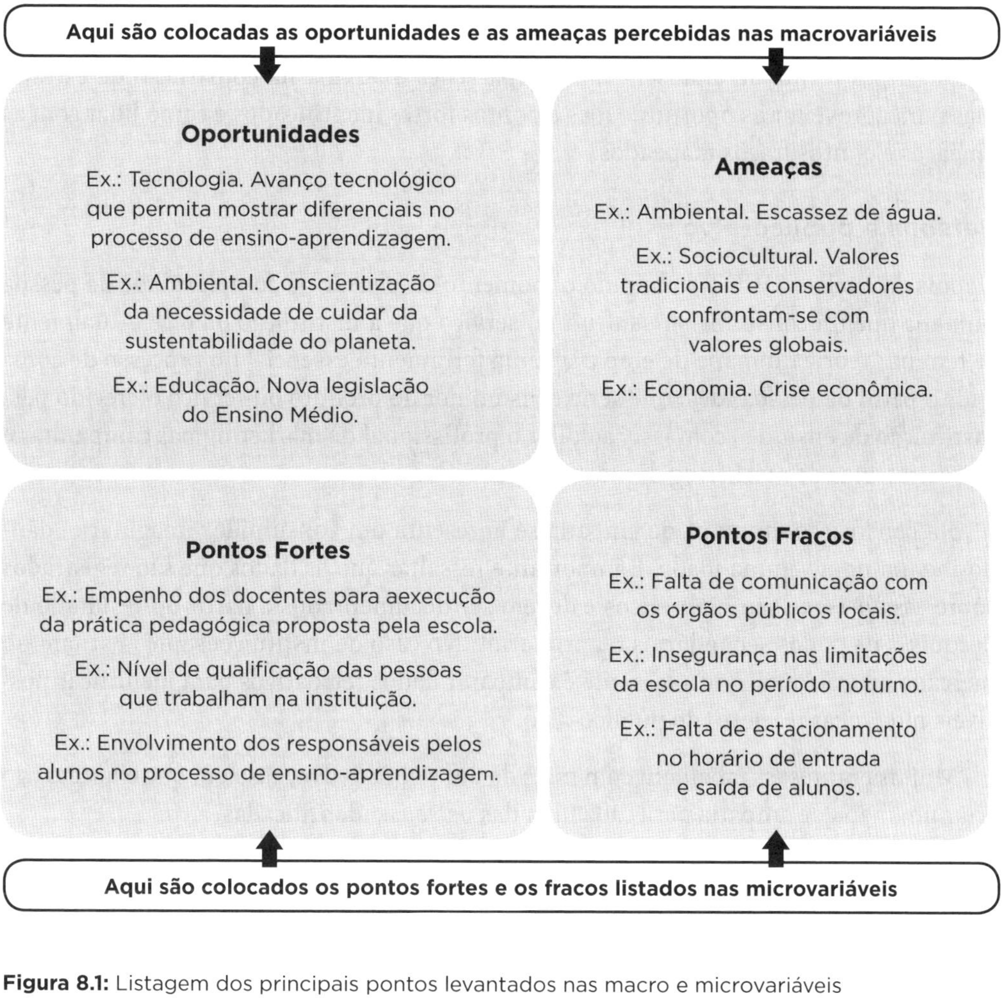

**Aqui são colocadas as oportunidades e as ameaças percebidas nas macrovariáveis**

**Oportunidades**

Ex.: Tecnologia. Avanço tecnológico que permita mostrar diferenciais no processo de ensino-aprendizagem.

Ex.: Ambiental. Conscientização da necessidade de cuidar da sustentabilidade do planeta.

Ex.: Educação. Nova legislação do Ensino Médio.

**Ameaças**

Ex.: Ambiental. Escassez de água.

Ex.: Sociocultural. Valores tradicionais e conservadores confrontam-se com valores globais.

Ex.: Economia. Crise econômica.

**Pontos Fortes**

Ex.: Empenho dos docentes para aexecução da prática pedagógica proposta pela escola.

Ex.: Nível de qualificação das pessoas que trabalham na instituição.

Ex.: Envolvimento dos responsáveis pelos alunos no processo de ensino-aprendizagem.

**Pontos Fracos**

Ex.: Falta de comunicação com os órgãos públicos locais.

Ex.: Insegurança nas limitações da escola no período noturno.

Ex.: Falta de estacionamento no horário de entrada e saída de alunos.

**Aqui são colocados os pontos fortes e os fracos listados nas microvariáveis**

**Figura 8.1:** Listagem dos principais pontos levantados nas macro e microvariáveis

Todas as informações que foram inseridas no quadro de análise das forças, oportunidades, fraquezas e ameaças (FOFA em português) ou SWOT, em inglês (*Strengths, Weaknesses, Opportunities, Threats*), devem ser monitoradas periodicamente. Na construção desta matriz é preciso ser realista e não ter a preocupação de que um ponto fraco ou uma ameaça pode ser algo que deponha contra a imagem da instituição perante a sociedade ou os seus *stakeholders* se for privada. Isso se chama "Miopia em Marketing". Então, montar a matriz de análise SWOT demanda humildade para reconhecer as fraquezas e as fortalezas.

Muitas vezes uma ameaça pode se transformar em oportunidade e um ponto fraco em ponto forte. Tudo dependerá de como os gestores e os operacionais lidarão com as situações detectadas e informações coletadas.

O dado que é processado como informação e transformado em conhecimento é que validará a utilidade da construção da matriz de análise SWOT. Esta é a grande contribuição dessa forma de análise: ela antecipa ações e auxilia na construção de estratégias para aproveitar as oportunidades e pontos fortes identificados e como lidar com as ameaças e pontos fracos mapeados.

### *Persona* e público-alvo

Depois da análise SWOT é chegado o momento de pensar na complexidade da pessoa humana que irá consumir ou usufruir do serviço que a instituição oferece. Atualmente se tem na "teoria do mapa de empatia" uma ferramenta essencial no processo de construir o perfil da pessoa ideal que seria consumidor do produto ou serviço oferecido pela instituição de ensino e, com isso, auxiliar o profissional de marketing nas campanhas e nas estratégias de marketing digital e de conteúdo.

Na construção do mapa de empatia se apresenta um consumidor imaginário, dando-lhe um nome e uma idade. É importante ressaltar que os dados que são registrados sobre essa *persona* são hipotéticos e devem ser documentados a partir do resultado de pesquisas de dados secundários ou primários. No caso de instituições que já atuam no mercado educacional, o interessante é comparar dados retroativos para identificar possíveis mudanças no perfil do público-alvo.

Muitas empresas trabalham com mais de um público-alvo, caso em que é necessário criar um mapa de empatia para cada uma das *personas* identificadas.

A construção do mapa de empatia demanda conhecimento profundo do perfil dos públicos que acessam dados, que utilizam os serviços disponibilizados pela instituição e é um primeiro passo no processo de identificação do público-alvo. Ou seja, cria-se a *persona* antes de segmentar o mercado. Identifica-se primeiramente quem é a pessoa ideal para consumir seu produto ou serviço e depois verifica-se onde ela está.

Para montar o mapa de empatia é recomendável o uso de um quadro com possibilidade de fixação das características para que elas possam ser revistas, retiradas ou completadas em função do aumento de sua complexidade. O mais importante é que haja um processo de abstração de forma a ser identificado um ponto comum de pensamento entre o público-alvo e o esboço das informações, conforme mostrado na Figura 8.2, para uma escola de ensino médio que pretende sensibilizar as mães dos potenciais alunos (Kayo, 2013).

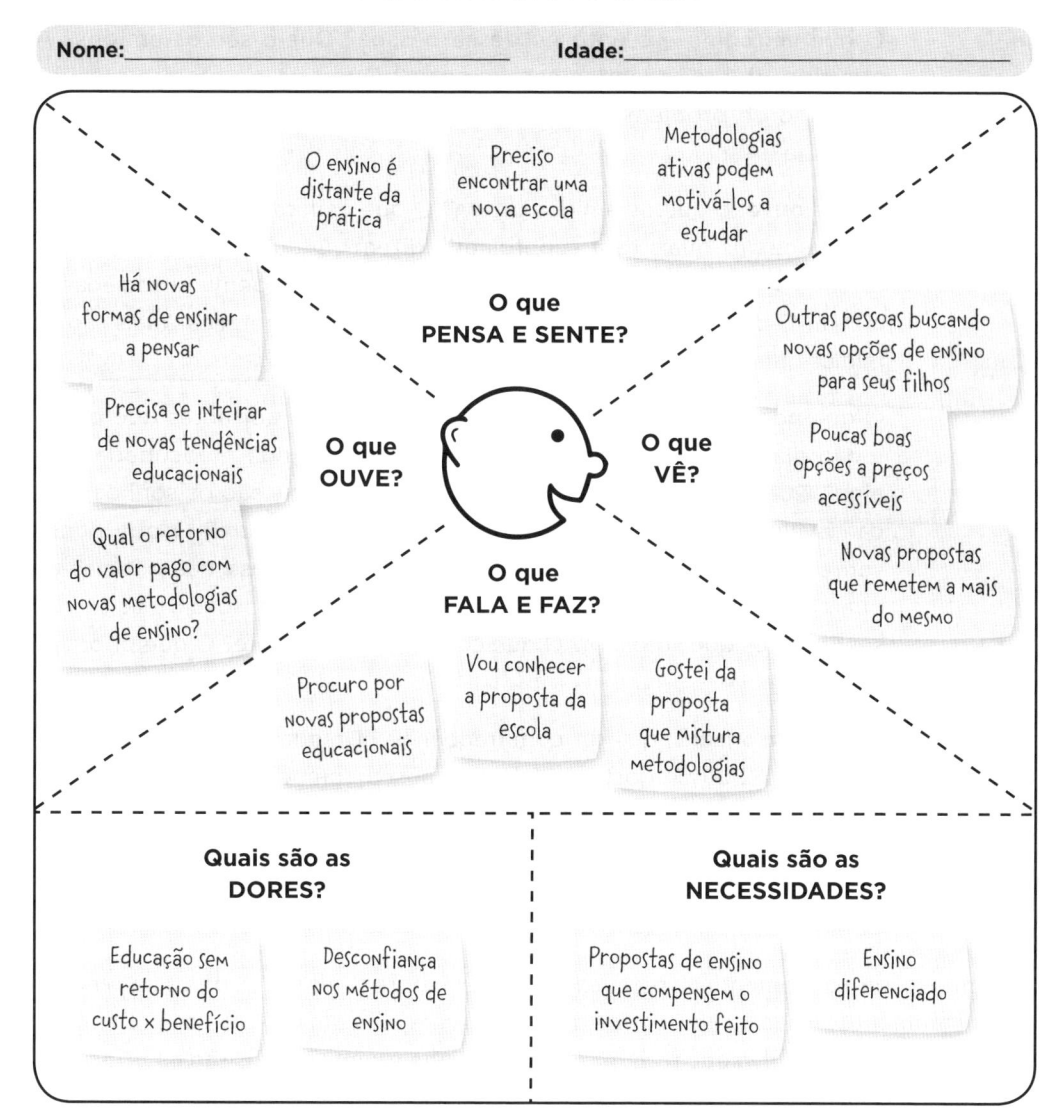

**Exemplo: Mães de 30 a 45 anos**

Nome:_____ Idade:_____

**O que PENSA E SENTE?**
- O ensino é distante da prática
- Preciso encontrar uma nova escola
- Metodologias ativas podem motivá-los a estudar

**O que OUVE?**
- Há novas formas de ensinar a pensar
- Precisa se inteirar de novas tendências educacionais
- Qual o retorno do valor pago com novas metodologias de ensino?

**O que VÊ?**
- Outras pessoas buscando novas opções de ensino para seus filhos
- Poucas boas opções a preços acessíveis
- Novas propostas que remetem a mais do mesmo

**O que FALA E FAZ?**
- Procuro por novas propostas educacionais
- Vou conhecer a proposta da escola
- Gostei da proposta que mistura metodologias

**Quais são as DORES?**
- Educação sem retorno do custo x benefício
- Desconfiança nos métodos de ensino

**Quais são as NECESSIDADES?**
- Propostas de ensino que compensem o investimento feito
- Ensino diferenciado

**Figura 8.2:** Exemplo de mapa de empatia

Analisando a imagem do mapa de empatia, percebe-se que ele é formado por quatro triângulos adjacentes ao redor da *persona*: o que ela **vê**, o que **ouve**, o que **fala e faz** e o que **pensa e sente**.

Algumas perguntas que podem ser feitas para o seu preenchimento são:

- O que **vê:** como é o entorno dessa pessoa? Quem são os amigos? A que tipo de propagandas está exposta? Que tipo de ofertas recebe? Que tipo de problemas vê? O que ela vê como estando em "alta" no dia a dia?

- O que **ouve:** o que os amigos dizem? O que os familiares dizem? O que as pessoas às quais está subordinada dizem? O que os influenciadores dizem? O que os formadores de opinião (mídia, academia e sociedade) dizem? O que realmente a influencia e como isso acontece? Quais são as mídias que mais ouve ou lê? Que ideologias a influenciam?

- O que **pensa e sente:** quais são algumas ideias importantes que pensa e não diz? Como se sente com relação à vida? Anda preocupada com algo? Quais são os sonhos que quer realizar? Quais são os sonhos inalcançáveis? Está feliz ou triste? O que pensa do futuro? O que pensa sobre as pessoas com as quais convive? O que pensa das notícias às quais está exposta? Quais são os sentimentos prazerosos? Quais são os sentimentos que sufocam? O que considera importante? O que prioriza? O que a move?

- O que **fala e faz:** O que diz com frequência? Do que reclama? Como costuma agir? Do que gosta de falar? Qual seu comportamento perante os públicos com os quais costuma interagir? Quais os locais que frequenta? Qual a principal diferença entre o que pensa e sente e o que fala e faz? O que fala às pessoas? Faz o que fala? Como são suas atitudes no dia a dia? Como a vida acontece?

Em seguida é o momento de preencher o quadro sobre quais são as **dores** da *persona*. Aqui é momento de pensar em seus medos, frustrações, dificuldades, obstáculos enfrentados, riscos, doenças. Do que reclama? Onde reclama e como? Quais são os principais problemas? Quais as principais frustrações e insatisfações? Este é o momento ideal para se colocar no lugar do outro e respeitar suas limitações.

Finalmente, o último quadro a ser preenchido é o das **necessidades** da *persona*. Pense: do que a *persona* precisa para se sentir melhor? Como vê o sucesso? Onde quer chegar e como? O que faz ou quer fazer para ser feliz? O que acabaria com as dores? O que quer agora? Quais são os sonhos que quer realizar a curto prazo? Como mede o sucesso? Que estratégias utiliza para alcançar os objetivos? Que decisões anseia tomar?

Terminado esse levantamento da *persona* que seria o cliente ideal, pode ser que ela já não seja mais a mesma que se pensava no início do trabalho. Muitas vezes se chega a uma visão mais respeitosa porque conseguimos nos colocar em seu lugar e entender porque às vezes se irrita, reclama ou elogia algo e age de maneira cortês em determinados momentos.

Alguns cuidados devem ser tomados e talvez o maior deles seja o de construir o mapa de empatia em grupo, com participação dos gestores da instituição e, no caso das escolas, da comunidade acadêmica. Uma sessão de *brainstorming*, por exemplo, pode trazer informações importantes de como a instituição como um todo imagina esse público-alvo ou cliente ideal (Kotler; Kartajaya; Setiawan, 2017).

Também é importante levar em conta que nem tudo que essa *persona* ouve e vê a leva a pensar e sentir. Do mesmo modo, nem tudo o que ela pensa e sente, tem coragem de expressar ou fazer. Assim, respeitar essas características é fundamental para entendê-la como pessoa humana, complexa e única; com anseios, necessidades e desejos.

Com essas tarefas realizadas, pode-se passar para a segunda etapa de construção desse relacionamento. Depois de ter conhecimento da *persona* é chegado o momento de elaborar as demais informações sobre o público-alvo que se quer atender.

## MARKETING DE CONTEÚDO

Para os autores do livro Marketing 4.0, o conteúdo é o novo anúncio da instituição e a #hashtag é o novo slogan. O importante é ter uma história interessante para contar aos consumidores, a ponto de estes se identificarem com a mesma e se engajarem presencial e virtualmente, passando pelos funis de evolução de acesso ao conteúdo. Com isso, poderão encontrar informações relevantes que permitam encontrar aquilo que buscavam para atender às suas necessidades, desejos ou ansiedades (Kotler; Kartajaya; Setiawan, 2017).

Nesta nova era do marketing as pessoas consomem conteúdos — desde que relevantes — e as mídias sociais foram responsáveis por essa mudança de comportamento.

O conteúdo não pode ser visto apenas como mais uma forma de propaganda e a mídia social como canal de comunicação. O conteúdo precisa conter informações que permitam ao usuário alcançar objetivos pessoais ou profissionais.

Por este motivo o marketing de conteúdo envolve a produção e distribuição de algo inédito e original, o que exige a realização de um planejamento, cujos tópicos de acordo com os autores Kotler, Kartajaya e Setiawan (2017) podem ser resumidos em:

1) **Fixação de metas:** o que se quer atingir com a campanha de marketing
   *Exemplo: aumentar o número de matrículas.*

2) **Mapeamento do público:** quem é o público-alvo e quais as suas necessidades, ansiedades e desejos?
   *Exemplo: estudantes do 3º ano do ensino médio.*

3) **Concepção e planejamento do conteúdo:** qual é o tema geral e o plano do conteúdo?
   *Exemplo: realização de parte do curso no exterior para a obtenção de uma dupla diplomação.*

4) **Criação do conteúdo:** quem cria o conteúdo e quando o faz?
   *Exemplo: depende dos itens anteriores e deverá ser fruto da observação e de buscar o encantamento de alunos, seus familiares e amigos com as possibilidades ofertadas.*

5) **Distribuição do conteúdo:** onde serão distribuídos os itens do conteúdo?
   *Exemplo: nas redes sociais da escola.*

6) **Ampliação do conteúdo:** como você planeja alavancar os itens de conteúdo e interagir com o público-alvo?
   *Exemplo: buscando interconectar-se com os alunos e familiares nas redes sociais, obtendo compartilhamento para os posts criados por empresa especializada.*

7) **Avaliação do marketing de conteúdo:** quão bem-sucedida foi a campanha de marketing de conteúdo?
   *Exemplo: as métricas sinalizam recorde de compartilhamentos e engajamento dos alunos e familiares mostrando afinidade com as propostas da escola, apoiando-a.*

8) **Melhoria do marketing de conteúdo:** como se melhora o marketing de conteúdo existente?
   *Exemplo: acompanhando tendências e mapeando o perfil dos alunos, familiares e amigos.*

Os dados levantados podem ser colocados em uma tabela, formando um "mapa de empatia e da estratégia de conteúdo". A partir de sua construção, é momento de determinar a segmentação de mercado que a instituição assumirá — aproveitando para refletir se ainda precisa rever algo em sua estratégia de alcance de público-alvo.

## ASPECTOS DA SEGMENTAÇÃO DE MERCADO

A partir dos dados elencados no "mapa de empatia", ainda é preciso responder a algumas questões que abrangem os aspectos abaixo elencados (GOMES, 2005):

1) **Geográfico:** qual a região geográfica de abrangência ideal?
   *Exemplo: região central da cidade e bairros em raio de 20Km de distância da escola.*

2) **Demográfico:** quais os dados comuns da população vista como ideal?
   *Exemplo: pessoas com 32 a 37 anos, renda individual mínima de 5 salários mínimos.*

3) **Psicográfico:** qual(is) comportamento(s) (atitudes, sentimentos) é(são) comum(s) a essa população?
   *Exemplo: são pessoas com poder de decisão de compra.*

4) **Comportamental:** qual o comportamento para a compra? Quem, onde, quando, quanto e por que compra?
   *Exemplo: pessoas que estão buscando uma nova metodologia de ensino em escola do ensino médio para matrícula de seus filhos, visando maior sucesso para ingresso em curso superior.*

## CAMINHO DO CONSUMIDOR

Segundo Kotler, Kartajaya e Setiawan (2017), a transição do marketing tradicional para o digital se dá com a mobilidade e conectividade que alterou de forma radical a maneira de viver e se comunicar dos seres humanos. Com isso, a única forma de encantar o cliente, agora, é realizar o mapeamento dos caminhos do consumidor nesta nova era do marketing. O problema que os autores detectaram é que:

> [...] à medida que o ritmo de vida se acelera e a capacidade de atenção diminui, eles [clientes e consumidores] sentem uma dificuldade ainda maior em se concentrar [...] confusos com mensagens publicitárias boas demais para serem verdadeiras, os clientes costumam ignorá-las, preferindo se voltar para as fontes mais confiáveis de informação: seu círculo social de amigos e a família (Kotler; Kartajaya; Setiawan, 2017, p. 77).

Neste contexto de mudança a escola precisa entender que mais pontos de contato ou um maior volume de mensagens não serão reflexos de maior influência sobre a decisão do consumidor. Agora é preciso se destacar na multidão e dar preferência para que a comunicação aconteça em alguns pontos deste canal de comunicação que sejam cruciais na fase de engajamento.

Como mapear esse caminho atual do consumidor, em linhas gerais? Primeiramente, tomam conhecimento da marca (assimilação), veem se gostam dela ou não (atitude), decidem se vão comprar algo ou contratar um serviço relacionado à mesma (ação) e se vale a pena continuar contratando o serviço ou realizar uma nova compra (ação nova).

Conforme o consumidor avança nas etapas, reduz-se a possibilidade de continuar caminhando até chegar à ação nova. Na Era da Conectividade inclui-se ainda neste caminho a atitude do consumidor em partilhar nas redes sociais as suas dúvidas antes de tomar a decisão final e, caso o faça, passa a recomendá-la nas mesmas redes.

As etapas que são seguidas pelo consumidor para a escolha de uma determinada marca podem ser enumeradas como segue:

1) **Assimilação:** como os clientes serão passivamente expostos à marca?
   *Exemplo: aprender sobre a marca e a instituição com apoio de seu círculo de pessoas conhecidas.*

2) **Atração:** como os consumidores irão processar as informações e mensagens? Como irão criar a memória para lembrar desta marca a curto, médio e longo prazos?
   *Exemplo: diferenciar a marca, de forma que ela possa ser a escolhida dentre muitas outras possibilidades.*

3) **Arguição:** como serão levados pela curiosidade a pesquisar ativamente sobre as informações de que necessitam sobre os serviços e produtos oferecidos?
   *Exemplo: instigar a curiosidade para que haja contato para informações com a família e amigos.*

4) **Ação:** como as informações serão reforçadas e complementadas com a intenção de sanar dúvidas?
   *Exemplo: possibilidade de fechar negócios pela internet após visita ao local.*

5) **Apologia:** como desenvolver a forte fidelidade pela marca? Como lograr a indicação e conquistar a possibilidade de recompra?
   *Exemplo: renovação de contratos anuais ou semestrais, com a possibilidade de possíveis reclamações e a devida resolução.*

É interessante notar que a marca tem uma grande importância estratégica e, por esse motivo, lembramos aqui algumas características do que, em marketing, é definido como *branding equity* (patrimônio da marca) e que envolve o "logotipo", a "marca" propriamente dita e o "slogan" (Kotler; Kartajaya; Setiawan, 2017):

- O **logotipo** é uma parte essencial da marca. O símbolo não é a marca em si, porém, representa o conceito que se quer passar ou associar à marca.

- A **marca** é mais abrangente porque engloba a representação gráfica e a identidade visual da instituição/empresa: símbolo, logotipo, cores, emoções etc.

- O **slogan** é uma palavra ou frase, nominal ou verbal, de fácil memorização e que a instituição utiliza em suas campanhas publicitárias com a intenção de fixar a marca na mente de seus clientes.

Cumpridas essas etapas, o passo seguinte é determinar como a Instituição quer ser vista pela comunidade local e pela sociedade.

## POSICIONAMENTO DE SERVIÇOS OU PRODUTOS

Nesta etapa do plano de marketing a instituição deve refletir sobre como quer ser vista pela sociedade, seu pessoal administrativo, docentes, estudantes, gestores e *stakeholders.*

É importante que a escola pense que as novas tendências na área da educação, como a personalização e as metodologias ativas, trazem um diferencial não apenas à instituição, mas ao desenvolvimento da pessoa humana (de todos os envolvidos com a instituição). Com essa preocupação, ela deve estudar seus concorrentes diretos e indiretos, listando seus pontos fortes e fracos, os públicos que eles atendem e as estratégias de promoção que utilizam (Gomes, 2005). Tais preocupações podem ser sumarizadas em uma tabela a ser construída conforme modelo apresentado na Figura 8.3.

Depois de analisar os aspectos em perspectiva comparada, é chegado o momento de elencar as características que a instituição destaca como vantagens competitivas — tanto da sua instituição quanto das demais — e o que as diferencia no mercado em que atua. Aqui pode-se trazer itens da análise de macro e microambiente de marketing para compor as vantagens competitivas (Gomes, 2005). A listagem das características é seguida de uma nota (de zero a cinco, por exemplo), conforme ilustrado na Figura 8.4.

| Dados | Sua Instituição | Concorrente Direto | | Concorrente Indireto | |
|---|---|---|---|---|---|
| | | Escola A | ... | Escola X | ... |
| Públicos que a escola atende | Ensino Infantil Ensino Fundamental Ensino Médio | Ensino Infantil Ensino Fundamental | ... | Ensino Médio | ... |
| Pontos fortes | Ensino Localização Formas de pagamento Professores Infraestrutura | Docentes Infraestrutura Estacionamento | ... | Localização Preço Formas de pagamento | ... |
| Pontos fracos | Biblioteca Gestão de pessoas | Preço praticado Localização | ... | Docentes Infraestrutura Biblioteca | ... |
| Estratégias de promoção e divulgação | Jornais Mídias Sociais Redes Sociais | Rádio e TV | ... | Mídias Sociais Redes Sociais Outdoors | ... |

**Figura 8.3:** Estudo da concorrência, mostrando exemplos de preenchimento, em itálico

| Vantagens competitivas | Sua Instituição | Concorrente Direto | | Concorrente Indireto | |
|---|---|---|---|---|---|
| | | Escola A | ... | Escola X | ... |
| Salas de aula | 5 | 4 | ... | 2 | ... |
| Instalações | 4 | 4 | ... | 1 | ... |
| Metodologia | 5 | 3 | ... | 4 | ... |
| Valor da mens. | 4 | 2 | ... | 4 | ... |
| Localização | 4 | 5 | ... | 2 | ... |
| Estacionamento | 5 | 0 | ... | 3 | ... |
| ... | ... | ... | ... | ... | ... |

**Figura 8.4:** Ilustração de uma tabela mostrando as vantagens competitivas da Instituição e de seus concorrentes diretos e indiretos

A possibilidade de aplicar a pontuação sugerida deve servir como momento de reflexão para que a instituição, ainda em perspectiva comparada, consiga se ver perante as instituições concorrentes e repensar a própria ação educacional.

Esta é a função do reposicionamento. Reposicionamento é o ato da instituição em reconhecer suas falhas e limitações, restrições e desafios, e desenhar ações que lhe permitam, sem perder o foco na aprendizagem e valorização da pessoa humana, traçar ações que a auxiliem na melhoria dos itens cuja avaliação foi inferior à dos concorrentes, assim como as ações necessárias para manter o desempenho dos itens com as pontuações máximas (Fiala, 2016).

Deste modo, pode-se registrar as ações necessárias para a melhoria ou manutenção da pontuação existente, de modo a estabelecer uma escala de prioridades e de projetos para a melhoria das condições institucionais. Tais registros podem prever ações imediatas, de médio e de longo prazos para cada um dos itens analisados (Gomes, 2005).

Esse quadro de ações e melhorias deve fazer parte da documentação apresentada aos *stakeholders* da instituição.

## Objetivos e metas

Os objetivos e metas encerram a parte estratégica do plano de marketing. Para traçar os objetivos, a instituição deve aproveitar todo o trabalho realizado na parte estratégica, e o que pretende implementar nos próximos 12 meses quando pensa em marketing institucional. O ideal é trabalhar, no começo, com poucos objetivos para não gerar frustração e a sensação da falta de planejamento quando estes não são alcançados por falta de tempo ou pessoal para implementar as ações (Gomes, 2005).

- Um **OBJETIVO** é uma ação. Deve ser conciso e precisa ter apenas UM verbo no infinitivo.
  *Exemplo: divulgar a Instituição em eventos acadêmicos.*

- **META** é a quantificação e periodização de cada objetivo, que explicita a sua execução. Também deve ser formada por um único verbo no infinitivo.
  *Exemplo: locar espaço para participação em dois eventos científicos no prazo de 12 meses.*

Perguntas pertinentes: devemos mudar algo nas estratégias pensadas de reposicionamento? As metas e objetivos planejados nos possibilitarão um reposicionamento no mercado? As metas e objetivos planejados são suficientes para atingir o reposicionamento citado anteriormente?

O plano de marketing é um todo coerente e todos seus itens devem responder às ações de marketing pensadas. O cuidado para que não se fragmente é fundamental para ser, de fato, uma filosofia institucional e não apenas mais um plano isolado e que não dialogue com o todo que é a instituição (Gomes, 2005).

## PLANO DE MARKETING 3.0/4.0 — PARTE TÁTICA

A palavra tática traz como entendimento conseguir o máximo de eficácia durante a execução do plano de marketing. Desta forma, pensar estratégias de diferenciação para o seu produto/serviço em comparação com os concorrentes é primordial nesta fase do planejamento de marketing institucional (Kotler; Keller, 2006).

A pergunta a ser respondida é:

Qual o principal diferencial (itens a serem avaliados) da Instituição?

**Itens a serem avaliados e exemplos de respostas:**

1) **do produto:** *Ex.: uso de metodologias ativas em sala de aula;*

2) **do serviço:** *Ex.: prezar pelos resultados do processo de ensino-aprendizagem;*

3) **do preço:** *Ex.: facilidade para pagamento, permitindo adequação ao momento de crise econômica;*

4) **da localização:** *Ex.: estar localizada na região central, com facilidade de estacionamento e mobilidade de toda a comunidade que frequenta a escola;*

5) **da distribuição dos serviços ou produtos oferecidos:** *Ex.: Sistema de Gestão Acadêmica com Ambiente Virtual de Aprendizagem;*

6) **da propaganda, promoção e publicidade:** *Ex.: principal canal de promoção é o Marketing "boca a boca";*

7) **das pessoas que trabalham:** *Ex.: todos os professores contratados em regime integral; funcionários especialistas na área de atuação; todos os docentes doutores;*

8) **das pessoas que estudam:** *Ex.: todos têm oportunidade de realizar um semestre do curso no exterior;*

9) **da produtividade:** *Ex.: baixo índice de evasão;*

10) **do processo:** *Ex.: a clareza dos processos permite sua compreensão por parte de todos aqueles que trabalham e frequentam a escola, evitando o retrabalho e o ruído (Fiala, 2016).*

Na matriz baseada em valores, parte-se da proposta essencial do marketing 3.0 de que os clientes são pessoas humanas com mente, coração e espírito (Kotler; Kartajaya;

Setiawan, 2010). Os eixos da matriz são a missão, visão e valores institucionais, conforme exemplo mostrado na Figura 8.5.

Não apenas a pessoa que compra é um ser complexo. A Instituição também é um organismo vivo, formada por pessoas com sentimentos, anseios e desejos. Deste modo, nesta etapa do planejamento é importante pensar as táticas da Instituição ou empresa para executar as ações de marketing.

|  | MENTE | CORAÇÃO | ESPÍRITO |
|---|---|---|---|
| **MISSÃO** (Inserir a missão da Instituição) Ex.: proporcionar um ambiente de ensino-aprendizagem com foco nas necessidades dos estudantes. | Como proporcionar a satisfação? Como encantar? Quais serviços ou produtos serão oferecidos? Ex.: preocupação em mapear necessidades, desejos e ansiedades dos alunos. | Como ajudar a realizar a aspiração pessoal? Ex.: auxiliar o estudante a vencer barreiras pessoais para assim desenvolver todo seu potencial cognitivo. | Como praticar a compaixão? Ex.: entender que cada estudante é único e singular, respeitando a diversidade e promovendo a inclusão como valor de respeito à vida e amizades verdadeiras. |
| **VISÃO** (Inserir a visão da Instituição) Ex.: ser referência em ambientes de ensino-aprendizagem com foco nas necessidades dos estudantes. | Como pensar a lucratividade? Ex.: os investimentos realizados em ambientes de aprendizagem são vistos pelos estudantes e docentes como algo que vai além da preocupação com o lucro. | Qual o retorno esperado? Ex.: estudantes, seus familiares e amigos indicam a instituição às pessoas de seu círculo pessoal, e o retorno do investimento se dá por respeito à filosofia da escola. | Como praticar sustentabilidade? Ex.: os estudantes valorizam as estratégias de sustentabilidade ambiental, social e econômica prezadas pela escola. |
| **VALORES** (Inserir os valores da instituição) Ex.: respeito, ética, diversidade, sustentabilidade e mobilidade. | Como ser melhor? Ex.: os valores da escola ajudam os estudantes a serem pessoas melhores e a adquirir novos valores que serão compartilhados com seus familiares e pessoas de sua convivência. | Como se diferenciar no mercado? Ex.: que os estudantes sejam reconhecidos por sua formação integral e educacional. | Como fazer a diferença? Ex.: que os conhecimentos e habilidades adquiridos na escola diferenciem o estudante na sociedade, nos momentos de tomada de decisão, pensando em ações que contribuam com a construção de um mundo mais inclusivo, respeitoso e amoroso. |

**Figura 8.5:** Exemplo de matriz baseada em valores

Na área educacional outra proposta do marketing 3.0 é que a instituição trabalhe com a transformação sociocultural. Esta tarefa engloba três fases, a saber:

1) **Identificar os desafios socioculturais:** identificar os desafios atuais e mapear os desafios futuros.
   *Ex.: aumento de conservadorismo e valores baseados em crenças limitantes.*

2) **Selecionar os componentes envolvidos:** impacto imediato: selecionar componentes envolvidos: classe e segmento social.
   *Ex.: dificuldade de relacionamento entre alunos de diferentes classes sociais e crenças.*

   Impacto futuro: selecionar amostra significativa e mapear suas características.
   *Ex.: aumento da intolerância entre pessoas de diferentes grupos.*

3) **Oferecer uma solução transformadora:** oferecer soluções que modifiquem comportamentos; buscar uma transformação mais colaborativa, cultural, criativa e aberta à cocriação.
   *Ex.: espaços de aprendizagem que estimulem a convivência entre os diferentes e que permitam a esses estudantes encontrar suas semelhanças e pontos de encontro de temas e interesses em comum.*

O quadro de análise de demandas é uma etapa importante para elaboração e consulta nesta etapa, conforme colocado a seguir, a partir de Kotler (1980).

**Quadro 1 — Análise de Demandas**

| ESTADO DA DEMANDA | TAREFA DE MARKETING | DENOMINAÇÃO DE MARKETING |
|---|---|---|
| **NEGATIVA** Consumidores potenciais não gostam do produto ou serviço e poderiam chegar até a pagar para evitá-lo. | **Corrigir a demanda** A repulsa dos vegetarianos por carne, de pessoas por voos aéreos, por viagens de trem, entre outros. | **Marketing de conversão** Desenvolver um plano que converta a demanda negativa em positiva e que chegue ao nível equivalente ao da oferta existente. |
| **INEXISTENTE** Os consumidores potenciais estão desinteressados ou indiferentes à oferta. | **Criar a demanda** Objetos conhecidos cujo valor é nulo; objetos conhecidos com algum valor percebido, mas sem despertar grandes interesses; e os objetos desconhecidos que são inovadores e não o são por falta de conhecimento da população. | **Marketing de estímulo** Desenvolver um plano para chegar à demanda positiva é um desafio que pode ser enfrentado de três formas: **a)** tentar relacionar o produto a alguma necessidade existente; **b)** modificar o ambiente para que a oferta se valorize; c) distribuir informações ou o produto em outros mercados ou ambientes com a finalidade de que o conheçam e saibam para que serve e existe. |

## Quadro 1 — Análise de Demandas

| ESTADO DA DEMANDA | TAREFA DE MARKETING | DENOMINAÇÃO DE MARKETING |
|---|---|---|
| **LATENTE** Número significativo de pessoas necessita de um produto ou serviço inexistente. | **Desenvolver a demanda** Oportunidade para o profissional de *marketing* desenvolver o produto ou serviço caso saiba escutar e entender as demandas do mercado. | **Marketing de desenvolvimento** Converter a demanda latente em demanda real. |
| **DECLINANTE** É o momento em que a demanda começa a passar por quedas frequentes caso não haja ações corretivas de *marketing*. | **Revitalizar a demanda** É a busca por novas propostas para relacionar o produto ou serviço ao mercado alvo ou potencial. | **Marketing de revitalização** Trabalha o conceito de que se pode começar a trabalhar e desenvolver um novo ciclo de vida para o produto ou serviço mesmo na fase de declínio. |
| **IRREGULAR** É o momento em que a tendência normal da demanda é caracterizada por flutuações sazonais, que fogem ao controle do planejamento da oferta. | **Sincronizar a demanda** As providências que cabem são para se alterar o padrão de demanda, trabalhando com a oscilação ou sazonalidade como oportunidade de novos negócios. | **Marketing de sincronização** Fazer com que a irregularidade ou oscilação da demanda seja melhor sincronizada. |
| **PLENA** É a situação desejável a qualquer empresa ou vendedor porque o nível e o tempo <u>atual</u> da demanda são equivalentes ao <u>desejado.</u> | **Manter a demanda** Estar atento ao mercado consumidor para detectar possíveis mudanças, aos concorrentes diretos e indiretos, revendo os detalhes táticos frequentemente. | **Marketing de manutenção** A tarefa é a manutenção da eficiência, da eterna vigilância e evitar forças que possam causar a erosão da demanda. |
| **EXCESSIVA** A demanda ultrapassa o nível previsto pelo departamento de *marketing* para a oferta do produto ou serviço. | **Reduzir a demanda** É o *marketing* inverso. Táticas podem ser o aumento do preço, queda da qualidade ou propaganda que eleve a qualidade do outro. | **Marketing de redução** Trata de desestimular os clientes da compra de forma temporária ou permanente. |
| **INDESEJADA** A demanda é considerada excessiva devido a qualidades negativas associadas à oferta. | **Destruir a demanda** Pode ser um produto que a empresa queira tirar do mercado, de um competidor ou considerado socialmente prejudicial ou indesejável. | **Marketing de eliminação** Também chamado de *marketing* de não venda. É uma tentativa de tachar o produto como intrinsecamente indesejável ou prejudicial. |

**Fonte:** Adaptado de Kotler, 1980, p. 35-38

A construção de um plano de marketing deve produzir, na parte tática, um quadro para análise da demanda de cada produto ou serviço ofertado (por exemplo: educação infantil; curso superior de tecnologia em logística etc.) colocando o estado da demanda e as ações de marketing necessárias a partir do que foi detectado (Fiala, 2016).

Com a lista de ações necessárias, deve-se verificar novamente os objetivos e metas anteriores para avaliar se contemplam essas ações para equilibrar a demanda.

## PLANO DE MARKETING 3.0/4.0 — PARTE OPERACIONAL

A última etapa do plano de marketing abrange o cronograma de execução, de controle e de avaliação das ações que foram implementadas (Gomes, 2005).

A parte do planejamento operacional pode ser elaborada com auxílio do Excel, do Microsoft Project, de metodologias ágeis como o *Scrum* entre outras ferramentas de controle e acompanhamento de execução de projetos.

Abaixo segue uma proposta a partir do conceito do *Scrum* (Sbrocco; Macedo, 2012), com o propósito de facilitar a fase de planejamento e de atualização e feedback a todas as pessoas envolvidas no projeto. Pode-se trabalhar com adesivos ou cartazes em mural (ambiente presencial) ou com aplicativos que usam a metodologia do *Scrum*, como o Trello.com (ambiente online), que é um gerenciador de equipe e de divisão de tarefas.

Podemos sugerir um passo a passo para a tarefa realizada presencialmente, a partir da construção de um quadro. Este pode ser com cinco colunas: *Tudo o que há para fazer*; *Prioridades*; *Fazendo*; *Feito*; e *Impedimentos*.

1) Na primeira coluna é importante listar, uma a uma, todas as ações que devem ser realizadas.

2) Com a lista de todas as ações, a tarefa agora é transferir as ações prioritárias, em ordem, para a segunda coluna.

3) Os membros da equipe retiram as tarefas que se sentem aptos a cumprir, colocando seu nome e prazo máximo para seu cumprimento.

4) À medida que as ações vão sendo cumpridas, os adesivos são retirados da 3ª e passados para a 4ª coluna.

5) No caso de algum impedimento para a realização de uma dada ação, ela deve ser deslocada para esta coluna, com especificação do impedimento e, preferencialmente, com um novo prazo para a sua execução.

O *Scrum* não substitui o planejamento e o desenho de processos, tampouco substitui o planejamento financeiro do setor de marketing, mas auxilia no acompanhamento das ações e todos têm uma visão de quem está fazendo o quê. O ideal é que o *Scrum* seja atualizado com frequência estabelecida (diária, semanal etc.), preferencialmente em uma reunião rápida da equipe para atualização e feedback a todos.

As ações de controle e avaliação são importantes e devem ocorrer concomitantemente à execução do plano de marketing. No momento do controle as ações distribuídas devem permitir um feedback à coordenação da equipe para que esta perceba se estão realmente sendo executadas e o grau de envolvimento dos membros da equipe com as mesmas.

A avaliação, por sua vez, tem como finalidade checar se a ação executada alcançou o resultado esperado e os impactos a partir do que foi implementado. A avaliação pode ocorrer antes, durante e depois da execução das ações. Não há uma receita mágica e a estratégia de realização é que vai marcar o seu sucesso e possíveis correções para aplicações futuras.

As ações de controle e avaliação também podem ser colocadas em uma planilha de modo a facilitar a sua visualização e acompanhamento.

## Avaliação e adequação do Plano de Marketing

A proposta do Marketing 3.0 (Kotler; Kartajaya; Setiawan, 2010) estabelece uma série de "credos" que, espera-se, devem estar contemplados nas ações do plano de marketing desenvolvido pela instituição. Estes credos estão listados abaixo e, para cada um deles, deve(m) ser colocada(s) a(s) ação(ões) do plano de marketing que o atende. Esse exercício de avaliação pode ser de extrema importância para que o plano possa ser validado, revisto e adequado.

São eles:

1) Ame seus clientes e respeite seus concorrentes.

2) Seja sensível à mudança e esteja pronto para se transformar.

3) Proteja seu nome, deixe claro quem você é.

4) Um cliente é diferente do outro; procure primeiro aqueles que podem se beneficiar mais de você.

5) Ofereça sempre um bom pacote por um preço justo.

6) Esteja sempre disponível, divulgue as boas-novas.

7) Conheça seus clientes, cultive-os e conquiste outros.

8) Não importa em qual setor você atue, será sempre no setor de serviços.

9) Aperfeiçoe sempre seu processo de negócio em termos de qualidade, custo e entrega.

10) Colete informações relevantes, mas use sua sabedoria para tomar a decisão final.

É possível ser uma instituição focada em marketing 3.0, preocupada em encantar o ser humano em sua plenitude (Kotler; Kartajaya; Setiawan, 2017). Para isso é preciso se reinventar periodicamente.

Há alguns sites que trazem informações e tendências na área da educação e, dentre eles, destacamos: porvir.org e qedu.org.br.

## QUESTÃO

1) Elabore um plano de marketing para a sua Instituição, levando em conta as três partes que o formam e com a realização de todas as tabelas e quadros necessários que o tornem de fácil visualização e análise.

## REFERÊNCIAS

FIALA, D.A.S. **Marketing para salas de aula: conceitos, resumos e exercícios**. Rio de Janeiro: Alta Books, 2016.

GOMES, I.M. **Manual como elaborar um Plano de Marketing**. Belo Horizonte: SEBRAE, 2005.

KAYO, R. **O que é mapa de empatia e para que serve?** 13 dez. 2013. Disponível em: http://ramonkayo.com/conceitos-e-metodos/o-que-e-mapa-de-empatia-e-para-que-serve. Acesso em: 18 out. 2017.

KOTLER, P. **Marketing**. Edição compacta. São Paulo: Atlas, 1980.

\_\_\_\_\_. **Confronting capitalism: real solutions for a troubleeconomic system**. Estados Unidos: Amacom, 2015.

\_\_\_\_\_; KELLER, K.L. **Administração de Marketing**. São Paulo: Pearson Prentice Hall, 2006.

\_\_\_\_\_. KARTAJAYA, H.; SETIAWAN, I. **Marketing 3.0: as forças que estão definindo o novo marketing centrado no ser humano**. Rio de Janeiro: Elsevier, Campus, 2010.

\_\_\_\_\_. **Marketing 4.0: do tradicional ao digital**. Rio de Janeiro: Sextante, 2017.

SBROCCO, J.H.T.C.; MACEDO, P.C. **Metodologias ágeis: engenharia de software sob medida**. São Paulo: Érica, 2012.

# 9

# EXEMPLOS E PROPOSTAS DE ESPAÇOS DE APRENDIZAGEM

"Se você quer resultados diferentes, não faça sempre a mesma coisa."

**Albert Einstein**

*Por que eu tenho que ir pra escola se meu telefone sabe tudo?*

Como observamos nos capítulos anteriores, os modos de pensar e agir de todas as pessoas têm se transformado radicalmente no último século, em especial após a década de 90, com a inserção da tecnologia no cotidiano. Desta forma, torna-se impossível pensar o projeto de espaços de aprendizagem hoje, sem levar em consideração as intensas transformações no comportamento humano a partir de sua simbiótica relação com a tecnologia.

Morace (2012) destaca que o design deve se livrar das escolas de pensamento tradicionais e adotar a lógica da experiência como ponto de referência para definir seu próprio papel em estimular a qualidade de vida das pessoas. Assim, quando pensamos em projetar espaços de aprendizagem, é fundamental compreendermos o uso que será feito dele por meio da experiência de seus usuários, levando em consideração os componentes psicológicos, tecnológicos, cognitivos e sociais necessários, mas, acima de tudo, estimular a sua utilização com criatividade.

Santos (2015) afirma que a escola passou a ser um local de produção e significação do conhecimento, onde ocorrem relações humanas e o professor poderá orientar como usar e organizar o mar de dados ao qual os alunos têm acesso, para atingir um determinado objetivo. Um ambiente de aprendizagem ativo oferece a oportunidade de avaliar a própria aprendizagem, permitindo que os alunos tomem decisões sobre o curso, bem como reflitam e avaliem seu progresso (Brown & Long, 2006).

Sabemos que o aprendizado ocorre de diversas maneiras e locais, mas quando ele está inserido dentro de um ambiente físico, com características físicas quantificáveis e perceptíveis, este deve considerar que os estudantes não estarão simplesmente "dentro" dele, mas irão senti-lo, escutá-lo e tocá-lo continuamente. Só assim iremos pensar o projeto dos espaços de aprendizagem para a próxima geração.

Em 2010, a IBM apresentou um estudo feito com líderes *seniores* e consultores globais de serviços, que apresentaram a seguinte questão: mais do que rigor, disciplina de gestão, integridade e visão, o sucesso no mundo dos negócios exigirá crescente criatividade. E mesmo que ela seja inerente a todo ser humano dotado de capacidades intelectuais plenas, deve ser continuamente estimulada, principalmente pelos espaços que apoiam a aprendizagem.

Assim, podemos ver claramente uma relação entre as escolas, universidades e ambientes de trabalho inovadores e aprender muito com eles. Empresas como Google, IDEO e Pixar passam a inspirar os desenhos de espaços de aprendizagem e mostram que ambos devem ser abertos e convidativos, flexíveis às diferentes atividades desempenhadas e assim irão inspirar a colaboração, criação de projetos e resolução de problemas.

Além disso, estes locais devem estar totalmente conectados à internet, mas não ser simplesmente mais um canal para acessá-la, pois os estudantes são amplos usuários de tecnologia — só para se ter uma pequena ideia, no Brasil já possuímos mais de 280 milhões de dispositivos móveis conectados à internet — número que excede os habitantes do país de acordo com a FGV.

Um grande exemplo desta nova forma de pensar é o Centro de Estudos Profissionais Avançados (CAPS) em Overland Park, Kansas, EUA, escola que abriga um programa de estudos baseado em profissões (especialmente negócios, biociências, medicina e saúde, serviços humanos, inovação e engenharias). Está voltado para jovens do ensino médio, usa ferramentas da indústria e orientação de profissionais para a resolução de problemas reais em prazos reais. Enquanto estão imersos em uma cultura profissional, a participação dos estudantes possibilita créditos do ensino médio e universitário, além de desenvolver conhecimentos, habilidades e criatividade necessários nos mercados atuais.

Com um prédio configurado em vários andares, a escola possui um pátio interno que assume uma dupla função: serve como área de passagem e ao mesmo tempo como um anfiteatro, a partir da utilização dos degraus das escadas como assentos. Além disso, as salas de estudos reservadas são desenhadas em ilhas que podem ser utilizadas para atividades em grupos.[1]

Outro modelo que integra criatividade, flexibilidade, trabalho colaborativo em um local descontraído com design ligado ao universo do trabalho é o *Harvard Launch Lab*, dedicado aos empreendimentos colaborativos de ex-alunos na criação de suas startups. O local mescla duas salas de reuniões fechadas, com um amplo espaço dividido com mesas de diversos tamanhos para atendimento de clientes e trabalhos em grupo. Além disso, na área central, há uma cozinha aberta e duas mesas amplas para refeições e comemorações, além de pufes e mobiliário de descanso. O local utiliza a cor vermelha tanto na identidade visual quanto no mobiliário, mesclando mesas, divisórias e carpetes em madeira. Lousas são colocadas nas paredes e auxiliam os processos de criação em grupo e adesivos dão um toque lúdico ao local que tem como logomarca um foguete.

## ESTRUTURA DOS ESPAÇOS DE APRENDIZAGEM

Os espaços de aprendizagem devem compreender cinco atributos para que possam ser importantes tanto para estudantes quanto para educadores: digital, móvel, independente, social e participativo.

Devem exibir continuamente que são o local próprio para o exercício da criatividade, da discussão e do compartilhamento, fazendo com que os estudantes fiquem próximos uns dos outros, escutem a si mesmos e aos professores ao mesmo tempo que permitem os movimentos de ambos pelo local. Devem parecer mais com um local de trabalho de alto desempenho do que com uma escola.

Os ambientes devem possibilitar a total conectividade de seus usuários e possuir a integração entre decoração, iluminação e sistema de gerenciamento de aprendizagem com controles tecnológicos de som, luzes e telas de fácil compreensão e intuitivos para que qualquer pessoa possa operá-los, gerando assim engajamento e retenção de alunos que irão passar mais tempo no campus. Devem ser facilmente encontrados pelo campus, com sinalização universal, permitindo o entendimento e acessibilidade de todos a qualquer lugar, com caminhos amplos e que não se caracterizem como corredores, mas como espaços de discussão e, ao mesmo tempo, não atrapalhem o fluxo das pessoas.

O projeto destes locais está diretamente ligado ao paradigma de aprendizagem que enfatiza a avaliação formativa, a esfera social e a aprendizagem ativa. O desenho dos es-

---

1 Ambientes de Aprendizagem do Centro de Estudos Profissionais Avançados (CAPS) em Olerland Park, Kansas, EUA, desenvolvido por Willoughby Design. Fonte: https://www.behance.net/gallery/3196203/Blue-Valley-Center-for-Professional-Studies (conteúdo em inglês)

paços deve ser feito a partir de uma visão holística e apoiado nos princípios de aprendizagem, ser centrado no ser humano e permitir sua integração com todos os dispositivos que enriqueçam sua aprendizagem e engajamento.

Adaptamos de Brown (2004) uma possível taxonomia para determinar que tipos de espaços são estes: auditório, salas de conferência, centros de aprendizagem, laboratórios de formação profissional e estúdios de desempenho e salas de estudo privadas e semiprivadas. Deve-se observar que todos estes locais podem ser reconfigurados para um melhor aprendizado e não apenas as salas dedicadas a *active learning* ou *flipped classroom*.

**Auditórios**

Compreendidos como os maiores espaços do campus e que acomodam público interno e externo, eles são grandes espaços que acomodam entre 200 a 500 estudantes em atividades diversas, desde palestras, até apresentações artísticas. Embora sejam o espaço de aprendizagem que possui a configuração mais tradicional dentro desta proposta, pois sempre acomodam cadeiras voltadas para um palco central, cada vez mais eles englobam tecnologias, múltiplas telas e o uso de cores e materiais que ao mesmo tempo são estimulantes e reconfortantes.

O primeiro exemplo é o auditório Forum Alumni LT da Universidade de Exeter, no campus de Devon, UK. Ele acomoda 435 pessoas e possui uma estrutura em níveis, com poltronas direcionadas para o palco central, com mesas de apoio estruturadas nos encostos das poltronas. O mais interessante deste espaço é que ele, assim como outros ambientes da instituição, abusa das cores e seus efeitos. As tonalidades de roxo, rosa e lilás das poltronas não refletem a identidade visual da Universidade, mas constantemente são associadas ao equilíbrio da mente e ao desenvolvimento do cérebro da área associada à resolução de problemas. Algumas poltronas são de diferentes tamanhos para acomodar biotipos diversos.[2]

Com a mesma proposta de impacto visual, mas com uma cartela de cores totalmente diferente, apoiada em materiais como madeira e vidro, o anfiteatro da Faculdade de Engenharia, Arquitetura e Tecnologia da Informação da Universidade de Queensland, na Austrália, chamado de GHD, acomoda além das aulas, eventos diversos. Sua arquitetura permite um mobiliário individual adaptado para tablets e equipamentos pessoais e audiovisuais contemporâneos. Acomoda 500 pessoas e visa transformar a experiência de aprendizagem dos alunos da instituição como um local apropriado para conferências, exposições e atividades artísticas, estendidas à comunidade.

---

2   Auditório Alumni LT da Universidade de Exeter, campus de Devon, Uk. Fonte: http://as.exeter.ac.uk/learningspaces (conteúdo em inglês)

Projetado pelo arquiteto Richard Kirk, ele possui poltronas em níveis, mas o acesso ao palco é o nível da entrada e está mais próximo dos assentos. A concepção do auditório também fez parte de um projeto de pesquisa da universidade sobre ambientes de aprendizagem e o processo de construção do mesmo foi registrado, para posterior análise dos estudantes da área. Ele possui também um tour virtual a todos os espaços.[3]

### Salas de Conferência

São ambientes menores que os auditórios, voltados para ensino e aprendizado, mas também utilizados ocasionalmente em eventos, dependendo da instituição. Elas podem ser estruturadas em um único patamar ou em diferentes níveis em camadas fixas nas quais os estudantes se deslocam, podendo acomodar de 80 até 200 estudantes.

A Universidade de Exeter criou salas de Conferência chamadas de Newman Collaborative LT no Campus de Streatham, com capacidade para 105 estudantes. Embora possuam divisão em níveis com cadeiras e poltronas voltadas para a frente na tela central, alguns níveis possuem nichos que permitem o trabalho em grupo, mesmo em salas com grande número de pessoas. As mesas estão equipadas com tomadas e cabos para uso do computador pessoal e telas posicionadas na frente e no fundo permitem tanto aos estudantes quanto professores uma visualização de frente[4].

### Centros de Aprendizagem

As salas de aula tradicionais se transformam literalmente em Centros de Aprendizagem, com uma infinidade de atividades, desde seminários, até espaços para convívio social. Podem ser espaçosos e divididos pelo mobiliário, acomodando de 80 a 100 estudantes, ou compreender salas menores com mais mobiliário de mesas e cadeiras variados, acomodando até 50 estudantes.

Nestes locais, a tecnologia deve estar totalmente alinhada com o design do espaço como um todo, o que permite que os estudos individuais, em grupos ou com a turma toda sejam rapidamente divididos em múltiplas telas e todos possam estar conectados ao mesmo tempo.

---

3 Anfiteatro da Faculdade de Engenharia, Arquitetura e Tecnologia da Informação da Universidade de Queensland na Austrália. Imagens disponíveis em: http://www.richardkirkarchitect.com/en/projects/education/advanced-engineering-building-uq (conteúdo em inglês)

4 Sala de Conferência da Universidade de Exeter, Uk. Imagens disponíveis em: https://admin.exeter.ac.uk/academic/timetable/rb/roominfo/desktop_room_display.php?lstRoom =NEW/COL&yyprefix=16 (conteúdo em inglês)

Um dos projetos pioneiros é o *LearnLab*™ da empresa Steelcase, que desenvolveu uma sala de aula tecnologicamente aprimorada, projetada para facilitar o trabalho de palestra e projetos grupais colaborativos através de um design flexível. Na configuração de trabalho em grupo colaborativo, as mesas são organizadas em uma configuração «X» com exibições múltiplas que permitem ao professor apresentar o material em vários locais dentro da sala e ter o material facilmente visível por todos os alunos. O projeto foi testado inicialmente na Grand Valley State University, em Michigan, e incluiu tecnologia que fizesse com que as notas do quadro branco fossem capturadas digitalmente e enviadas para os alunos após a chamada a fim de aumentar a natureza colaborativa da sala.

**Figura 9.1:** Desenho esquemático de ambiente de aprendizagem elaborado no projeto do Learn-Lab para o Richland College

Atualmente a empresa desenvolve inúmeros projetos de mobiliário para espaços de aprendizagem em variados layouts e disponibiliza manuais para criação de novos espaços, além de layouts em variados formatos de arquivo (.dwg e .skp, por exemplo).

A ideia de layout no qual pequenos grupos possuem uma separação e lousa foi ampliada pela Universidade de Indiana, com a ajuda de dispositivos tecnológicos e softwares específicos para administrá-los. Em seu projeto intitulado *Mosaic*, criou um conjunto de serviços e estratégias para apoiar professores e alunos usando espaços ativos de aprendizagem, incluindo um programa chamado de *Fellows*, que dá suporte aos professores para transformarem suas técnicas de ensino.

As salas de aula concebidas neste projeto, as *Mosaic Classrooms,* representam uma grande variedade de espaços concebidos para variadas necessidades educacionais, e embora os espaços possam ser diferentes uns dos outros, todos prezam a acessibilidade por meio de telas para apresentação e discussão, superfícies de quadro branco, móveis flexíveis que permitam o agrupamento de estudantes e espaços livres para que estudantes e professores possam se deslocar e interagir de várias maneiras.

Dentro da sala, com capacidade para 96 estudantes, são criadas estações equipadas com uma tela para pequenos grupos de 6 a 8 estudantes, que podem receber informações de seus dispositivos pessoais (computadores, tablets, celulares) para mostrar ao grupo ou à sala toda. Mesas com cabos de energia para dispositivos pessoais e microfones que se integram ao som da sala e são usados para discussões com todo o grupo, salas com câmeras que possibilitam a gravação de aulas que são acessadas pelos alunos a distância.

Na cartela de cores do espaço, predomina o vermelho, que faz parte da identidade visual da universidade, e as tonalidades creme e caramelo que conferem um aspecto de conforto ao local, que mescla uma arquitetura clássica com ambiente tecnológico.[5]

Os projetos compartilhados nascidos a partir da socialização dos estudantes também são um dos pilares dos centros de aprendizagem da Universidade de Queensland, na Austrália. No Centro de Aprendizagem para o Primeiro Ano de Engenharia (FYELC) os alunos que chegam à instituição são encorajados a pensar, explorar e criar e desenvolvem o senso de pertencimento sobre o espaço que ocupam, por meio de um aprendizado interativo, com uma grande área aberta, equipada com mobiliário moderno e colorido, condizente com o espírito jovem de quem chega à instituição, com mesas redondas com pufes coloridos, sofás com design aerodinâmico espalhados pelo local, paredes vermelhas compondo com vidros azuis e iluminação *rosa*.

Distribuídas pelos espaços estão telas de LCD de 40 polegadas, quadros brancos, mesas de apoio e total conectividade para usos de dispositivos pessoais (principalmente laptops) para abrigar projetos em grupo, aulas, reuniões e apresentações, junto de mesas que lembram um Café e amplo uso de cores contrastantes e vivas, tanto nas paredes, quanto na iluminação e no mobiliário.[6]

Em 2014, foi remodelada a sala do Centro de Aprendizagem para os estudantes do segundo ano (ELCX), que preza pela socialização e o trabalho em grupo, com mesas redondas distribuídas pela sala, acompanhadas por telas e lousas nas paredes. Já nesta etapa da sua formação, os alunos desenvolvem suas atividades em um ambiente com cartela de cores mais formal, com carpete marrom e paredes creme com luminárias cir-

---

[5] Mosaic Classrooms da Universidade de Indiana — EUA. Imagens disponíveis em: http://indiana.edu/~cts/roomdb/roomdetail.php?room=503 (conteúdo em inglês)

[6] Centro de Aprendizagem do Curso de Engenharia da Universidade de Queensland, Austrália, no primeiro ano. Fonte: https://www.eait.uq.edu.au/learning-spaces (conteúdo em inglês)

culares levemente azuladas. As mesas redondas e cadeiras permitem o trabalho como células de produção nas quais os estudantes desenvolvem suas atividades em grupo, e a sala conta com lousas e projetores distribuídos por todas as paredes para que os estudantes visualizem conteúdos independente da posição das cadeiras do seu grupo de trabalho.[7]

Em modelo bastante semelhante, a Universidade do Sul da Califórnia criou um ambiente chamado "Garagem", em 2013, que consiste em um amplo espaço de aprendizagem para a Academia de Artes, Tecnologia, Negócios e Inovação, que contou com um aporte financeiro de 70 milhões de dólares na criação de um programa único de graduação que promovesse novos tipos de aprendizagem através de descobertas interdisciplinares e práticas.

O local, definido pela instituição como "Espaços criadores", possui estações com computadores com softwares das áreas de design, áudio e vídeo, um local para teleconferência e instrução remota que acomoda um grande grupo de estudantes, duas áreas de fabricação com impressoras e scanners 3D, oficina equipada com ferramentas manuais, elétricas, eletrônicas, além de duas salas de aula com carteiras e pufes. Áreas de convívio com sofás interagem com cápsulas de trabalho que incluem sofá, mesas, monitores e outros dispositivos necessários com saídas USB e tomadas. O ambiente descontraído, semelhante às empresas de tecnologia, utiliza o mesmo conceito de espaço aberto utilizado no prédio recentemente construído do Apple Park (finalizado em 2017).[8]

Outra instituição que adotou o uso de cores fortes e uma singular mistura de materiais para conceber seu centro de aprendizagem foi a UNSW Business School localizada em Sidney. O espaço intitulado *The Place* foi concebido para ser utilizado antes, durante e depois da aula (para projetos pessoais) e pode ser utilizado 24 horas por dia pelos alunos que possuem cartão de acesso à instituição.

Com mobiliário flexível, iluminação bem-humorada e cores brilhantes em várias tonalidades de verde, ele é estruturado de forma muito semelhante ao *Mosaic Classroom* da Universidade de Indiana, porém possui aparência visual mais impactante e lousas para estudantes realizarem anotações durante discussões em grupo e a sinalização do espaço já aparece nas cores do piso na entrada do prédio e nas luminárias que direcionam o caminho.

---

[7] Centro de Aprendizagem do Curso de Engenharia da Universidade de Queensland, Austrália, do segundo ano. Fonte: https://www.eait.uq.edu.au/learning-spaces (conteúdo em inglês)

[8] Centros de Aprendizagem da Univerdiade do Sul da Califórnia, EUA. Imagens disponíveis em: https://www.bisnow.com/los-angeles/news/student-housing/The-Education-of-Steinberg-40897 (conteúdo em inglês)

Assim como o anfiteatro da Universidade de Queensland, ele pode ser visitado virtualmente e de maneira imersiva por meio de um aplicativo e permite que os estudantes vivenciem alguns momentos dentro deste local.[9]

É importante observar que, embora a tecnologia seja um dos grandes diferenciais com relação a novos espaços de aprendizagem, nem sempre ela é tão essencial quanto a mobilidade. Tudo irá depender das atividades desempenhadas em cada espaço, como nas salas "Colmeia" da Universidade de Harvard.

Localizadas no segundo e terceiro andares do edifício Batten Hall, estas salas permitem metodologias que não podem ser executadas em outros tipos de espaços como auditórios, e são utilizadas pela escola de negócios da universidade.

O mobiliário totalmente móvel de lousas e cadeiras com carteiras e rodinhas permite que elas sejam utilizadas para exercícios intensivos, grandes discussões em grupo ou colaboração em pequenas equipes. A sala é oval e configurada em diferentes tipos de layouts: em formato circular com o professor ao centro, enquanto as lousas ficam afastadas próximas às paredes; utilizando as lousas como divisórias para formação de grupos menores, voltados para o centro da sala ou ainda, utilizando-as como divisórias para grupos de trabalho independentes dentro do espaço. A ideia do mobiliário é ser ao mesmo tempo simples, mas extremamente funcional por permitir que ele seja todo reorganizado na sala, sem causar barulhos, e ficar com layouts independentes para diferentes dinâmicas.[10]

### Laboratórios de Formação Profissional e Estúdios de Desempenho

Geralmente utilizados para ensino de disciplinas que exigem práticas e equipamentos específicos, os laboratórios de formação profissional são voltados para o trabalho individual e em grupo, com estudantes dispostos em variados layouts (geralmente um estudante por máquina). Como a finalidade de cada laboratório é variável, existem uma infinidade de modelos para sua configuração.

A maioria das empresas que investe em mobiliário específico para espaços de aprendizagem foca seus produtos nos laboratórios de formação profissional, principalmente aqueles que envolvem TI, pois tradicionalmente eles são os que recebem mais investimentos das instituições.

---

9   The Place — UNSW Business School, Sidney, Austrália. Imagens disponíveis em: https://www.business.unsw.edu.au/students/student-experience/virtual-learning-experience/the-place-for-students (conteúdo em inglês)

10  Salas Colmeia da Universidade de Harvard, EUA. Imagens disponíveis em: https://hilt.harvard.edu/businessschoolhives (conteúdo em inglês)

Um dos exemplos é o Centro de Computação Cox Hall da Emory University, em Atlanta. Com prédio e alas totalmente reformuladas em 2002 e mobiliário da empresa CWC, o lobby de entrada é amplo e mais se parece um Café, com iluminação mais baixa e direcionada, com chão dividido entre carpetes vermelhos e piso em madeira em layout curvilíneo, cores e design totalmente diferentes dos laboratórios de informática tradicionais.

O objetivo do laboratório é permitir a flexibilidade, criatividade e colaboração entre os estudantes. Assim, os espaços são amplos para permitir a circulação; as paredes são baixas e móveis, com lousas brancas, para apoiar as discussões; as cadeiras possuem rodinhas, e monitores de computadores são colocados aos pares para permitir que grupos de estudantes se juntem ao mesmo tempo em que são conectados com telas maiores que os professores podem utilizar para orientar e exemplificar projetos para toda a turma. No lobby são apresentadas novas tecnologias, enquanto na frente do salão, janelas amplas e brilhantes e um Café permitem o uso geral e até a realização de eventos personalizados. Junto dele, uma pequena sala de conferências totalmente fechada em vidro, denominada de *Fishbowl*, três salas de aula com layouts diferentes e quatro salas de estudos para grupos de até 6 estudantes.

O projeto de 2002 custou 1,5 milhão de dólares e possui equipamentos multimídia de ponta, com vários projetores, telas, monitores de computadores e lousas digitais que permitem gravar, enviar para a internet e imprimir o conteúdo ali colocado, além de inúmeros computadores, scanners, gravadores para criação de filmes digitais e laptops nas mesas de atendimento.[11]

Por mais que os recursos tecnológicos sejam associados às cores frias, os laboratórios de informática desenvolvidos como espaços de aprendizagem estão passando por uma intensa revolução no quesito cores e mobiliário. Isso acontece principalmente porque busca-se que estes locais sejam agradáveis e confortáveis. Como dito anteriormente, eles devem mais parecer com um Café londrino do que com um laboratório.

As tecnologias sem fio presentes neles são predominantes, e o conceito BOYD (*Bring Your Own Device*) já está amplamente difundido em muitas instituições.

Assim como as células criadas nos espaços de aprendizagem com a divisão de mesas em grupos, com tela, microfone e outros recursos disponíveis para cada mesa, os novos laboratórios buscam explorar o engajamento dos alunos e desenvolver o sentimento de pertencimento àquele lugar, muito mais do que apresentar os mais atualizados equipamentos disponíveis no mercado, e grande exemplo disso é o *CIS Sandbox*, um laboratório desenvolvido na Universidade de Bentley.

---

11  Centro de Computação Cox Hall da Emory University, em Atlanta, EUA. Fonte: http://it.emory.edu/studentdigitallife/spaces/computing-center-at-cox-hall (conteúdo em inglês)

Depois de uma análise dos seus espaços e da diminuição de sua utilização por parte dos estudantes, a Universidade resolveu adotar outra postura para a construção de seu laboratório, criando um ambiente descontraído, possuidor de tecnologia, mas acima de tudo, que fosse um espaço amplamente utilizado pelos estudantes.

No local, poltronas, mesas de apoio e monitor na parede, semelhante à decoração de um Café, fazem parceria com estantes de livros, células de trabalho para grupos com monitores, projetores em paredes, balcões de apoio que podem servir tanto para computadores quanto como aparadores para acomodar um *coffee break*. A ideia central do espaço, que se conecta aos alunos de maneira física e online, foi deixá-lo com característica de startup, a partir da criação de um ambiente de trabalho que incentiva a experimentação e teste, sem medo de afetar outras partes do sistema.

Para atingir o seu principal objetivo e gerar entusiasmo e engajamento dos estudantes, o *CIS Sandbox* utilizou-se de várias estratégias: documentar o processo de criação do espaço e criar um "burburinho" durante sua instalação instigando os alunos, por meio de fotos coletadas e de um vídeo estilo *time lapse* mostrando a evolução do local; operar como uma startup e criar um nome e uma identidade visual (cartões de visita, adesivos e outros impressos) para que os estudantes se identificassem com o local, além de utilizar muitos alunos como tutores do espaço para promover sua experiência profissional; e finalmente, usar as mídias sociais e um blog para sua divulgação e de todas as ações que ali ocorrem, gerando notícias, vídeos instrutivos e, consequentemente, o engajamento esperado.[12]

Algumas instituições denominam seus laboratórios de formação profissional como Estúdios de Desempenho, acomodando até aproximadamente 60 estudantes, mas outras instituições fazem uma separação entre os Laboratórios de Formação Profissional, que são utilizados como sala de aula prática e os estúdios de desempenho como espaço para uma prática mais individualizada, ligados a cursos no universo da comunicação, artes e design. De qualquer forma, independentemente do seu tamanho e nomenclatura, os estúdios são espaços para a prática e imersão.

Na Universidade "College Cork" na Irlanda, a sala de Artes e Humanidades Digitais (DAH), criada para o curso de mestrado em 2015, faz utilização de tecnologia da informação para envolver os alunos de maneiras novas e inventivas. O local tem arranjo de cadeiras flexível para facilitar o trabalho colaborativo e a leitura, além de conter, no mesmo ambiente, cabines fixas para atividades colaborativas utilizando a abordagem BOYD (Bring Your Own Device) que facilita o emparelhamento de telas de estudantes

---

12  *CIS Sandbox* da Universidade de Bentley, EUA. Fonte: https://edtechmagazine.com/higher/article/2013/01/3-ways-reconfigure-old-computer-lab (conteúdo em inglês)

e professores em exibições múltiplas em toda a sala, além de uma cabine de gravação de som e imagem com telas sensíveis ao toque.[13]

Outro estúdio de desempenho, o *SciBox*, fruto de um projeto do Centro de Pesquisa Harvard Initiative for Learning and Teaching (HILT), é uma sala construída em 2013 como um espaço aberto e flexível no centro de ciências, utilizada nos cursos de ciências, história e educação além de oficinas livres e produções do teatro estudantil.

Esta sala, que é um dos ambientes mais incomuns da universidade, possui paredes pintadas de preto, funcionando também como quadro negro, mesas e cadeiras sobre rodas que permitem diferentes layouts para aproveitamento do espaço, uma placa na parede que acomoda ferramentas como martelos e chaves de fenda lembrando uma oficina ou garagem. Em uma área com mais de 760m², a prioridade é a educação experiencial e isso acontece de diversas maneiras, como por exemplo, aulas de música popular africana em que também se aprende passos de dança com os convidados, ou disciplinas em que o professor utiliza a sala de aula invertida para suas aulas.[14]

Um amplo espaço, porém dividido em níveis e estações de trabalho, configura os estúdios da faculdade de design de Harvard, chamados de "The Trays". Eles acomodam 500 alunos em cinco níveis de terraços, separados em pequenas áreas de trabalho, que ao mesmo tempo promovem a interação entre os estudantes que estão em diferentes anos e projetos, mas integra-os criando um senso de comunidade e união entre os anos. Com computadores, internet e mesas para trabalhos manuais, cada nicho possibilita inúmeras atividades individuais semelhante às estações de trabalho em empresas, mas mantém o local como um ambiente criativo único.[15]

O Instituto Hasso Plattner de Design da Universidade de Stanford integrou a linguagem dos laboratórios de prototipagem aos estúdios de desempenho e startups. No espaço do laboratório, ferramentas tecnológicas de construção, fotografia e impressão estão ao lado de mesas de corte e equipamentos de baixa tecnologia em um espaço desordenado que favorece a criatividade. Na classe principal, as paredes são reconfiguráveis e possuem quadros brancos que deslizam dentro do espaço e podem ser utilizados

---

13 Sala digital de artes e humanidades do College Cork, Irlanda. Fonte: http://instructionaldesign.ucc.ie/2016/09/15/dah-room (conteúdo em inglês)

14 Estúdios de desempenho da Universidade de Harvard, EUA. Fonte: http://instructionaldesign.ucc.ie/2016/09/14/scibox-room (conteúdo em inglês)

15 The Trays — Faculdade de Design de Harvard, EUA. Fonte: https://www.world-architects.com/en/pages/insight/spaces-for-learning (conteúdo em inglês)

de variadas formas durante os projetos. Tudo pode ser visualizado do corredor, como um convite ao acréscimo de ideias de quem passa no local.[16]

### Salas de estudo privadas e semiprivadas

Finalmente, as salas de estudo privadas ou semiprivadas são os espaços nos quais pequenos grupos podem realizar projetos em espaços fechados ou semiabertos, o que lhes confere mais privacidade. Geralmente estes locais acomodam até 10 estudantes e são equipados com mobiliário e lousa, tela ou projetores, além dos dispositivos de uso pessoal dos estudantes. Assim como a grande maioria dos espaços citados anteriormente, estes locais podem ser agendados previamente para utilização, diretamente nos sites da instituição, onde possuem amplo descritivo dos equipamentos e ferramentas disponíveis aos alunos.

O Centro de Inovação Krause é uma faculdade comunitária da Califórnia que buscou incorporar todas as novas tecnologias em suas salas de aula e salas de estudo para o benefício da aprendizagem. O Krause Innovation Studio[17], financiado em 6,5 milhões de dólares, foi criado em 2012 a partir de uma necessidade da Faculdade de Educação de um espaço físico com duplo propósito: uma área de estudos em grupos e um laboratório de pesquisas com foco em diferentes ambientes e tecnologias, buscando introduzir os alunos neste universo de inovação em seus regimes de estudo.

Dentre as ferramentas disponíveis nas salas de estudo, com divisões que podem acomodar até 24 estudantes, estão monitores, projetores e telas sensíveis ao toque, cabos que conectam todos estes dispositivos, além de integração entre os de uso pessoal e os existentes no local para compartilhamento em grupo.

Cada sala é decorada com um esquema de cores diferente. As salas Rosa e Laranja possuem monitor de vídeo e são reservadas para grupos semiprivados de 2 a 8 estudantes. Já os *Learn Labs* Verde e Azul acomodam 10 pessoas ou mais e são equipados com dois monitores separados.

Reuniões menos íntimas podem ser feitas nos casulos, que acomodam de 2 a 4 pessoas e estão dispostos na área central do local. Nomeados como Oriente, Central e Oeste, eles possuem monitor individual com os mesmos dispositivos conectores dos espaços privados. A diferença é que os assuntos discutidos ali são de domínio público, porque quem estiver passando pode escutar e observar o que está sendo pensado.

---

16 Instituto Hasso Plattner de Design da Universidade de Stanford. Fonte: https://www.hermanmiller.com.br/pt/why/a-well-balanced-feel.html (conteúdo em inglês)

17 Krause Innovation Studio. Fonte: http://onwardstate.com/2014/10/20/krause-innovation-studio-hints-at-the-future-of-education (conteúdo em inglês)

Um conjunto de sofás, chamado *Stadium Pod,* está arranjado na forma de um hexágono e pode ser dividido e conectado em extremidades opostas, servindo com o propósito de pesquisa, observação e integração e tem capacidade de acomodar até 6 estudantes. Já o outro sofá, *Quiet Pod*, possui área semifechada para dar uma sensação mais privada aos trabalhos em grupo.

Outras áreas de aprendizagem individuais circundam o local: uma área amarela e outra com balcão semelhante a um bar com banquetas mais altas e ao longo do estúdio, quadros brancos que podem ser pendurados por toda a sala ou mesmo usados em carrinho móvel. Nelas, quatro projetores e telas inclinadas para cada mesa conectam os dispositivos pessoais para a integração do grupo.

Toda a sala possui tecnologia interativa e pode ser controlada por tablets que ficam em cada ambiente. Os professores podem fazer ajustes ou mostrar exemplos em tempo real com a utilização desses tablets sem alterar o plano de aula. Além disso, eles mostram quais alunos fizeram o agendamento de cada espaço no período necessário para sua utilização.

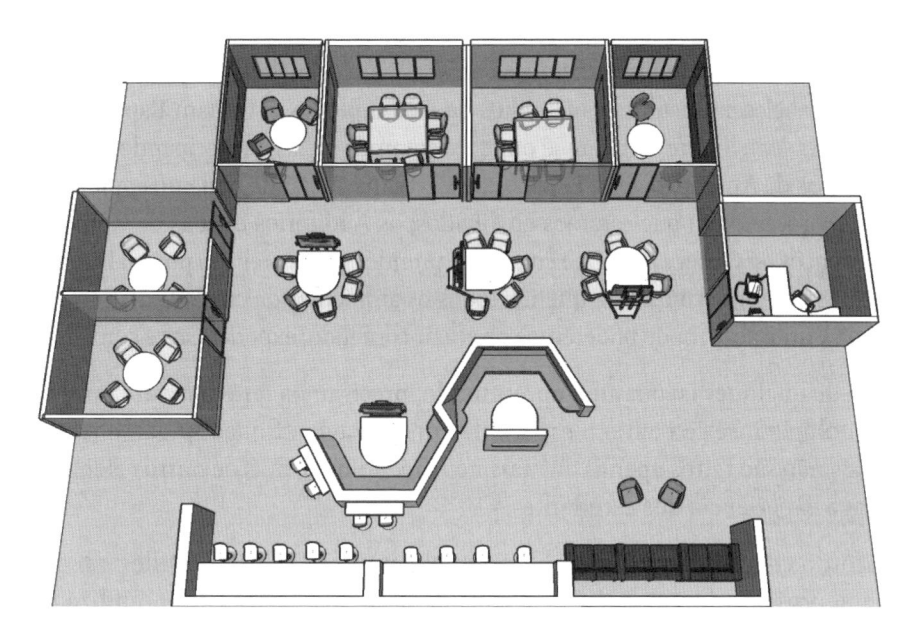

**Figura 9.2:** Esquema representando os espaços do Krause Inovation Studio, California, EUA

## UMA OUTRA ABORDAGEM PARA PENSAR OS ESPAÇOS DE APRENDIZAGEM

Sabemos que é preciso uma humanização dos espaços que permita ao mesmo tempo o aprendizado de maneira individual e em grupo, bem como que as pessoas e seus processos de aprendizagem sejam mais importantes que a gestão dos bens de capital.

Uma das grandes dificuldades para aqueles que buscam repensar estes locais está justamente nas questões subjetivas e particulares de cada projeto, levando em consideração que esta área de pesquisa é recente e que muitos dos projetos que aqui identificamos são resultado de pesquisas próprias de cada instituição, feitas ao longo de um grande período de tempo.

Evan McIntoshi's, em seu artigo intitulado *Cliques e tijolos: quando digital, aprendizagem e espaço físico se encontram*, faz uma brilhante relação entre o artigo de Matt Locke (seis espaços para as mídias sociais) e os espaços de aprendizagem contemporâneos e, mais uma vez, podemos ver neles a estrutura dos nossos ambientes físicos acima propostos. As salas de estudo individuais se tornam **Espaços Secretos**, onde podemos nos isolar do resto do mundo e obter certa "privacidade". Algo extremamente importante, principalmente para os adolescentes, com mobiliário divertido e lúdico; As salas de estudo em grupo se tornam **Espaços de Grupos**, onde podemos nos reunir com poucas pessoas com os mesmos objetivos, compartilhar projetos e estabelecer vínculos; Os Estúdios de Desempenho se tornam **Espaços de Execução**, local mais semelhante a um ateliê onde executamos ideias, prototipando-as e testando-as; os Centros de Aprendizagem, **Espaços de Participação**, onde podemos opinar e participar sobre o processo em que estamos envolvidos; os Auditórios e Salas de Conferência, se tornam **Espaços de Observação**, que consigam prender nossa atenção por mais tempo, para observarmos e aprendermos. Finalmente, todos os ambientes da escola transformam-se em **Espaços de Publicação**, onde poderemos produzir conteúdo, experiências e compartilhá-los.

Acima de qualquer layout aqui apresentado, precisamos ter em mente que, por mais que a tecnologia inserida em um espaço de aprendizagem fique rapidamente obsoleta, estes locais não são feitos apenas da mais nova tecnologia, mas de outros elementos que permitem a experiência dos estudantes.

De acordo com um relatório publicado pela empresa Herman Miller em 2009, são estes elementos que devemos levar em consideração nos espaços de aprendizagem:

- **Necessidades humanas básicas:** que incluem conforto, conveniência e apoio ao aprendizado.

- **Ensino e aprendizado:** método, estilo, tecnologias e ferramentas, flexibilidade e eficácia.

- **Engajamento:** comunicação, colaboração, interação e senso de comunidade.

Desta forma serão igualmente fundamentais elementos como cores, mobiliário com diferentes características, tamanhos e materiais, ambientes que remetam à segurança e conforto, que reflitam a nossa necessidade de escolher um espaço "acolhedor" e permitam a socialização.

## QUESTÕES

1) Elabore um esquema de espaços de aprendizagem que possam ser utilizados para atividades de estudo, atividades laboratoriais e atividades de pesquisa em uma Faculdade que possua cursos na área de gestão.

2) Faça o mesmo exercício para faculdades de engenharia e para a formação de professores para a educação básica.

## REFERÊNCIAS

BROWN, M. 2004. **NLII Fall Focus Session, Learning Space Design in the 21st Century**. Disponível em: https://www.educause.edu/ir/library/pdf/NLI0446.pdf. Acesso em: 25/10/2017.

_____ & LONG, P. 2006. **Trends in Learning Spaces Design.** Disponível em: https://www.researchgate.net/profile/Phillip_Long/publication/43516621_Trends_in_learning_space_design/links/02e7e5385f429615b3000000.pdf. Acesso em: 25/10/2017.

CAINE, R.N.; CAINE, G.; McCLINTIC, C. & KLIMEK, K.J. **12 Brain/Mind – Learning Principles in Action** 2ªEd. Califórnia: Corwin Press, 2009.

GRAETZ, K. 2006. **The Psychology of Learning Environments**. Educause Review, 41(6): p. 60–75.

IBM. 2010. **Trabalhando Além das Fronteiras: Insights do Estudo Global com Diretores Executivos de Recursos Humanos**. Disponível em: ftp://ftp.software.ibm.com/la/documents/br/services/studies/chro_study_2010_full_portuguese.pdf. Acesso em: 25/10/2017.

MACINTOSHI'S, E. **Clicks and bricks: when digital, learning and physical spaces meet.** Disponível em: http://edu.blogs.com/edublogs/2010/10/-cefpi-clicks-bricks-when-digital--learning-and-space-met.html. Acesso em 25/10/2017.

MILLER, H. **Adaptable Spaces and Their Impact on Learning**. Relatório disponível em: http://www.hermanmiller.com/content/dam/hermanmiller/documents/research_summaries/wp_Adaptable_Spaces.pdf. Acesso em: 25/10/2017.

MORACE, F. **Consumo Autoral: as gerações como empresas criativas**. 2ªEd. São Paulo: Estação das Letras e Cores, 2012.

POOLE, P. & WHEAL, A. **Learning, spaces and technology exploring the concept.** Canterbury: Christ Church University, 2011.

PRINCE, M. 2004. **Does active learning work? A review of the research**. Journal of Engineering Education, 93: p. 223–231.

SANTOS, G.S. **Ensino Híbrido: personalização e tecnologia na educação.** in L.Bacich; A.Tanzi Neto & A. Trevisani (orgs). Porto Alegre: Penso, 2015.

# 10
# INOVAÇÃO EM SALA DE AULA APOIADA PELA TECNOLOGIA

"A tecnologia só é tecnologia para quem nasceu antes dela ter sido inventada."

**Alan Kay**

Com o barateamento das tecnologias e o maior acesso a smartphones e a recursos disponíveis pela internet, a população mundial compreende, aprende e se rende a essa infinidade de recursos trazidos por essas e outras tecnologias de comunicação e informação.

As Instituições de Ensino, principalmente os professores e gestores, tentam se adaptar e utilizar essa nova realidade visando melhorar a qualidade do processo de ensino-aprendizagem, seja criando ambientes virtuais de aprendizagem para apoio às atividades presenciais, seja desenvolvendo ambientes específicos de simulação. Há também as iniciativas de utilização de redes sociais ou uma vasta gama de aplicativos para troca e desenvolvimento de atividades colaborativas.

Independentemente da complexidade ou profundidade da utilização da tecnologia no ambiente educacional, uma das principais vertentes está sendo a utilização da tecnologia para suportar processos de avaliação. Principalmente a avaliação formativa, que tem como característica a possibilidade de acompanhamento individual de cada estudante por parte dos professores. É essa vertente que trataremos a seguir.

## AVALIAÇÃO E SUA RELAÇÃO COM A ESCOLA E A SOCIEDADE

A Escola como a estrutura social destinada a conduzir o processo de ensino-aprendizagem de uma determinada sociedade não é uma construção isenta de influências desta sociedade que a criou. Segundo Freitas (2003), *"dela, espera-se que cumpra uma determinada função"* (Freitas, 2003, p. 14). Existe, portanto, uma relação direta entre a escola e a sociedade, ficando assim, a visão linear que muitos têm do processo de ensino-aprendizagem (objetivo ▶ conteúdo ▶ método ▶ avaliação) aquém da complexa rede de relações existente.

Neste contexto, o que realmente importa para pais, estudantes e uma grande parcela dos professores (e da sociedade como um todo), é "tirar boas notas", "passar de ano", "se formar". Hextall e Sarup afirmam que:

> Dentro do contexto da escola o que está sendo avaliado é o potencial de trabalho do aluno, seu valor de troca. O aluno troca o produto de seu trabalho por objetos — pontos, graus, certificados. (...) Seu trabalho, por isso, perde sua significação individual (Freitas, 1995, p. 232).

Segundo Bourdieu e Passeron (1975), toda a vida universitária, não apenas as representações e as práticas dos agentes, mas também a organização e o funcionamento das instituições de ensino, estão atrelados ao exame. Assim, para Freitas (2003, p. 28), o estudante é cada vez mais conformado a ver a aprendizagem como algo que só tem valor a partir da nota (ou aprovação social), que lhe é externa, e a troca pela nota assume o lugar da importância do próprio conhecimento como construção pessoal e poder de interferência no mundo.

Toda a estrutura avaliativa dos cursos, nos diferentes níveis escolares, está voltada para detectar se o aluno, ao passar por uma determinada disciplina ou componente curricular, aprendeu ou não o conteúdo. Isso gera uma série de ações por parte do professor que, por sua própria formação social, tende a medir de alguma forma se aquele conhecimento esperado foi "transferido" ou "assimilado", e em que grau.

Uma questão central trazida por Allal, Cardinet e Perrenoud (1986) é exatamente *"como fazer da avaliação um instrumento de formação em vez de um instrumento de seleção?"*.

Nesse sentido vale ressaltar que, além da avaliação do conhecimento, existem componentes do processo de avaliação. Segundo Freitas (1995, 2001 e 2003), o fenômeno da avaliação em sala de aula tem pelo menos três componentes: a avaliação institucional (as provas); a avaliação comportamental e a avaliação de "valores e atitudes". A esse conjunto denomina-se *avaliação em sala de aula*[1]. Além desses três aspectos, deve-se também considerar a avaliação em dois planos: *o formal e o informal* (Perrenoud, 1996, p. 50). A Figura 10.1 ilustra essa relação.

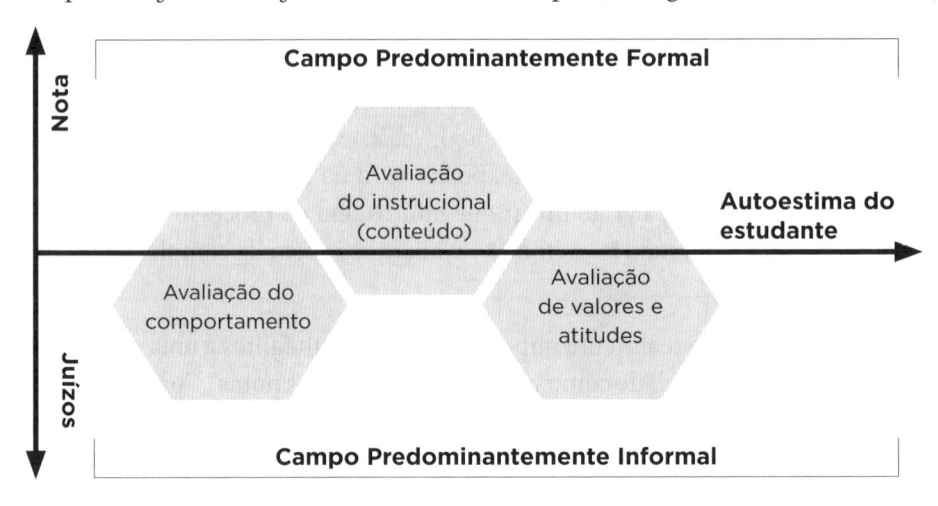

**Figura 10.1:** Três aspectos da avaliação posicionados sobre dois planos da avaliação: o formal e o informal (Freitas, 2003, p. 44)

Os estudos sugerem que o estudante que foi reprovado em uma avaliação formal (uma prova, um trabalho etc.), de fato, já estava reprovado antes, na avaliação informal, no cotidiano da sala de aula. Portanto, o fracasso ou sucesso não é algo pontual, ligado ao desempenho do estudante, se absorveu ou não o conteúdo, mas é uma construção diária em sala de aula (Pinto, 1994; Freitas, 1995; Bertagna, 2003). Assim, pode-se assumir que é na sala de aula (ambientes de aprendizagem) e nas ações educativas, que se pode construir o sucesso ou o fracasso dos estudantes.

A maior valorização do tempo do estudante em sala de aula deve, portanto, ser uma das prioridades do professor, além de se concentrar mais na formação do que na propriamente dita instrução deste mesmo estudante.

## AVALIAÇÃO FORMATIVA E A UTILIZAÇÃO DA TECNOLOGIA

É possível observar que, muitas vezes, a prática de avaliação nas Instituições de Ensino Superior está centrada no emprego de avaliações somativas como forma básica de "medir" o quanto do conteúdo foi apreendido pelos alunos. As razões são diversas e não cabe aqui discuti-las.

---

1 Sala de aula como espaço de aprendizagem. Dessa forma laboratórios, salas ambiente e demais espaços, físicos e virtuais, destinados a aprendizagem são entendidos como "sala de aula".

Dentre os desafios que se apresentam ao ensino contemporâneo está a mudança do paradigma educacional, agregando a ele novas possibilidades de condução do processo da avaliação. Para essa agregação, percebe-se o emprego da tecnologia como forma de permitir ao professor estender sua ação para atingir todo o processo de ensino ao invés de centrá-la em momentos estanques ao longo do curso.

Uma das principais vantagens de proporcionar a verificação da aprendizagem por meio de métodos formativos consiste na possibilidade de prover correções de rumo — ou retomada dos mesmos, caso seja verificado um desvio prejudicial aos objetivos do projeto e ao aprendizado dos estudantes, de forma geral.

A complexidade deste acompanhamento contínuo pode ser solucionada pela utilização da tecnologia.

Além disso, uma alternativa para promover um melhor tratamento na complexidade envolvida na utilização de métodos e metodologias ativas é a utilização da tecnologia para suporte aos processos de avaliação individualizada e que acompanhe todo o processo formativo dos estudantes.

É importante destacar que tais avaliações geram subsídios para que o professor consiga direcionar as atividades dos momentos de contato com os estudantes, nos vários ambientes de aprendizagem. Portanto, o foco deve estar completamente centrado nas interações com os estudantes! É aí que o professor deve ter a sensibilidade para compreender as deficiências ou *gaps* na aprendizagem dos estudantes e reforçar, complementar, motivar e ligar conteúdos que os sensibilizem para o seu total domínio e apropriação.

São vários os recursos tecnológicos que os professores podem utilizar para coletar informações que direcionem suas ações. Vamos ver alguns deles.

## EXEMPLOS DE RECURSOS TECNOLÓGICOS UTILIZADOS

Ao aplicar as metodologias ativas, o processo de avaliação "do que", "de como" e "em qual proporção" os conteúdos foram aprendidos pelos estudantes torna-se fundamental. Fazer isso, manualmente, seria tarefa próxima da loucura. Totalmente impraticável se pensarmos em componentes curriculares de um curso e que a tarefa do professor envolve mais de uma turma de estudantes.

É nesse contexto que ferramentas computacionais que automatizam o processo de avaliação da aprendizagem se aplicam e potencializam a ação docente.

A seguir são descritas algumas ferramentas computacionais existentes que podem ser utilizadas para essa finalidade.

## Formulários Google (Google Docs)

Um recurso muito utilizado para realizar pesquisas é a parte de formulários do Google Docs. Um jeito rápido, prático e gratuito de fazer formulários para coleta de informações. A Figura 10.2 apresenta a tela inicial em um computador desktop da aba Formulários do Google Docs.

**Figura 10.2:** Aba Formulários do Google Docs (https://www.google.com/forms/about)

Recentemente foi anexada aos formulários do Google Docs a parte de TESTES. Esse recurso de controle de avaliações é feito após criar um novo formulário e inserindo uma nova pergunta. A Figura 10.3 apresenta a tela de criação e inserção da primeira pergunta.

**Figura 10.3:** Tela inicial de criação de um formulário e inclusão de uma primeira pergunta

Depois ou concomitantemente à criação do formulário, para mudar o foco de "pesquisa" para "teste", basta clicar no botão de configuração, localizado no canto superior direito da tela. Aparecerá uma caixa pop-up e será possível escolher uma de três abas disponíveis: Geral, Apresentação e Testes. Basta escolher a aba TESTES.

Nela deve ser habilitada a opção "Criar Teste" e ser definido como será o processo de liberação da nota e a forma como as pessoas que responderem poderão visualizar os resultados. Ao final, basta clicar no botão SALVAR e, com isso, o seu formulário agora será configurado como um teste. A Figura 10.4, ilustra esse processo.

**Figura 10.4:** Aba de configuração de TESTES do Formulário do Google Docs

Deve ser observado que foi disponibilizada uma nova opção no rodapé da janela de inserção de perguntas: CHAVE DE RESPOSTA, conforme mostrado na Figura 10.5. Ao escolher essa opção será possível visualizar a mesma questão que estava sendo inserida, com a possibilidade da inserção do gabarito e a definição da quantidade de pontos que tal questão terá.

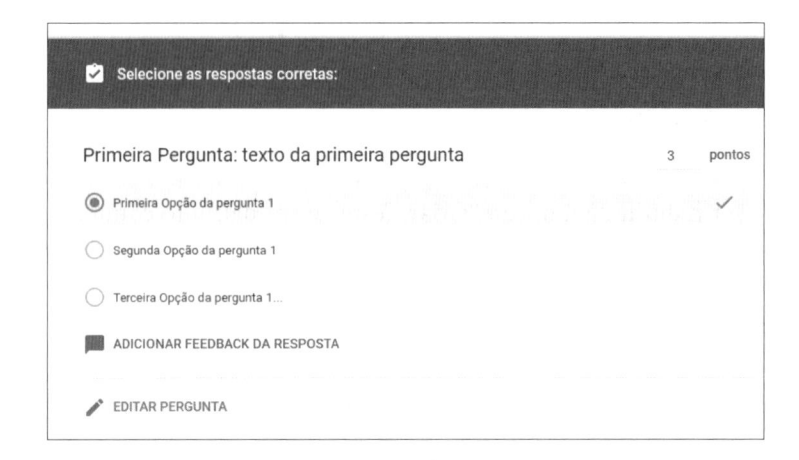

**Figura 10.5:** Edição do Gabarito das questões no Formulário do Google Docs

Como pode ser observado, a primeira alternativa foi identificada como a resposta correta, e foram associados 3 pontos para o caso de acerto.

Para continuar a edição, basta clicar no botão "Editar Pergunta", no rodapé dessa mesma janela, que se alternará com o botão "chave de resposta".

Além disso, ao clicar no botão (...) localizado no canto direito do rodapé da edição da pergunta, será possível definir a opção de misturar as respostas aleatoriamente.

Ao final do processo de edição, quando todas as questões e gabaritos tiverem sido inseridos, basta clicar no botão ENVIAR, no canto superior direito, e inserir os endereços de e-mail dos estudantes e então, enviar o teste. Existem campos para edição do Assunto e Mensagem do e-mail. Existe a opção de enviar um link ou o próprio teste anexado à mensagem.

Essa ferramenta do Formulário do Google Docs é excelente para o trabalho com avaliações fixas e aplicadas de forma padronizada. Além dessa opção existem outras ferramentas focadas em avaliações fixas. Dentre muitas, podemos destacar: Socrative (socrative.com); Mentimeter (mentimeter.com); PollEverywhere (polleverywhere.com); Kahoot (getkahoot.com); ResponseWare (responseware.turningtechnologies.com) e SurveyMonkey (pt.surveymonkey.com).

## AMBIENTE VIRTUAL DE APRENDIZADO MOODLE

O Moodle é mais que uma simples ferramenta de avaliação. Trata-se de um ambiente completo de gestão do processo de ensino-aprendizagem e, sua página inicial, no site moodle.org, está mostrada na Figura 10.6.

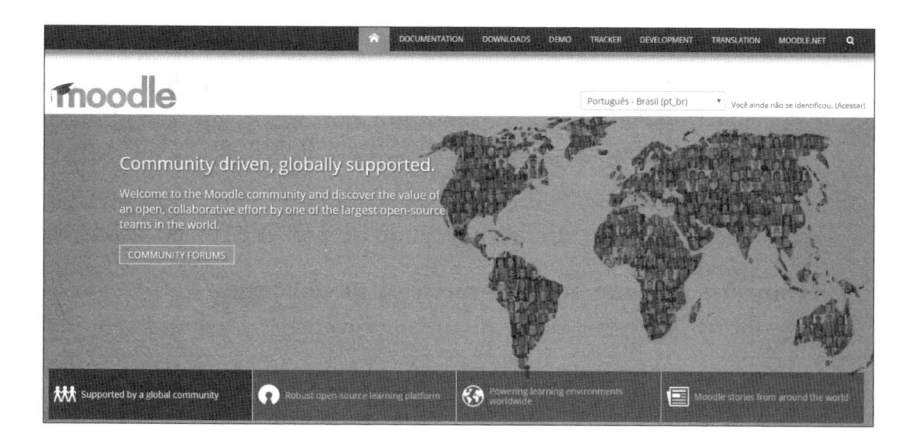

**Figura 10.6:** Página inicial do Moodle.org (conteúdo em inglês)

É por meio desse canal que se pode realizar o download da última versão do sistema, assim como acessar toda a documentação existente para configuração e trabalho com o mesmo. Como o ambiente forma uma complexa gama de recursos, focaremos aqui apenas aqueles relacionados à avaliação, nosso foco. São eles:

a) **Memorial e webfólio**: instrumento que permite o registro individual e sistemático de ações inerentes ao processo de aprendizagem. Esse registro de documentos e ações é avaliado e, quando necessário, indicada a necessidade de maior aprofundamento ou estudos em determinada área.

b) **Blogs**: trata-se de uma espécie de diário de bordo, onde o estudante registra, direcionado pelo instrutor/mediador, suas observações e percepções a respeito do processo de ensino-aprendizagem. A avaliação ocorre pelos próprios pares (estudantes) e também pelo professor.

c) **Fóruns de discussão**: um instrumento de avaliação assíncrona, que favorece a reflexão e o registro de percepções a respeito de determinados tópicos do assunto tratado no processo de ensino-aprendizagem. A avaliação ocorre pelos pares (principalmente pela interação e observação) e pelo professor, principalmente pelos questionamentos corretos, levando os estudantes a aprofundar determinados assuntos/tópicos.

d) **Chat**: por sua natureza síncrona, esse recurso é geralmente utilizado como espaço de encontros virtuais para discussão e troca de informações a respeito de determinado tópico ou dúvida recorrente. A avaliação é geralmente centrada na qualidade e profundidade da participação de cada estudante.

e) **Testes objetivos**: permite a criação de questionários com vários recursos, como embaralhar as questões e alternativas, linearidade da apresentação das questões, aprofundamento entre outros. Podem ser utilizados para automatizar o processo de liberação de tópicos futuros, definindo-se uma nota mínima para o teste objetivo. Atingido tal valor na avaliação, o sistema o redireciona ou libera o conteúdo do próximo tópico a ser trabalhado.

f) **Trabalho de elaboração e exercícios de aplicação**: trata-se da definição de um espaço para recebimento de arquivos referentes a trabalhos ou exercícios a serem remetidos para análise do professor. Geralmente se define uma data inicial e final para envio. O sistema controla esse período de recepção dos trabalhos e organiza os arquivos recebidos. Só esse processo de controle já ajuda muito o professor em suas atividades.

Esses são os principais recursos de avaliação disponíveis no Moodle e também nos principais Ambientes Virtuais de Aprendizagem disponíveis no mercado, tais como: Canvas, Blackboard, Eleven, Edmodo, ATutor, Claroline, Dokeos, eCollege, TelEduc, NAVi, Yappr entre muitos outros.

## Sistema de Avaliação da Aprendizagem (SAA) integrado ao processo

O Sistema de Avaliação da Aprendizagem, ou simplesmente SAA, é um sistema desenvolvido para o ambiente Web, adaptado à utilização em diversos sistemas operacionais e dispositivos, principalmente smartphones e tablets (Piva Jr. et al., 2016).

O SAA está alocado no endereço http://www.saa.pro.br e a página inicial do sistema está mostrada na Figura 10.7.

**Figura 10.7:** Tela inicial do sistema SAA no domínio www.saa.pro.br

No que diz respeito à modelagem do sistema, as funcionalidades do SAA podem ser observadas na Figura 10.8 que ilustra o Diagrama de Casos de Uso, utilizado em Engenharia de Software para modelar os perfis dos utilizadores do sistema e todas as funcionalidades associadas para cada perfil, inclusive um eventual sistema de gestão acadêmica (SGA ou SIGA).

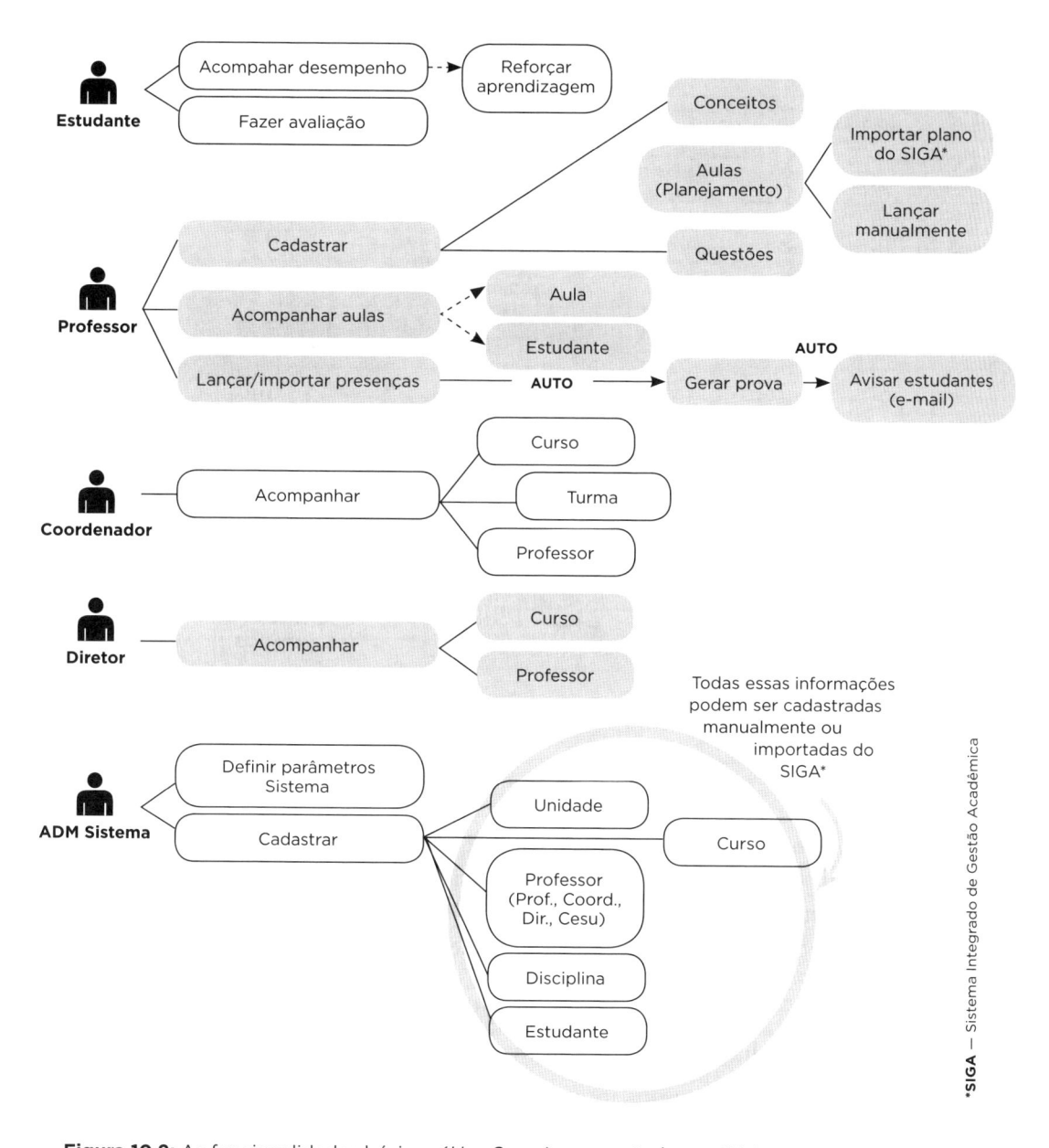

**Figura 10.8:** As funcionalidades básicas (*Use Cases*) apresentadas no SAA

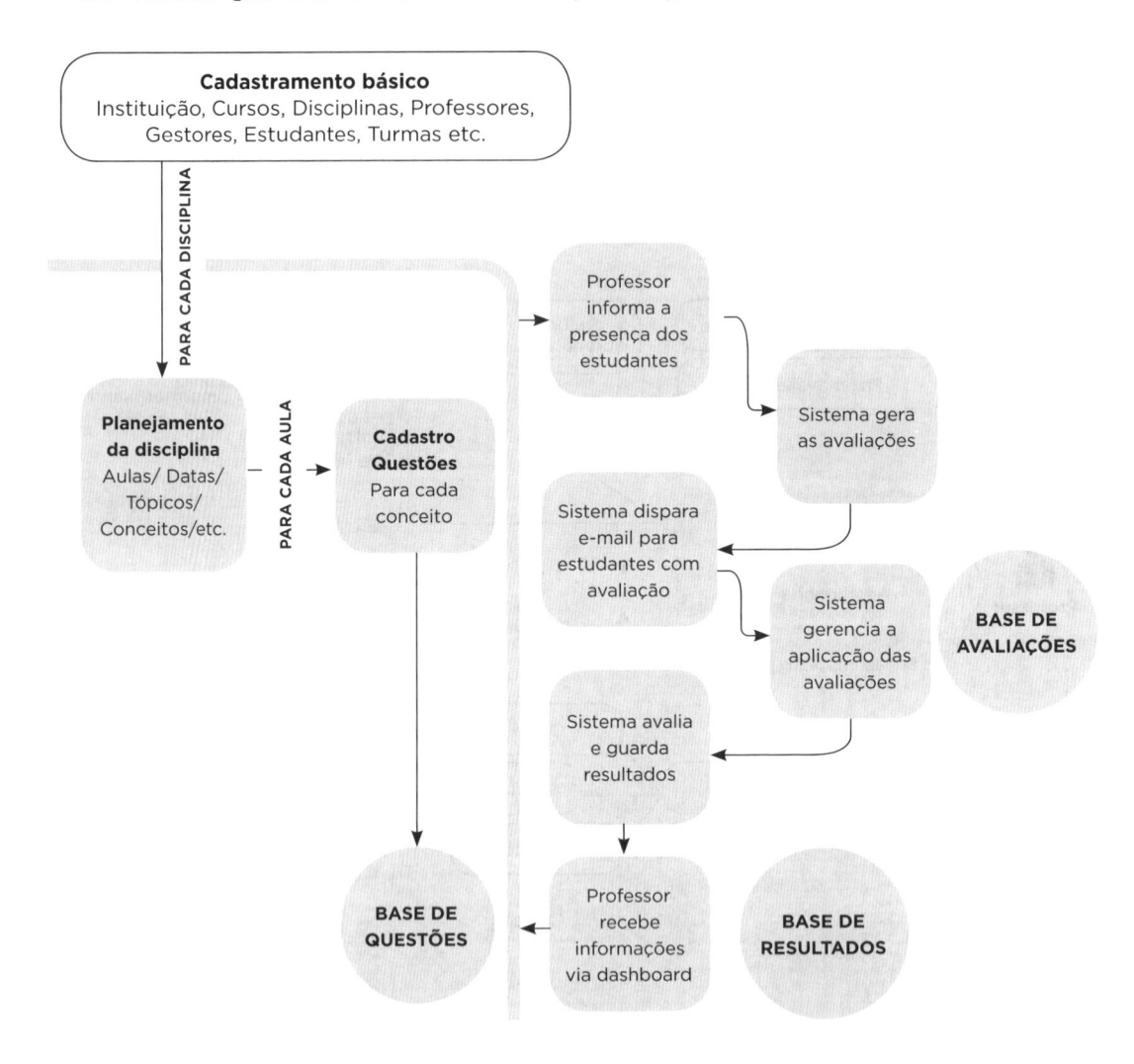

**Figura 10.9:** Etapas iniciais de cadastramento e operacionais no sistema SAA

Por meio de estudos realizados por Piva Jr. e colaboradores (2016, 2017), foi possível verificar que além da reconstrução e formatação dos conteúdos, utilizando técnicas inerentes à internet e ao processo de ensino online (tais como hipertexto, linguagem dialógica, semiótica e conceitos de interação homem-máquina), a avaliação do aprendizado destes conteúdos mostra-se de grande importância. Entende-se que, dentro de um curso oferecido nos modelos presencial, a distância ou híbrido, cada conceito tem a sua própria forma de avaliação e exposição de materiais instrucionais.

A prática didática no ensino superior mostra que a ideia de conceito pode ser representada, grosso modo, pela noção de uma aula. Dessa forma, ao realizar o planejamento de um processo avaliativo, o professor poderá pensar em termos de conteúdos, agregados por aula, e a cada aula associada a um ou mais conceitos (tópicos da matéria) a serem trabalhados. A esses conceitos ou aula, devem ser associadas uma série de outras informações, inclusive como esse determinado conceito deve ser avaliado e tido como aprendido. Nesse sentido deve ser relacionado a eles um conjunto de questões, com vários níveis de dificuldade, para compor uma base ou banco de questões. A Figura 10.9 representa a sequência de planejamento de uma determinada disciplina que deve ser realizada por um docente no sistema SAA.

Depois de realizados os cadastros iniciais, deve-se observar as etapas operacionais frequentes do sistema. Em termos práticos, uma vez que se chega a uma data planejada de aula, o sistema aponta que pode ser realizado o lançamento das presenças dos estudantes.

Apontadas as presenças, apenas e tão somente para os alunos que estiveram presentes naquela atividade, o sistema irá montar uma avaliação (individualizada) que será associada a cada estudante presente. Uma mensagem por e-mail será enviada para que ele se lembre de que existe uma avaliação a ser realizada com informações da disciplina, da aula e a quantidade de minutos que deve reservar (em média) para respondê-la.

Uma vez respondida uma avaliação, o sistema disponibilizará uma série de relatórios e gráficos para que o professor, o estudante, o coordenador do curso e o diretor da unidade possam tomar as ações convenientes para a melhoria do processo de ensino-aprendizagem, qualquer que tenha sido o método, metodologia ou modalidade de ensino.

Por meio dessas informações, os professores podem realizar ações que levem à melhoria do processo de ensino. Por exemplo, ao utilizar um método ativo como a Inversão de Sala de Aula, o sistema SAA pode indicar os pontos de maior dificuldade que os estudantes tiveram no contato com o conteúdo (geralmente disponibilizado online). Essa informação deverá ser utilizada pelo professor para planejar o encontro presencial, reforçando esses pontos negativos e aprofundando os demais tópicos/conceitos, chegando ao ponto de intervenções individuais, baseadas nos resultados e relatórios disponibilizados pelo SAA, antes do encontro presencial.

Outro exemplo poderia ser a utilização dessas informações pelos tutores em uma disciplina desenvolvida a distância. Antes de realizar as intervenções no ambiente virtual de aprendizagem, o tutor verificaria o desempenho dos estudantes em determinada avaliação a respeito do conteúdo. Os pontos que indicassem maior dificuldade, seriam aqueles em que o tutor reforçaria nas suas interações com os estudantes, no ambiente virtual de aprendizagem, de maneira personalizada em função da performance de cada um.

Desde informações gerais, como as ilustradas na Figura 10.10, de uma disciplina ministrada na Faculdade de Tecnologia de Itu–SP, que apresenta o painel de controle do professor autor deste capítulo para uma determinada disciplina/turma. Até informações individualizadas de uma determinada avaliação aplicada a uma turma específica, conforme ilustrado nas Figura 10.11, 10.12 e 10.13.

A Figura 10.10 mostra o painel de controle do professor em uma situação real de disciplina ministrada na Faculdade de Tecnologia de Itu–SP, com informações gerais de uma disciplina/turma (Piva Jr. et al., 2017). Informações mais específicas sobre desempenho individualizado em uma das avaliações aplicadas também são mostradas nas Figuras 10.11, 10.12 e 10.13.

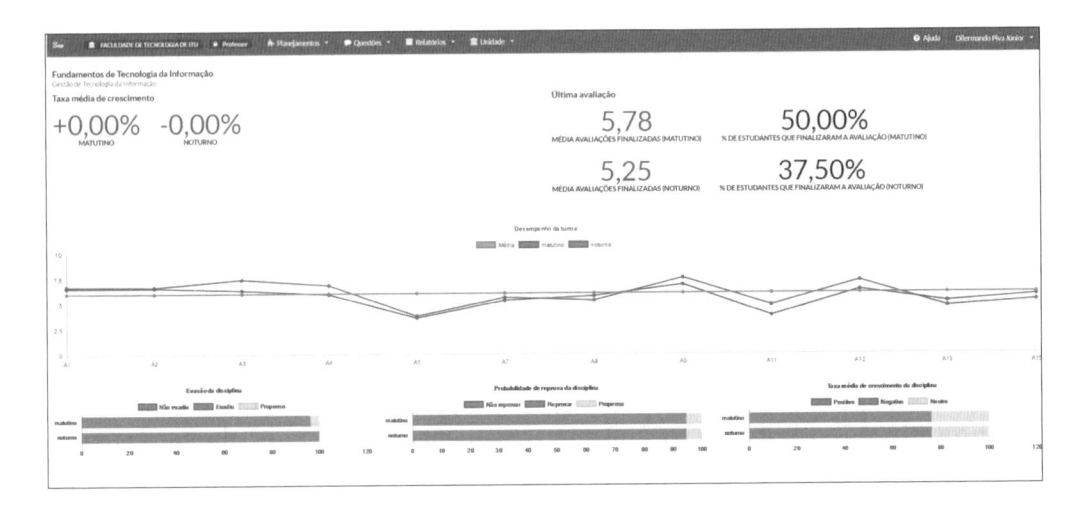

**Figura 10.10:** Painel de controle do professor em uma determinada disciplina/turma

**Figura 10.11:** Resultado de uma determinada avaliação realizada para uma turma específica no SAA

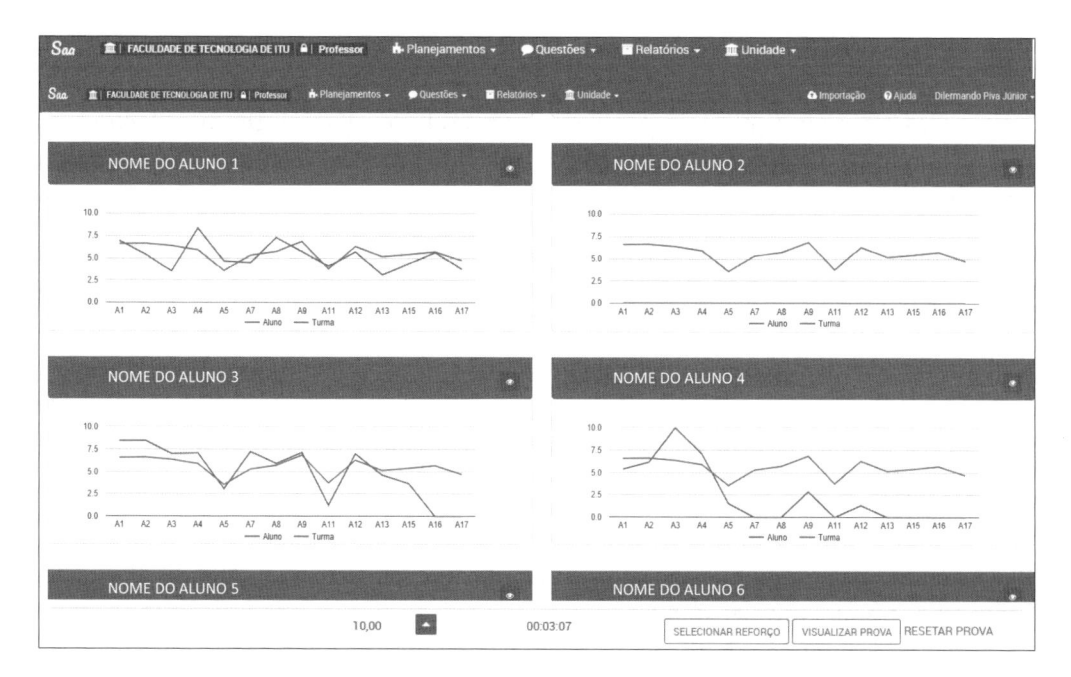

**Figura 10.12:** Gráficos de desempenho individual por turma no SAA

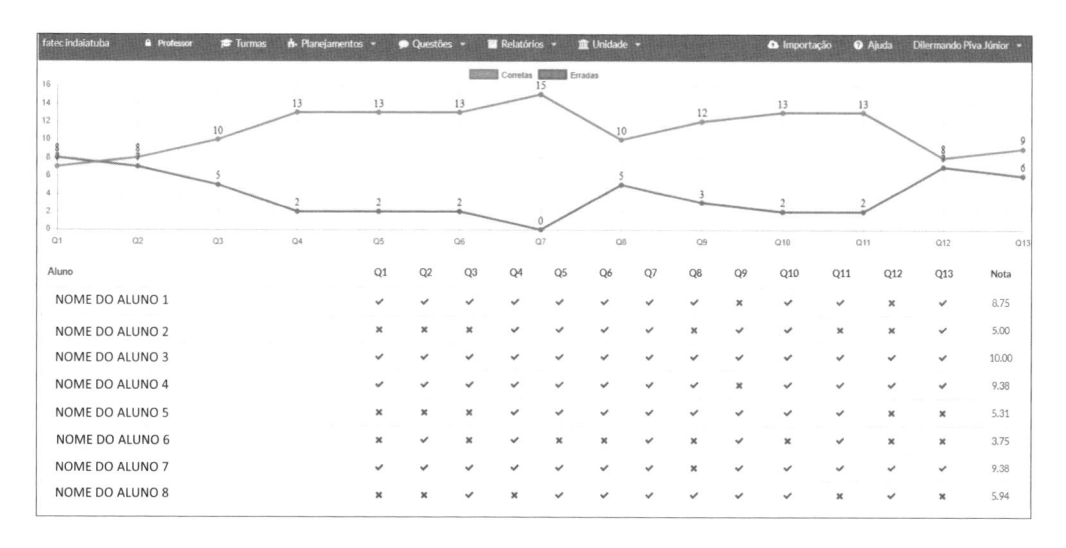

**Figura 10.13:** Resultados individuais, em uma avaliação, divididos por questão no SAA

Resultados da utilização do SAA em cursos de graduação, na modalidade presencial, indicam melhora da qualidade da aprendizagem de, em média, 30%. Seus reflexos estão principalmente na redução da evasão e melhoria da qualidade do processo de ensino-aprendizagem como um todo (Piva Jr. et al., 2017).

## PERSPECTIVAS

Deve-se ressaltar que a aplicação da tecnologia em sala de aula deve ter como foco a busca pela ampliação da aprendizagem tão esquecida no processo tradicional, que é focado na quantidade do conteúdo assimilado.

O acompanhamento individualizado, como se propõe para uso de metodologias ativas e personalizadas de aprendizagem (MAPA), praticamente se inviabiliza sem o apoio tecnológico. Entretanto, o uso de TICs abre uma possibilidade concreta para que sejam realizadas avaliações formativas individualizadas, ao menos para ser verificada a apropriação de conceitos. Esse procedimento ganha eficácia à medida que o banco de questões se amplie e os testes sejam classificados em função de sua dificuldade, além do assunto a que se referem.

A aplicação de uma avaliação pelo próprio sistema, obtida com um grau de dificuldade similar, mas individualizada aos estudantes que participaram daquela atividade, garantirá o tratamento personalizado que se espera para que cada estudante possa se apropriar dos conteúdos abordados, com suas preferências e limitações.

Além disso, conforme mostram as figuras apresentadas, há a possibilidade de o próprio sistema selecionar arquivos que possam ser utilizados como forma de recuperação, também neste caso, específicas para cada estudante e realizadas em função do desempenho na avaliação, a partir de estratégias metodológicas que podem variar em função do perfil do próprio avaliado.

O uso da tecnologia é, portanto, um novo campo de possibilidades que poderá trazer soluções inovadoras para o ambiente da sala de aula e auxiliar na quebra do atual paradigma do ensino, abrindo as portas para o fantástico mundo da aprendizagem.

## QUESTÕES

1) Explore as ferramentas computacionais específicas de avaliação citadas neste capítulo. Em seguida, construa uma tabela inserindo os prós e contras da utilização de cada uma delas.

2) Explore os diversos Ambientes Virtuais de Aprendizagem citados neste capítulo. Em seguida, identifique, baseado nas suas expectativas e nas limitações que encontra na(s) instituição(ões) onde atua, os pontos positivos e negativos de utilizar cada um desses ambientes.

3) Identifique quais as vantagens de se utilizar um sistema que automatiza o processo de avaliação formativa da aprendizagem.

4) Faça uma pesquisa na internet e verifique as diferenças existentes nas três principais modalidades de avaliação: somativa, formativa e diagnóstica.

## REFERÊNCIAS E LEITURAS

ALLAL, L., CARDINET, J. & PERRENOUD, P. **Avaliação formativa num ensino diferenciado**. Coimbra: Almedina, 1986.

BERTAGNA, R.H. **Progressão continuada: limites e possibilidades**. Tese de Doutorado. Campinas: Faculdade de Educação da Unicamp, 2003.

BERGMANN, J. & SAMS, A. (2014). **Flipped learning Gateway to Student Engagement**. Learning & Learning with Technology, May 18–23.

BOURDIEU, P & PASSERON, J.C. (1975). **A Reprodução**. Rio de Janeiro:Francisco Alves.

FREITAS, L.C. (1995). **Crítica da organização do trabalho pedagógico e da didática**. 6ª.ed. Campinas, Papirus.

FREITAS, L.C. (2001). **Educação hoje: questões em debate. Que escola desejamos?** Estudos avançados, 15(42), p. 48–53.

FREITAS, L.C. (2003). **Ciclos, Seriação e Avaliação: Confronto de lógicas**. 1ª.ed. São Paulo: Moderna.

PERRENOUD, P. (1986). **Das diferenças culturais às desigualdades escolares: a avaliação e a norma num ensino diferenciado**. In: ALLAL, L., CARDINET, J. e PERRENOUD, P. (1986). Avaliação formativa num ensino diferenciado. Coimbra: Almedina.

PINTO, A.L.G.(1994). **A avaliação da aprendizagem: o formal e o informal**. Dissertação de Mestrado. Campinas, Faculdade de Educação da Unicamp.

PIVA JR., D.; CORTELAZZO, A.L.; FREITAS, F.A. & BELO, R.O. **Sistema de Avaliação da Aprendizagem (SAA): Operacionalização da Metodologia Flipped Classroom**. In: Anais do 22º Congresso Internacional ABED Educação a Distância, Águas de Lindóia, SP: ABED, 2016.

PIVA JR., D.; CORTELAZZO, A.L.; FREITAS, F.A. & RODRIGUES, M.R.J.B. **Avaliação do Sistema de Avaliação da Aprendizagem (SAA) por professores e estudantes**. In: Anais do 23º Congresso Internacional ABED Educação a Distância, Foz do Iguaçu, PR: ABED, 2017.

# ÍNDICE

**A**

Acessibilidade em sala de aula  29
Ações mercadológicas  146
Adoção do alfabeto  23
Ambiente virtual de aprendizagem (AVA)  13–20, 46–56, 79, 87, 199
Aprendizagem
　baseada em problemas  106
　baseada em projetos  35
　por meio de métodos formativos  191
　　recursos tecnológicos utilizados
　　　Formulários Google (Google Docs)  192
　　　Moodle  194
Atividade cerebral  85, 86
Aulas expositivas  18–20, 31, 33, 35
AVA. *Veja* Ambiente virtual de aprendizagem (AVA)
Avaliação
　diagnóstica  88
　formal  190
　informal  190

**B**

Brainstorming  155

**C**

Cardápio metodológico  38
CEE (Conselhos Estaduais de Educação)  3
Centro de aprendizagem  68
Centro de computação  179
CNE (Conselho Nacional de Educação)  3–4
Composto de marketing  147
Conectividade  37, 67, 157–158, 172
Copyright  125
Creative Commons  124–125, 127
Cursos híbridos (blended courses)  14, 51

**D**

DCNs (Diretrizes Curriculares Nacionais)  9–20
Design Instrucional  98–114
Didática Magna  24
Direito
　Autoral  116–144
　de Propriedade  117–144
　Moral  116–144
　Patrimonial  116–144

**E**

EaD (Educação a distância)  12, 14, 52, 95
Educação
　básica  5
　　Etapas da educação
　　　Educação infantil  5
　　　Ensino fundamental  5
　　　Ensino médio  5
　difusa  22
　informal  69
　online  42–56
　presencial  45, 52
　superior  7–8
　　Cursos de extensão  7
　　Cursos de graduação  7
　　Cursos e programas de pós-graduação  7
　　Cursos sequenciais  7

ENADE 9, 14, 47
ENEM (Exame Nacional do Ensino Médio) 6
Ensino
 a distância 42–56
 flexibilização do VII, 8
 híbrido VII, 45
 pela memorização 30
 presencial 46
Ensino-aprendizagem 15–20, 29–40, 42–56, 58–76, 78–90, 95–114, 147–168, 188–204
Espaços
 de aprendizagem 58–76, 169–186
  Estrutura dos espaços
   Auditórios 173
   Centros de Aprendizagem 174
   Estúdios de Desempenho 178
   Laboratórios 178
   Salas de Conferência 174–186
   Salas de estudo privadas 182
   Salas de estudo semiprivadas 182
 de Ensino Geral 66
 de Execução 184
 de Grupos 184
 de Observação 184
 de Participação 184
 de Publicação 184
 para a formação profissional 67
 Sociais 69
Estatuto da Pessoa com Deficiência 29

**F**

Flipped Classroom 37, 78–90

**G**

Gerações X, Y e Z 59
 geração baby boomers 59
 geração grandiosa 59
 geração silenciosa 59

Gestão da marca 147
Google Docs 192, 194

**I**

Inovação 187–204
Interações 32, 45, 46, 79–80, 191, 199
Isolamento 49

**L**

Layout 62, 175, 178–179, 181
LDB (Lei de Diretrizes e Bases da Educação Nacional) 4–7, 9, 11, 14, 16, 30
Learning Spaces 57–76
 Componente Cognitivo 62
 Componente Psicológico 62
 Componente Social 62
 Componente Tecnológico 61
Learning Spaces Design 72
Lei de Direitos Autorais 124, 127–129
Liberdades públicas 118
Lição de casa 37, 78–79

**M**

MAPA 91–114
Mapa de empatia 153, 155–156
MAPA (Personalizadas de Aprendizagem) 116
Marketing 145–168
 de Conteúdo 155
Material didático 45, 64, 79, 127, 134
Material instrucional 113, 132
Mediador 35, 45, 49, 195
Metodologias ativas 97–114, 116
 de aprendizagem 113
Metodologias de aprendizagem 32, 102
 Analogias 102
 Aprendizagem baseada em problemas 35

Aprendizagem baseada em projetos 35
Aprendizagem cooperativa 102
Apresentação e palestra 102
Aulas expositivas 33
Bloqueio cultural 102
Brainstorming 102
Centros de interesse e exibições 102
Colóquios 103
Debate 103
Debates 38
Debriefing 103
Demonstração 103
Descoberta ou investigação 103
Discussão 104
Dramatização 104
Esclarecimento de valores 104
Estudo de caso 33, 104
Estudo independente ou estudo supervisionado 104
Exercício e prática 104
Feedback 104
Filmes 34
Instrução direta 104
Instrução e aprendizagem online 105
Instrução programada e automatizada 105
Instruções híbridas ou ensino híbrido 105
Interpretação de papéis (role playing) 105
Jogos acadêmicos ou competição 105
Jogos (games) 36, 105
Montagem 105
Problema ou problematização 106
Projeto 106
Protocolos 106
Questões controversas 106
Recitação 106
Relatórios, escritos e orais 106
Sala de aula invertida (flipped classroom) 37

Seminários 37
Simulação 106
Teatralização 36
Trabalho de campo 105
Tutoria 107
Métodos de ensino
　método PBL 101
Modos de Instrução por Chute 50
Moodle 79, 194, 196

## P

Papéis do professor 96
　Professor como autor 96
　Professor como tutor 96
PDI (Plano de Desenvolvimento Institucional) 8, 65, 98, 147
Pedagogia
　ativa 95
　tradicional 95, 97
PE (Planejamento Estratégico) 147
Perda da eficácia do ensino 31
Persona 152
Plágio 130
　formas de
　　Autoplágio 131
　　Consentido 131
　　de Fontes 131
　　Direto 131
　　Indireto 131
Plano de aula 16, 183
Plano de marketing 3.0/4.0 147–168
　Avaliação e adequação do 167
　Educacional 3.0/4.0 147
　Parte Estratégica 148
　　Análise macroambiental 148
　　Análise microambiental 149
　　Análise SWOT 150
　　Caminho do Consumidor 157
　　Marketing de Conteúdo 155
　　Objetivos e metas 161

Persona e público-alvo 152
Posicionamento 159
Segmentação de Mercado 157
Parte Operacional 166
Parte Tática 162
Plano Nacional de Educação 16
PNE (Planos Nacionais de Educação) 9
PPC (Projetos Pedagógicos de Curso) 8, 98
PPI (Projeto Pedagógico Institucional) 8, 98
Primeiras salas de aula 24
Princípios da aprendizagem 71
Processo de ensinar 30
Público-alvo 152

## R

Revolução Industrial 24
Royalties 125
RPG (roleplaying game) 36

## S

SAA (Sistema de Avaliação da Aprendizagem) 196, 199
SAEB (Sistema de Avaliação da Educação Básica) 6
Sala de aula invertida 37, 77–90
Sala de aula tradicional 58, 60
Salas de Conferência 174
Silêncio virtual 50

SINAES (Sistema Nacional de Avaliação da Educação Superior) 9
Sistema de ensino
  Sistema estadual e do Distrito Federal 5
  Sistema federal 4
  Sistema municipal 5
Sistema Educacional Brasileiro 13, 16
  cursos a distância 13
  cursos presenciais 13
Sistemas de ensino 3, 5, 12, 25, 65
Storytelling 34

## T

Taxonomia da Aprendizagem Significativa 111
  Aplicações 111
  Aprendendo como aprender 112
  Conhecimento Fundamental 111
  Desenvolvimento 112
  Dimensão Humana 112
  Integração 111
Testes objetivos 196
TIC (Tecnologias de Informação e Comunicação) 43–45, 93, 202
Tipos básicos de ambientes 62

## V

Videoaulas 18, 33, 80, 82, 87